MINERVA
政治学叢書 1

政治理論

猪口 孝 著

ミネルヴァ書房

刊行の趣意

「MINERVA政治学叢書」は二一世紀の初頭に、人間が生きているかぎり存在する政治の諸特徴を多面的に描こうとするものである。

政治とは、人間の強欲をどのように制御するかの仕組みである。政治学的にいえば、諸価値の配分についての規範や規則を形成し、それを権威的に実行するための諸措置である。ロシアでは「誰が誰を（支配するか）」と言い、米国では「誰が何を手にするか——そして何時、如何に」と言う。人間は結局のところ強欲の動物であり、強情な存在である。それだからこそ、暴力は政治の最も重要な要素であり続けたのである。政治を出来うるかぎり非暴力的にするためには暴力を脇に置きながら、暴力を飼い馴らさなければならない。そのために、一方で暴力を公的な言葉で正当化すると同時に、他方でその存在を利用しなければならない。このことは政治の仕組みの違いにかかわらずである。

古代ギリシャに短期間生まれ、その後長い間無視され、近代になって急速に地球的規模で優勢な政治的仕組みとなった民主主義についてもこのことは変わらない。民主主義は対抗エリートが交代で権力を握る仕組みとシュンペーターは言う。民主主義は人民の参加を拡大し、人民代表の競争を公平に行う仕組みだとダールは言う。そうすることによって人間の強欲と強情をいくらか文明化しようというのである。二一世紀初頭、民主主義は世界を席捲したかにみえる。国連加盟国一九一のうち、一二一が民主主義国とされる。

本叢書は、人間の強欲と強情をどのように制御するかについての学問である政治学が達成したものを平易明快に解説し、より深い理解とより鋭い説明への堅固な手掛かりを与えることを目指している。グローバリゼーションが世界各地に浸透し、民主主義が世界を席捲している二一世紀初頭に時代の要請に沿ったものにしようと本叢書は企画された。

二〇〇六年一月

編集委員

はじめに

政治学で理論と呼ばれるものは、大きく実証理論と規範理論とに区別される。前者は経験的な現実から規則性、一般性を見つけ出し、それを仮説として検証するという手続きを経て、理論と言いうるものを構築する。後者は「世の中はこうあるべきだ」、「世界を支配している価値はこうあるべきだ」、「世の中はこういう基準から判断すべきだ」というような規範に導かれる理論である。いうまでもなく、「現実がどうなっているかという問題」と「現実はどのようになっているべきだという問題」は実際には相互作用がある。

政治学はその起源を哲学にもっているために、もともと規範理論が圧倒的に強かった。しかし、二〇世紀第３四半世紀以来、実証理論が急速に発展し、二一世紀初頭において、規範理論と実証理論はともに強力になってきていると言って間違いない。それに伴い、規範理論と実証理論の相互作用も増大していった。

本書で主に扱うのは実証理論である。規範理論に関わる政治理論書は巷に溢れているのに対して、実証理論に関わる政治理論書は相対的に少ない。なぜなら、第一に政治学において実証理論は新しい現象であり、第二に実証理論は複雑に展開する現象から規則性や一般性を見つけなければ理論にならないため、実証理論と言うほどのものが生まれるのには時間がかかるからである。私がこの半世紀に格闘してきた軌跡とその成果を本書で提示することを通して、政治学について新しい認識と理解を促す方向に導けるのではないかと思う。

政治学というと、複雑怪奇な現象を解剖しても結局は分かりにくいところが多く残るはずだと、多くの人は考えている。二一世紀に入って私は、アジア全域における「生活の質」についての大規模な世論調査を実施した。それを契機に生命・健康を対象とする医学を専門とする医師と協力関係を発展させることができたと同時に、医学論文に触れる機会も多くなった。医学論文を読めば読むほど、医学も政治学に似ているのではないかと思えてきた。まず、人体というとてつもなく複雑で、様々な環境変化に適応する仕組みも複雑な、時にその一部分を解明することさえとてつもない工夫、努力、時間、人員などを要することが分かった。

実際、一九〇六年にアメリカ医学会は、医学の進歩についての大きな報告書を発表している。それによると、当時アメリカでは外科医師と関わることはフィフティ・フィフティの割合で生死が決まっていると報告している。要するに、外科手術をして生きるか死ぬかの確率は同じだという。今日では、同じような報告書で全く異なることが言われる。医学の進歩は凄まじいものである。外科手術は抗生物質の使用で大きな進歩が可能になった。しかも最近では人体の外側から大きくメスを入れるのではなく、内側から驚くべき精度で患部を除去することが容易になった。それに伴って外科手術の病院滞在日数も加速度的に減少した。もっと重要なことは、病気の存在とその程度についての検査が圧倒的な速度と精度をもってなされるようになった。人間が罹る病気はどんどん増加しており、医学は進歩し続けなければならないのである。医学の進歩により、ガンだと言われてもそれが死刑宣告だと思う人は大きく減少した。それは脳卒中や心臓発作でも似たようなものである。

政治学の対象としている政治も、医学が扱う人体の仕組みも複雑さではよい勝負になっている。人体は日頃の生活習慣や心掛けが悪いと、あっという間に死が訪れる。政治も何かが悪いと政治生命が終わりになる。一寸先は闇である。人体の場合は生物体として何が機能不全であるかが、二〇世紀になってかなりよく分かるようになった。政治もそうかというと、そうでもないという方が多いのではないか。医学は科学と芸術の複合であると誰かが言ったが、政治学も科学と芸術の複合であると別の誰かが言ったら、しかり、その通りと言う方が多いのではないだろうか。政治学に科学の要素があるのかという問いに同感する人は非常に少ないと思う。そのことを考える時には、政治をどのように定義しているかを明らかにする必要があるだろう。「政治とは社会に対する価値の権威的配分である」——これは政治学者デイヴィッド・イーストン（David Easton）の定義である。ハロルド・ラスウェル（Harold Lasswell）の定義はもっと実際的で、「誰が、何を、いつ、いかにして得るか」というものである。カール・シュミット（Carl Schmitt）のように、友・敵関係として政治を分析する人も少なくない。価値の権威的配分とした時に、科学的に分析できるのは、例えば富とか尊敬とか安全がどのように政治の力によって配分されるかということである。富ならば生涯所得、尊敬ならば最高地位、安全ならば病気や事故からの自由などとして操作的に測定できる。生活における優先順位を挙げてもらい、それを基に国民社会の平均的なライフスタイルを科学的にみることもできる。ここでライフスタイルの傾向を物質主義（生き残り最優先）、脱物質主義（社会関係重視）、そして公的セクター重視（国家の重圧）の次元がどの位の比重で社会を規定しているかを科学的にみることができる。あるいは、神経の行動（例えばドーパミンの分泌）から満足度や幸福度を測定し、それを政策認識や政党支持などと関係づけることも科学的に分析できる。このようにみると、政治学も医学と同様に、科学と芸術の混合物とみてよいようである。

私自身、政治学を半世紀にわたって研究してきた。アイザイヤ・バーリン（Isaiah Berlin）は学者に二種類ありとした。第一は一つのことに専念する人、第二は沢山のことに興味を持つ人であり、前者をハリネズミ、後者をキツネと言うのだそうである。この分類によると、私はキツネである。とにかく好奇心が際限なく湧き出る。誰が言ったか忘れたが、学者にはやはり別な基準で二種類あると言った人がいる。第一は質問することがいつも決まっている人、第二は解答がいつも決まっている人である。前者は例えば、平和へと導く条件は何かといつも聞いてくる。後者は何を調べていてもそのことだけが突出した興味なのである。後者は何を語っていても解答はいつも同じで、例えば地域振興に繋がることになる。私はどちらでもない。質問も解答もそのたびに異なる。政治理論は複雑極まりない現象を扱うのだから、好奇心が強くないとなかなかうまくいかない。同時に、質問や解答が何であっても一定というのは、ここで考える科学的な政治理論とは波長が合わない。

経験的な現実をみながら、科学的に観察し、証拠に基づいた一般化を試みるのが実証理論ということにすると、本書はこの意味での実証理論に第一義的な関心をもちながら、政治理論の構築に励んできた、そのような私の研究軌跡を辿ったものともいえる。それ以上に本書は、実証政治学の主要な分野ごとの最先端の学術的知見と斬新な将来構想をまとめたものである。

私自身、政治学は学生時代を含めると半世紀にも及ぶ長い間、読書、執筆、議論を重ねてきた。学者の類型としてはハリネズミではなく、キツネである。政治学でもその主要な分野に本格的に足を突っ込んでいる。それだけでなく、「我思う、故に我あり」(Cogito, ergo sum) ではなく、「我書く、故に我あり」(Scribo, ergo sum) のモットーで生きてきたために、膨大な著作を残している。それも英文学術書が多い。日本語で生活をしているのに、学術的著作の半分位は英語である。

私が学長をしている新潟県立大学において二〇一二年に実証政治学研究センターを創設したのも、証拠に根ざした、科学的な方法で分析する政治学がさらに発展することを祈念するからである。

本書はこの実証政治学研究センターの趣旨に適った最初の刊行物である。実証政治学とは規範政治学と並んで政治学の両輪を担う。世界的にみて実証政治学は過去二〇〇〇年にわたって規範政治学に圧倒されてきた。例えば、政党が肯定的に受け取られるようになったのは日本やフランスでは第二次世界大戦後である。つい最近まで、政党という代表制民主主義を支える重要な組織を否定的に捉える論調が圧倒的であったことを忘れてはならない。政党は社会のどのような利益や理想を体現しようとしているのか。政党はどのような指導者を代表として選ぶのか。このような質問は経験的に証拠に基づいた議論や分析が可能なところである。政治学は規範政治学という重要な片輪に頼りすぎだったのではないか。もう一つの片輪である実証政治学を伸ばす必要がある。

アメリカの実証政治学の目覚ましい発展は二〇世紀後半からである。政治学の発展は政治体制の民主主義度にもよるところが少なくない。民主主義度が高いことは、言論の自由度が高いことを意味する。言論の自由度が高いことは実証政治学の発展を促進する。その意味でも両輪をしっかりと発達させることが重要である。日本では規範政治学は過去二〇〇年間実証政治学に比して圧倒的な比重を占めてきた。日本の実証政治学の発展は第二次世界大戦後に始まり、とりわけ冷戦終焉後に格段の進歩をとげるようになった。それは私を編者とする「現代政治学叢書」全二〇巻（東京大学出版会、一九八八〜二〇一二年）や私も含む編集同人による雑誌『レヴァイアサン』（木鐸社、一九八六年〜）に私自身も関わってきたので骨身にしみて実感する。その精神はさらに、*Japanese Journal of Political Science*（Cambridge University Press, 2000〜）と *International Relations of the Asia-Pacific*（Oxford University Press, 2000〜）の二つの政治学学術雑誌の創立編集長として英文でも体現しようとした。二〇一二年には *Asian Journal of Public Opinion Research*（open access Journal）、二〇一六年からは *Asian Journal of Comparative Politics*（Sage Publication）の創立編集者として旗をふる。

本書は、「ＭＩＮＥＲＶＡ政治学叢書」の一冊である。本叢書は全一五巻として計画され、これまでに本書を含めて四巻が刊行されている。ぜひとも実証政治学の精神を継続させてこの叢書も完結させたい。

政治理論　目次

はじめに

序　章　政治理論とは何か……1

1　政治理論の起源と類型……2

政治理論の起源　政治学の類型(1)――古典的政治理論

政治学の類型(2)――経験的政治理論　政治学の類型(3)――フォーマル政治理論

2　政治理論の諸学派……13

経験的政治理論の起源　規範的政治理論の四学派　経験的政治理論の六学派

3　規範的理論と経験的理論との対話……23

政治理論をめぐる議論　民主主義をめぐる議論

民主主義国における軍隊をめぐる議論　政治体制をめぐる議論

第Ⅰ部　比較政治の理論……29

第1章　市民と国家の関係……31

1　市民なき国家論と国家なき市民論……31

国家論の盲点　世論調査という方法

2　多元近代論と脱近代論……34
近代化論への批判　多元近代論の実例
3　調査の対象と方法……37
ヨーロッパとアジア一八カ国の比較　回答者の選ばれ方
4　政治文化を理解する……39
政治文化の定義　サーベイ研究の手法
5　比較すべき内容……41
6　地域統合に関する四つの観察……43

第2章　計量政治の視点……45
1　アジア研究と計量政治学……45
2　人間の意識を探る……46
選挙と投票　価値観と規範意識
3　計量政治学が解明するテーマ……49
政治主体　政治体制　同盟ネットワーク　交渉過程と結末
軍備拡張・軍備縮小　政策路線変更
4　計量政治学の将来……53

第Ⅱ部　国際関係の理論　55

第3章　国際関係論の理論と展開　57
1　歴史的な軌跡　58
二〇世紀に誕生　アメリカ型の隆盛　他国の国際関係論
日本の国際関係論の軌跡
2　思想的な基盤　65
三つの思想的基盤　アメリカでの思想的基盤
その他の思想的基盤——ジェンダー論と批判理論
3　政策的な指針　69
地球政府は可能か　従属論の視点　グローバル・ガバナンスへの批判
4　未来への視野　74
国家主義の今後　地域的統合の影響

第4章　地球政治の秩序形成論理　77
1　ウェストファリアン、フィラデルフィアン、反ユートピアン・パラダイム　77
三つのパラダイム　三つの遺産

2　三つの遺産の地政学、地理経済、地理文化……82
三つの遺産の地政学的枠組み　三つの遺産の地理経済的基盤
三つの遺産の地理文化ネットワーク
3　今後の方向……92
将来を左右するもの　予測
第5章　世界秩序の弁証法……97
1　新しい展開……97
国際関係を理解する枠組み　政治的安全保障の弁証法
主導国によってしばしば採用されてきた三つの国家戦略
2　勢力均衡……102
勢力均衡の基本的特質　勢力均衡の基本的構造条件
3　集団的安全保障……105
集団的安全保障の基本的特質　集団的安全保障の基本的構造条件
4　第一義的優位性……108
第一義的優位性の基本的特質　優位性の基本的構造条件
周辺化された持たざる者によってしばしば展開される一般的な戦略
5　人民戦争……111
人民戦争の基本的特質　人民戦争の基本的構造条件

6 ピープル・パワー……113
ピープル・パワーの基本的特質　ピープル・パワーの基本的構造条件
7 グローバル・テロリズム……115
グローバル・テロリズムの基本的特質　グローバル・テロリズムの基本的構造条件
しばしば統合案として登場する先進諸国の三つの修正戦略
8 植民地主義者の無関心……117
植民地主義者の無関心の基本的特質　植民地的無関心の基本的構造条件
9 人道支援……120
人道支援の基本的特質　人道支援の基本的構造条件
10 人道的介入……121
人道的介入の基本的特質　人道的介入の基本的構造条件
11 弁証法的契機……123
二〇世紀の経験　勢力均衡から集団的安全保障への変容
第二の集団的安全保障へ　軍事的優位の模索
12 優位性からグローバル・ガバナンスへの弁証法的契機……129
モンゴル帝国とアメリカ帝国の類似性　軍事的覇権　経済的覇権
ソフト・パワー
コラム　政治理論の面白さ……137

第Ⅲ部　日本の政治学 …… 141

第6章　日本政治学の展開 …… 143
1　政治学はアメリカの社会科学か …… 144
日本政治学　他国の政治学雑誌の状況
2　一九七五〜二〇〇〇年の日本政治学の発展 …… 147
取り組む課題の変化　韓国と中国との比較
3　二〇〇〇〜二〇一五年の日本政治学の発展 …… 152
日本政治の歴史化　日本を比較の展望に置く
大規模データ収集と研究基盤のために最初の勢いを構築すること
4　日本政治学の本質とは …… 157

第7章　日本の政治文化 …… 159
1　日本の政治文化をめぐる論争 …… 159
豊富な研究の中で　変化と差異
2　日本の政治文化の変動と差異 …… 161
地域的変動　世代間の変化　階級間の変動

3 明治時代以来の文化変化……165
四人の芸術家　変化した日本文化　日英比較から見えるもの
4 日本の政治文化の国際的比較……170
市民アイデンティティ　市民の信頼　市民の満足　家族の価値
5 政治文化を考える際の注意点……178

第8章　グローバリゼーションと文化的ナショナリズム……180

1 グローバリゼーションとは何か……180
グローバリゼーションの定義　グローバリゼーションの日本社会への影響
四つの比較の視点
2 グローバリゼーションと文化的ナショナリズム……185
その範囲と類型　「グローバリゼーション」という用語
「アジア金融危機」という用語　「タリバン」という用語
3 日本における文化的ナショナリズムの事例……189
生き残った綿織物業　分権的であった明治政府　人本主義・市民主義の伝統
4 東アジアと文化的ナショナリズム……193
日本の民主化の流れ　ナショナリズムの激化
5 グローバリゼーションと文化的価値観……198

6 グローバリゼーションと文化的ナショナリズムの相互作用……201

第9章 日本における国際関係論——より国際的な学問を目指して……202

1 アメリカとの比較……202
アメリカの国際関係論　「理論」と「非西洋」
2 四つの大論争——英米の国際関係論に関する概説史……206
第一・第二の大論争——現実主義的社会科学に向けて　パラダイム間論争
パラダイムを超えて——合理主義的統合　省察主義の挑戦——第四の論争とその後
3 日米におけるメタ理論的方向性の比較……215
日米における学術雑誌の傾向　主要な雑誌の傾向
4 日本の国際関係論における四つの伝統——一八六八～二〇〇〇年……218
5 戦後日本の国際関係論——歴史的文脈の解釈……222
三つの問いかけ　「太平洋戦争への道」　ジャーナリズムをめぐる課題
実証的研究への傾向　大学組織の課題
6 日本とアメリカの国際関係論——社会学的所見……228
7 日本の国際関係論の実例としての三名の理論家……232
本質的構成主義者・西田幾多郎
個人の自然的自由を前提とする国際法理論家・田畑茂二郎
国家主権より地域統合を高く評価する経済学者・平野義太郎

8 日本の国際関係論がないのはなぜか……236
広義の国際関係論　条件付きの答え　アメリカの覇権

参考文献　245
おわりに　271
人名・事項索引

序章　政治理論とは何か

理論は一群の命題として定義され、命題は内的に一貫しており、ある一群の原理や想定に基づいている。理論はいかなる場合であれ論理的に導き出されなければならない。理論はまた政治的に説得的でなければならない。とりわけ規範について扱っている場合にはそうである。また現実について扱っている場合には、理論は経験的に実証可能でなければならない。したがって政治理論は、「誰が、何を、いつ、いかにして得るか」（ハロルド・ラスウェル）についての、そして「社会に対する価値の権威的配分」（デイヴィッド・イーストン）についての一連の命題として定義される。そのように定義されることにより、政治理論は命題の形をした広範な主題を扱うことになる。

以下では第一に、政治理論の起源と類型を検討する。政治理論の諸類型のうち、(1)古典的政治理論、(2)経験的政治理論、そして(3)フォーマル政治理論、の三つを紹介する。第二に、政治理論の諸学派とそれらの評価を検討する。この表題の下では一〇の学派が評価される。すなわち、規範的政治理論の四つの学派（対立、共有された価値観、交換、調整）と、経験的政治理論の六つの学派（体制論、行動主義、合理的選択理論、制度主義、ニューロサイエンス、グローバリズム）である。第三に、規範的政治理論と経験的政治理論との対話、あるいは、「べき」論と「である」論との対話を強化する必要性について論ずる。換言すれば、規範的政治理論は自らが推し進める規範的秩序の妥当性、実現可能性、持続可能性について、より多く語るべきであるし、経験的政治理論は規範的含意をより真剣に議論すべきである。政治理論内部でのより多くの対話と相互交流に備えるという旗印の下で、そのような対話や相互交流の簡明で具体的な実例が与えられる。

1　政治理論の起源と類型

政治理論の起源

政治学の現代的な学問分野の一部としての政治理論は二〇世紀になって初めて出現したが、政治理論の起源は疑いなく——ギリシャであれ、メソポタミアであれ、あるいはエジプトや、インドや、中国であれ——古代の思想の中にある。誰でも、アリストテレス（Aristoreles）やカウティリヤ（Kautilya）や孔子から文章を引用して、彼らが真正な政治学者であること、そして、たとえ現代の政治学であっても、政治学はかなり古い根を持つことを容易に示せる。

政治学という学問が有している、経済学や社会学といった他の社会科学と比較した場合の主要な差異の一つは、先に挙げた三人の哲学者の見解のように、政治学についての古来の見解が、現在の政治の現実に対して、高い権威や重要性を保持しているということである。政治や政治学に関する現代の著作物の中で、アリストテレスが言及されることは、しばしばある。カウティリヤは、支配者が国内やライヴァルとの関係で駆使する政治術についての議論で参照される。孔子は、権威主義的政治の一つの型を提示するものとして取り上げられ続けている。経済についてのアリストテレスの考えは、経済学の歴史にとって重要であるにもかかわらず、アリストテレスが経済学との関連で議論されるのは稀である。ここで挙げたすべての学問分野は、西洋における近代以降の社会科学、特に二〇世紀の社会科学として発展してきたこともあり、比較的若い。しかし政治学は、二一世紀の初めにあっても、古来の起源を持ち続けていると言える。それゆえに政治学の発展はとても複雑だ。

西欧では、宗教的なものと世俗的なものとの重要な区別が、啓蒙思想や宗教改革の間に、徐々にではあるが着実に作られ、その区別は少なくとも表面上、ヨーロッパの植民地や、後になって世界の他地域にも広がっていった。それゆえ世俗主義は、西欧文化と密接に関係している。近代以降、宗教と政治は西欧では区別されてきたといわれている。同じことが宗教と科学の間についてもいえる。オッカムのウィリアム（William of Ockham）は、実在論と唯名論との間に明確な線引きをすることによって、近代科学と呼ばれるものに初期の認識論的基礎を与えた。実在論は、神は現実においてまさに存在しており、現実はその知識の基礎として認識されたのだと考える思想の学派に関連している。唯名論は、神という概念が想像される限りで神は存在するという見解に関連する。この立場によって、科学は宗教的なものの秩序から自らを分離することができた。そしてこの分離によって、近代科学は西欧で劇的な進歩を遂げることができた。

言うまでもなく、神と科学の分離や神と政治の分離は、きっちりとあるいは決定的に生じたわけではなく、むしろその像は複雑である。宗教と政治の分離は控え目に言っても微妙なものであり続けている。いずれにしても、われわれの目的にとっては、政治の神からの分離が、哲学と政治理論の区別に一歩を踏み出したということが大事である。そして同様に、科学の神からの分離が、政治哲学と政治理論の区別にも一歩を踏み出すこととなった。この区別は、科学者や政治指導者の判断から神の判断を分離しようと試みる。

政治理論の核心には、規範的なものと経験的なものの交錯、すなわち「あるべきもの」対「あるもの」がある。規範的なものは、正義についての評決を下す判断に関係している。中世ではそのような判断はカトリック教会に由来し、ある場合には、対立する当事者同士で決闘が行われたりした。そのような判断は、現代では世俗的な事柄に関する裁判所に由来している。裁判所は神の如く考えられてきたのだ。経験的なものという概念は、人々の日々の生活の中で経験したり吟味したりすることのできる何ものかに関係している。近代になって初めて、いよいよはっきりしてきた宗教的なものと世俗的なものとの区別——つまり、「真偽の判断」を可能にする区別——を伴って、経験的実証は一般的になった。

政治理論は一つの傘の下にこれらすべてを包摂しており、古典的政治理論と経験的政治理論の両方を含んでいる。さらに厄介なことに、政治理論は、その領域の中に、フォーマル政治理論と呼ばれるものを含んでいる。古典的政治理論が関係しているのは、正義とは何か、正義はどのように達成されるべきか、正義はどのように概念化されるべきかについての、近代科学や経験論以前の言明である。経験的政治理論が関係しているのは、どのように政治が動かされているかについての、科学的・経験的視点からなされる言明である。フォーマル政治理論が関係しているのは、論理的にかつ数学的に導出可能な言明であり、その言明は経験的実証になじむものかもしれないし、なじまないものかもしれない。規範的なものと経験的なものを扱うことは、本質的に容易ではない。問題を複雑にするのは、規範的なものと経験的なものを扱う政治学者の中で、相互関与というよりもむしろ、近年は過度の専門化や相互分離化の傾向があるということである。古典的規範理論と経験的理論の相互分離は、度を超すと明確になりそうに思える。

実際問題として、規範的政治理論と経験的政治理論は、いくつかの理由により大きく分け隔てられている。第一に、それらの知識基盤は異なっている。古典的政治理論家がしばしば関心を寄せるのは、哲学、神学、精神史であり、他方、経験的政治理論家がしばしば興味を寄せるのは、経済学や社会学といった他の経験的社会科学や、ニューロサイエンスのような経験的科学を政治学に応用したものである。第二に、それら二つの訓練技法はかなり異なっている。古典的政治理論が焦点を当てるのは、テキスト批評や確固たる論証であり、すべての研究が慎重な読解や論証に基づいている。経験的政治理論が焦点を当てるのは、実証主義的な実践や体系的な現実性のチェックに従って行われる、仮説の検証である。しかし、それらの差異は、政治学としての学問的同一性を揺るがし、政治学を二つ以上の下位分野に分かつほどには大きくない。確固とした体系的な証拠が存在しているわけではないが、権力がどのように構築され行使されるかについての関心が共有されていることが、多くの政治学者に二つを結びつけるアイデンティティと連帯感を与えているように思われる。

本節では、政治理論の諸類型——古典的政治理論、経験的政治理論、フォーマル政治理論——を順に論じる。

政治学の類型(1)
——古典的政治理論

古典的政治理論は、規範的なものから経験的なもののほとんどすべてと、命令的なものおよびそれらの混合物からなる。『大學』の中で、著名な儒学者の一人は、弟子たちに次のように行動するよう訓示した。すなわち、「格物、致知、誠意、正心、修身、斉家、治国、平天下」である。この文章は弟子たちに、人民の上に立つには多くの事柄を学び、多くを知ることから始めなければならないこと、そして、彼らは自らを道徳的に訓練しなければならないことを教えている。この文章は、弟子たちに家庭内の事柄を解決するように導き、その過程が国を統治する基礎となるとする。これらすべてをやり通すことによってのみ、弟子たちは「平天下」を心の中に描くことができる。

この哲学的言明は、様々な意味で説明される。すなわち、(a)哲人による統治の権威主義的構想、(b)統治の道徳主義的構想、(c)国家の家族的構想である。議論の立て方はボトム・アップであるが、議論そのものは権威主義的で家父長主義的で人格主義的な響きで充ち満ちている。

また、『君主論』の著者ニコロ・マキャヴェリ（Niccolò Machiavelli）の古典的政治理論もまた、命令的かつ経験的である。マキャヴェリは読者に、政治は徳と運により決定されると警告する。徳とは、道徳的力も含め、力の幅を意味している。そのような力の行使は、運の効果に対処するために必要とされる。この古典的政治理論が意図していたのは、適切に抜け目なく行動するよう君主に教えを垂れることだった。したがってそれは、大部分が命令的なものである。同時に、マキャヴェリが共和主義者だったこともあり、彼の教えは、君主に対して最も「君主らしく」行動するよう意図的に奨励することによって、君主制を転覆させる意図があったのではないか、と推察されることもある。最も「君主らしく」行動するとは、すなわち、常に、自らの優勢を当然視し、自分以外の何者をも信じず、おおかた力にまかせて振舞うということであり、したがって、徐々に重大になっていった人民の支持の基盤を損なうことになる。*

＊シンガポールの指導者、故リー・クアンユーによれば、「頭を数えるのではなく、首をちょん切る」のである（not counting heads, but chopping heads）。

古典的政治理論にはアメリカ合衆国憲法批准のために書かれた『ザ・フェデラリスト』（*The Federalist Papers*）も含まれる。『ザ・フェデラリスト』には、経験的政治理論の前兆が見出されることがよくある。連邦制は単一国家に対する実行可能な代替的選択肢であるという見解は、その一つの例である。連邦制のこの命題は、ウィリアム・ライカー（William Harrison Riker）の著作や、フォーマル政治理論に関するライカーのロチェスター学派と生成的類縁性を有している。民主主義と民主的選択についてのフォーマル政治理論というライカーのブランドは、古典的哲学と経験的政治理論の双方にいくつかの類似性を持っている。

イマニュエル・カント（Immanuel Kant）の手による著名な『永遠平和のために』（*Zum Ewigen Frieden*）は、最近まで経験的な観点から検証に付されており、そのような試みから、実に刺激的な論争が発生している。一七九五年にカントが論じたのは、永遠の平和を生ぜしめるためには三つの条件が生成されなければならないということだった。第一に、各国間での自由な移動と自由な貿易が確保されるとともに、商業が奨励されなければならない。第二に、戦争をより困難にするために、君主政体よりも共和政体を推進するべきである。第三に、様々な主張の表明に備え、議論を進行し、紛争の打開策を提案するために、国際機関が創設されるべきである。カントの定式は、マイケル・ドイル（Michael W. Doyle）やブルース・ラセット（Bruce Russett）らの手によって、経験的政治理論の伝統の中に再定式化されてきた。第一の条件は自由主義的平和、第二の条件は民主主義的平和、第三のものは共同体による平和と呼ばれることがある。このうち第二の条件が最も人口に膾炙しており、ビル・クリントン（Bill Clinton）、ジョージ・W・ブッシュ（George Bush）両アメリカ大統領は、アメリカの軍事介入を正当化するために、この教義を用いた。カントと経験的政治理論との類似性は、たとえ普遍的にはそのように受け取られないとしても、十分に明白である。

トマス・ホッブズ（Thomas Hobbes）が、マックス・ウェーバー（Max Weber）やカール・マルクス（Karl Marx）と並んで、社会科学分野での国家に関する著述家として最も頻繁に言及される論者であることは、ほぼ間違いない。一六世紀のイングランドにおける、国内・国外双方での無秩序状態を目の当たりにしてホッブズが論じたのは、絶対主義と絶対主義的国家が、そのような無秩序状態に対する解答だということだ。すなわちホッブズは、人民が獲得したいと願うものは、無秩序状態が打破されない限りは果たされないと論じた。破綻国家や無法国家についてわれわれが議論する際、ホッブズは最も頻繁に言及される哲学者の一人である。例えば一九八〇年代・九〇年代のカンボジアや、一九九〇年代初頭からのソマリア、一九九〇年代・二〇〇〇年代のスーダン、過去四〇年間のアフガニスタン、一九九〇年代および二〇〇〇年代の大半のコンゴ民主共和国、一九九〇年代・二〇〇〇年代のルワンダ、一九九〇年代・二〇〇〇年代の西バルカンなどの、無秩序に見える地域や時点を記述し分析する際に、多くの著述家は、国際社会と結んだ協定と並んで、暴力の独占を確立する必要性と、国家創建の初期ではあるが決定的な局面での権力の正当な使用を指摘する。

同様の診断と処方が、民主的性向の持ち主から展開しうる国家創設の過程や、国家主権の要求から絶対主義が生じる過程を示すためにも提示される。言うまでもなく、国家主権への切望は完全に抑圧できるものではない。国家主権の一つの形態に、ロシア大統領ウラジーミル・プーチン（Vladimir Vladimirovich Putin）や首相ドミートリー・

メドヴェージェフ（Dmitrii Anatolievich Medvedev）を支えたスタッフの長、ウラジスラフ・スルコフ（Vladislav Yurievich Surkov）が作り出した、「主権民主主義」という概念で表現されるものがある。主権民主主義という概念が含意しているものは、国会議員は民主的に選ばれているが、外国からの干渉は、たとえ民主的な手段であっても（例えば、ウクライナやグルジア、キルギスタンでの「有色革命」の試みであっても）、許さない主権国家である。中国の指導者たちが「平和裏の変革」を呪詛しているのは、それが、普遍的に共有された価値観としての人権や民主主義に基づいて、体制の変化を強制する外国の干渉を意味するからである。それゆえ、天安門大虐殺記念日（一九八九年六月四日）に、中国は高い警戒レベルの下にあったのである。手短に言えば、ホッブズは、二一世紀の初頭にあっても、一六世紀イングランドでのような重要性を今なお有しているのである。

政治学の類型(2)
——経験的政治理論

経験的な政治理論は経験的に検証可能であり、またより高いレベルの一般化が可能である仮説を構築することを目的とする。言い換えるならば、経験的な政治理論は、(1)経験的妥当性ないし反証可能性、(2)経験的一般化ないし理論化という二つの研究の側面に至上の価値を置いているのである。したがって、経験的な政治理論はまず経験的に実証可能な仮説を提示し、次にそれを検証するのである。もし確証を得ることができれば、それは一般化可能である。

このようなタイプの理論の好例として、アメリカ大統領選における投票行動が挙げられる。政治理論と結びつければ、アメリカ軍の戦死者数と一人当たりの所得水準の変化に基づく、いかにもアメリカらしい功利主義的選挙勝利モデルは実例として役に立つ。ダグラス・ヒッブス（Douglas Hibbs）が指摘しているように、政権党の候補者が大統領選で当選するかどうかはアメリカ軍の戦死者数と過去数年における一人当たりの所得水準の変化の組み合わせによって決まる傾向があるのである。このモデルは有権者が平和を渇望しており（例えばアメリカ人を戦闘で失いたくないという心情）、また繁栄を渇望している（例えば所得向上）ことを仮定している。二〇〇八年の大統領選を振り返ってみると、イラク撤退とサブプライム・ローンという二つの要因が重要であった。イラク撤退によってアメリカ軍の死者数は二〇〇七年夏から投票日までの間に減少した。このことがどのように有権者の計算に影響したかがポイントの一つである。さらにもう一方はサブプライム問題によって引き起こされた景気後退である。その結果、株価は大幅に下落し、ドルの価値が急落した。政府が大量のマネーを市場に供給することで経済不況を防ぐことができるかどうかもまた、有権者の計算にとって鍵となるイシューである。経済回復の見通しは不透明であった。このことは、こうした景気刺激策を支持していなかったジョン・マケイン（John Sidney McCain III）共和党候補にとって不利に働いた。

多くの研究が信頼と健康にはかなり有意な関連があることを明らかにしている。社会保険などの社会制度について懸念を抱く人々は、より不健康だと自己申告する傾向がある。同様に、他人をあまり信頼しない人々は不健康だと申告する傾向がある。その理由は次のようであろう。垂直的な信頼が低い人々、つまり社会制度にそれほど信頼をもたない人々はそうした制度を有効に活用して恩恵に浴することができず、その帰結の一つが健康を失うことである。同様に、水平的信頼の低い人々、つまり他人にあまり信頼をもたない人々は共に働くことで得られる便益を享受することができず、その帰結の一つが健康を失うことである。健康度は世界保健機関（ＷＨＯ）の生活の質に関する質問票を用いた健康に関する自己申告によって測定可能である。このような命題は社会制度に対する国民の信頼を維持すること自体が重要であるという点で社会政策的見地から興味深いものである。他方で社会制度によって供給されるサービスは完全には供給されえない。したがって、より伝統的な社会政策的見地からは社会政策の実施は従属変数であり、多くの要因によって説明されるべきものである。しかしながら、社会政策的見地から、従属変数は、健康といった個人が物理的に経験可能なものや、幸福や名誉といった個人が感情的に経験可能なものとなる。

選挙制度は分断的にも凝集的にもなりうる。代表制民主主義の政治理論では代表を選出する方法は鍵となる重要なトピックである。代表制民主主義は少なくとも二つの形態の正義を考慮する。それは「代表制民主主義成功の二つの必要条件」であり、⑴有権者の選好を反映した公平な代表、ならびに⑵有権者に対する公約を実施するのを可能にする政府の安定性である。そして主要な制度としては、⑴政党の得票率に応じて議席が配分される比例代表制、⑵ある選挙区で最も多く得票した候補者が議席を獲得する小選挙区制の二つが存在する。しかし小選挙区制は最大得票政党の議席数を過大にし、小政党の議席数を過小にするという問題点がある。他方で、比例代表制は公平に有権者を代表するが政権の安定性を低下させ、小選挙区制はやや不公平ではあるが政権の安定性を高めると言われている。後者の制度はアメリカ、イギリス、オーストラリア、カナダそして最近までのニュージーランドといった英語圏諸国で広く採用されている。前者の制度は大陸ヨーロッパ諸国で広く採用されている。これは言い換えれば、政府が少なくとも最小限の安定多数を享受することができるように議席配分が多めに勝利政党に与えられるということである。近年は両者の混合型の選挙制度が特にアジア太平洋地域といった非ヨーロッパ地域で採用されてきており、かなり満足のいくかたちで公平な代表と政府の安定性をもたらしているように思われる。

他方で、比例代表制は例えばイスラエルやイラクのように非常に分断的ともなりうる。イスラエルは建国時に二つの制度的なミスを犯したと言われる。まず一点目は国家と宗教という争点に現れた基本的な分断のために憲法を公布することができなかったことであり、*二点目は選挙制度として比例代表制を採用したことである。またイラクの憲法は比例代表制の選挙制度を採用しているが、民族的・宗教的な分断が増幅・強化されたようである。

＊付け加えるならば、イスラエルのほかに憲法を持たない国は、イギリスとニュージーランドしかない。イギリスはマグナカルタを除けば成文憲法を持たないし、ニュージーランドはイギリスの伝統を引き継いでいるようである。

政治学の類型⑶——フォーマル政治理論

フォーマル政治理論は政治についての一連の前提から論理的に導き出された一連の仮説である。選挙民主主義のフォーマル政治理論については、まずアンソニー・ダウンズ（Anthony

Downs）が定式化した。この理論は有権者のイデオロギー的・政策的位置の多次元にわたる統計的な配分を政党がより多くの票を得るために取る政策方針と関連付けた。言い換えれば、政党は自身に投票する有権者の数に従って政策位置を定めるのである。ダウンズは民主主義の経済理論を構築し、それは政治学は政治現象に対する経験的な説明が導き出される理論を構築できなければならないと信じる政治学者たちに大いに影響を与えるものとなった（前述したようにその理論自体が検証された後でも）。

ダウンズの空間経済学における鍵となる知見は、彼が挙げたガソリンスタンドの例によって表現されるように、ガソリンスタンドが隣接することが多いのは、ガソリンの消費者の空間的配分が統計的に標準的な解と一致するためだというものである。言い換えれば、ガソリンスタンドを他店から何マイルも離して開店するよりも、他店のすぐ隣に開店したほうが両者にとって最大の顧客を獲得するチャンスが得られるのである。ダウンズはこの知見を選挙民主主義の力学に応用したのである。まず右派政党と左派政党の二大政党が存在すると仮定する。さらに極端な見解を支持する人は中庸な見解を支持する人より少ないと仮定する。この場合、より多くの票を獲得するために候補者が訴えるのは戦争と平和であれ、パンとバターであれ、名誉と中傷であれ、両党の政策は穏健化し、似たものになり始めるだろう。

多くの経験的な研究がダウンズの政党理論を経験的に実証ないし棄却するために試みられてきた。したがって、フォーマル政治理論は多くの点で経験的政治理論と非常に深く結びついている。多次元空間における有権者の選好の分布に基づくフォーマル政治理論では、代表制民主主義の下で政党や候補者が客体である場合に有権者は主体であるということが示される。以上の分析は、フォーマル政治理論が経験的な現象を説明するためにどのように応用されるかを示す一つの例である。

政治は組織内部や組織間で最も一般的な現象である。人々がどのように組織生活の低下に反応するかは政治における鍵となる問いの一つである。アルバート・ハーシュマン（Albert Hirschman）は離脱・発言・忠誠のモデルを定式化した。二つの選択肢が離脱と忠誠の間にある。それぞれの選択肢は市場において最も一般的に観察される。つまり個人が買うか買わないか選択することである。組織生活では個人が組織に忠実であれば報酬が減ったとしても組織に残ることを選択する。離脱という選択肢は即座に出て行くことである。これらの選択肢の間に、第三の選択肢として組織生活を向上させるために他者と一致団結して声を上げるというものがある。これは政治においてはより一般的である。しかしそれぞれの選択肢の帰結を考え始めるとそれははるかに複雑となる。

例えば、フィリピンのように長い間所得が劇的には増大しなかった離脱傾向の国を考えてみよう。フィリピン人は移民からの送金によってかなりの所得を稼ぐ。アメリカに医師を派遣したり湾岸諸国にメイドを派遣したりして移民が母国にかなりの額の所得を移転している。だが大量の移民が内生的な発展の原動力の喪失をもたらしていると考えることもできるだろう。対照的に日本のような忠誠傾向の国では、国から出ないことが組織生活の低下に対する共通の反応となっており、移民率は低い。組織生活の低下が嵩じて生活条件が受け入れがたいものになるにつれて、こうした忠誠は注意や賞讃を引きつけなくなり忠誠は発言の様相を呈するだろう。以上がフォーマル政治理論だが、それはまた経験的政治理論でもありうる。離脱・発言・忠誠の理論は組織生活の複雑な現象に触れるものであり、それを改善しようとする人間の努力の様々な選択肢を取り上げている。言い換えれば、離脱という選択は不和に基づいており、発言という選択は協調に基づいており、忠誠という選択は信頼に基づいているといえる。

古典的政治理論、経験的政治理論、フォーマル政治理論の他に、政治理論の一学派として取り扱われることもある二大分野が存在する。それは認識論と方法論である。認識論とは人間が見たり聞いたりすることをどのように知識として認識するかについての研究に言及するものである。フランスの哲学者ルネ・デカルト（René Descartes）が『方法序説』において近代的な主体の理論を提示したことは最も有名である。それは観察するものについてのより明晰な理解を獲得するのに役立つ助言と指導の体系である。また方法論は、現実が効果的に観察され分析されることを可能にする様々な道具についての研究に言及するものである。

2　政治理論の諸学派

経験的政治理論の起源

政治理論の学派は、時に乱立している。それは部分的には、経験的政治理論が生まれた当初は、心理学、精神医学、社会学、経済学、人類学といった、他の学問分野から発生したことに由来している。経験的政治理論の直接の起源の一つは、第二次世界大戦後に生じた深い変革や新たな必要性の中に見出すことができる。

他の学問分野から政治学への方法論や概念の応用は、サミュエル・スタウファー（Samuel Stouffer）やハロルド・ラスウェル（Harold Lasswell）によって、まずなされた。経験的な政治理論家にとって、歴史的・制度的な記述は、自分たちの研究に使える唯一の方法であった。しかし、新しい方法論や概念を得ることで、経験的政治理論はその射程を劇的に広げた。一般化可能な方法で観察・測定・評価することは政治学の慣習となり、その慣習は経験的政治学の諸学派の繁栄をもたらした。

第二次世界大戦以前の政治学は、一方で国家の構造や制度に、他方で政治哲学に関心を寄せていた。その反面、第二次世界大戦が経験的政治理論にとって触媒的効果を持ったのは、政府が自国の軍隊の士気や、プロパガンダや軍事行動の効果を測定し評価することに関心を持っていたからだ。スタウファーらは、調査研究の発展に多大な貢献をなすことになる、士気に関する研究を行った。同様に、ハロルド・ラスウェルやイシエル・デ・ソラ・プール（Ithiel de Sola Pool）らはプロパガンダ研究を進め、情報分析の発展に多大な貢献をなした。ロバート・マクナマラ

（Robert McNamara）らは、爆弾の効果に関する研究を発展させ、戦略上の選択肢に関係する費用・便益分析の発展に大きく寄与した。もう一つの例は、ルース・ベネディクト（Ruth Benedict）による軍事占領の研究であるが、その研究は、日本人に対する文化心理学的分析を通じて開始された。そして第二次世界大戦から二〇年以上を経て、政治学は経験的政治理論を用いることにより真価を発揮するようになった。

規範的政治理論の四学派　規範的政治理論に関しては、通常、アリストテレス、マキャヴェリ、ジョン・ロック（John Locke）、ジャン・ジャック・ルソー（Jean-Jacques Rousseau）、カール・マルクス、ミシェル・フーコー（Michel Foucault）、ユルゲン・ハーバーマス（Jürgen Habermas）といった偉大な哲学者たちに結び付けられる。しかし、他の学問分野や、関連する方法論や概念との相互交流が増すにつれ、規範的政治理論もまた進化してきた。ここでは、規範的政治理論を四つの学派に分類した、ラッセル・ハーディン（Russell Hardin）の枠組みを採り上げる。

ハーディンは、対立、共有された価値観、交換、調整といった、各理論が基づいているものの観点から規範的政治理論を四つに分類した。

(1)対立

利益の対立に焦点を合わせる規範的政治理論は、カール・シュミット（Carl Schmitt）の『政治神学』（*Political Theology*）を含む。シュミットは政治を国家内の、あるいは国家間の友・敵関係として定義した。シュミットの理論は超保守主義として分類されるのが一般的であるが、時にはファシストとも分類される。戦時中のような紛争状況では、彼の理論は高い説明能力を有するが、より平和な文脈においてはそうではない。

必ずしも規範的政治理論の分野の著作として分類されるわけではないが、カール・フォン・クラウゼヴィッツ（Carl von Clausewitz）の『戦争論』（*Vom Kriege*）は、友・敵関係の観念と強い規範的な類似性を有している。クラウゼヴィッツは戦争を、他の手段を以ってする政治の延長に過ぎないと定義した。同様な手法で、ソビエト連邦のマーシャル・ボリス・シャポシニコフ（Marshal of the Soviet Union Boris Shaposhnikov）は平和を、他の手段を以ってする戦争の延長に過ぎないと定義した。クラウゼヴィッツもシャポシニコフもともに軍人であったという事実は、彼らの理論が規範的政治理論としてではなく技術的な指南書としてみなされるということを意味しているのかもしれないが、彼らの著作の簡潔さと明晰さは、戦争と紛争を研究する者たちの興味を引くのかもしれない。

階級対立に焦点を当てる傾向のあるマルクス主義者の作品に目を転じてみると、バリントン・ムーア（Barrington Moore）の『独裁と民主政治の社会的起源』（*Social Origins of Dictatorship and Democracy*）は、階級対立に焦点を当てた規範的政治理論としてみることができる。ムーアの主張は農業が推進軸であるというものだ。二〇世紀における民主主義、ファシズム、共産主義の台頭は、農業の進化により説明可能かもしれない。すなわち、イングランドやフランスにおいて農業の商業化が農業の進歩を導き、ドイツや日本、イタリアにおいて農業の進歩が滞ったのは、土地所有者階級の無関心のせいであり、ロシアや中国において農業が過度に搾取されたのは、国家主導の資本主義のためである――これらはそれぞれ、民主主義、ファシズム、共産主義の進展と一致している。

(2) 共有された価値観

共有された価値観に焦点を当てる規範的政治理論は、二〇世紀、とりわけ冷戦後に支配的であった。規範的政治理論として共有された価値観の優勢は、この一世紀の間にリベラル・デモクラシーが勃興し広がっていったことに大きく関係している。ジョン・ロールズ（John Rawls）が論じたように、リベラリズムは自由な諸個人に関する功利主義的計算に基づいている。ロールズ自身は正義を前面に出した。しかも、「抑圧的含意」を重視していたために、リベラリズム主流とは大きく離れた。デモクラシーは、ダウンズが記述したように、市民の選好の集計に基づいている。ある意味でリベラル・デモクラシーは、集計された選好のなかでも、共有された価値観が鍵となる体制を要請する。リベラル・デモクラシーが前提とされる限り、共有された価値観に焦点を当てる規範的政治理論は栄える。社会的権力の制限された使用という、ロバート・グッディン（Robert Goodin）による最近の政治の定義でさえ、このことを映し出している。リベラリズムは他者についての知識や、他者の価値観の共有を求めることはないと記しておくことは重要である。

ダウンズの『民主主義の経済理論』（*An Economic Theory of Democracy*）は、規範的含意を持ったフォーマル政治理論の書である。価値観はしばしば右翼・左翼イデオロギーによって明らかにされてきた。二党制の下では、両党が両サイドから中央に寄ってくる傾向がある。つまり、左から中央へ寄り、右からも中央へ寄る傾向がある。穏健なあるいは「中道派」市民は価値観を共有している一方、極端なあるいは周辺にいる市民は仲間をほとんど持たない。投票で勝利を収めるために、両党は、数量的に大きな中点をターゲットにする。このことが両党に、自らのイデオロギー的・政治的立場を中央に位置する多数派市民に適合させ、多数派を引きつけるための競争へと駆り立てる。共有された価値観に基づく規範的政治理論の説明能力は高く、とりわけグローバリゼーションの波が国家体制内の中間組織や高次の組織の力を弱め、個々の市民が以前にもまして重要性を増している場合は、特にそういえる。

(3) 交換

交換に基づく規範的政治理論は、アダム・スミス（Adam Smith）に代表される。スミスの二つの主著『道徳感情論』（*The Theory of Moral Sentiments*）と『国富論』（*An Inquiry into the Nature and Causes of the Wealth of Nations*）のうち、前者が道徳的判断をする人間の能力の源を説明したものであることは、よく知られている。スミスのキー・コンセプトは共感である。それによって他者を観察するという行為は、他者の振る舞いと、自らの振る舞いの道徳性に対して人々を自覚的にする。個人間の関係に共感が無ければ、交換は強固な基礎を失う。国家大の市場やグローバルな市場にまで拡大した場合であっても、交換の機能がうまく作用するのは、社会関係における共感に交換が基礎づけられている場合のみである。共感は、ジェームズ・コールマン（James Coleman）やロバート・パットナム（Robert D. Putnum）らには社会関係資本と呼ばれることがある。

人間の生活は、交換の制度やメカニズムが備わってさえいれば十分首尾よく果たされるわけではない。市場と呼ばれる多数の交換関係システムが機能している限り、そのような規範的政治理論は高く評価されうる。より頻繁にありうるのは、交換の範囲を超える枠組みや制度を政治的生活が要求することである。交換が対立を解決する限りで、交換に基づく規範的政治理論は良い説明能力を持つ。

(4) 調整

調整という観念が、規範的政治理論の発展において重要な役割を演じてこなかったことを知ると驚くかもしれない。政治といえば、利益の対立状況や友・敵関係を扱うものとみなされることを前提とすれば、対立に基礎を置く規範的政治理論がたくさん存在するのも自然である。また、紛争の解決が、小規模での交換を大規模に行うことによってもたらされることがよくあるので、交換に基礎を置く規範的政治理論が多く存在するのも自然である。

ハーディンは、調整に基礎を置く規範的政治理論があまり存在しなかったのは、規範的政治理論の枠組みにおいて、政治の仕組みや手段として交換が自覚されてこなかったからだと指摘している。国王主権による絶対主義的統治についてのホッブズの議論さえ、多層的・多段的枠組みに再定式化されれば、調整の観念で表現された規範的政治理論として提示することができる。

そのような枠組みにおいて重要な概念となるのが、戦略である。一方が戦略Aを採り、相手が戦略Bを採る時に、どのように調整するかを決めることは、とても複雑だ。多層的・多段的戦略に基づいた二当事者間の共同を実施するとすれば、規範的政治理論はより複雑となる。しかしこの路線で理論化を進めることは、軍事、経営学、様々なエンジニアリングなどの他の分野では、ゲーム理論の形式で二〇世紀中頃から行われてきた。調整をキーコンセプトとした規範的政治理論は、政治がかなりの程度調整に依存しているので、発達していく運命にある。

経験的政治理論の六学派

前述したように経験的政治理論の諸学派は分類するのが困難である。一九五〇年代から六〇年代の行動主義革命と一九七〇年代から八〇年代の脱行動主義革命という二つの画期があり、その後に一九九〇年代から二〇〇〇年代のアメリカ政治学会における「ペレストロイカ」運動が続いた。

行動主義革命においてはシステム理論と行動論が顕著となった。脱行動主義革命においては政治学における行動主義革命を超える新しい試みがなされた。脱行動主義革命とペレストロイカ運動は一方で政治学をより解釈的・思弁的にし、文脈や経路依存に対して意識的にしようと試み、また他方では個人よりも制度、文化的に導かれる動機よりも厳密な功利主義的計算、自明な人間行動ではなく脳科学的力学、国民的有機体的全体の観点ではなくグローバルな観点に焦点を当てようと試みた。

(1)システム論

今日とは大きく異なる一九四〇年代の政治学の状況に対する不満から、デイヴィッド・イーストン（David Easton）は政治学を、理論仮説をデータで検証し、そこから理論にフィードバックを与えることで、科学的な学問にしようと試みた。そうした中でイーストンは、システム論の枠組みをもつ政治の「一般理論」を構築することを目指した。イーストンの有名な政治の定義である「社会に対する価値の権威的配分」は、こうしたシステム論の思考から生み出されたものである。それは、一方で憲法や制度に、他方で概念やイデオロギーに焦点を当てる当時の政治学に不満を持っていた政治学者たちにとっては新鮮であった。イーストンはジャック・デニス（Jack Dennis）とともに子供の政治的社会化、つまり子供が親や友達や先生や牧師から政治を学ぶ過程というテーマで政治システムの研究に乗り出した。

規範、価値、規則はある政治システムにおいて世代から世代に受け継がれるシステムの構成要素である。当時のシステム論の影響を受けた政治学者たちがおそらく感じていたことは、政治システムは規則や規範からなる巨大な枠組みの下でのアクターの相互作用の非常に複雑な組み合わせであり、経験的に導かれた証拠に基づいて政治システムを理論化することは決定的に骨の折れる作業だというものであった。行動主義革命は、アメリカでシステム論の考え方が受け入れられるのと同時に沸き起こった。その次に来るのはシステム論と行動論の双方に対する穏やかな幻滅であり、それは一九六〇年代末から七〇年代初頭にかけての世界中での狂乱と同時期であった。言い換えれば、システム論の考え方の限界は深く認識されていたのである。イーストン自身も後年に、自らのシステム分析と行動論には明確な限界があることを打ち明けている。

(2)行動主義

行動論に対する要請は革命として熱狂的な支持者たちによって主張された。こうした人々はそれが政治学を古くて錆び付いた学問から意図や動機ではなく行動に焦点を当て、解釈ではなく分析に焦点を当てる最新の学問に変えると唱えた。行動主義への短命な熱狂にもかかわらず、行動主義の精神やスタイルは評価の高い雑誌で定着した。

経験的政治理論の説明力に戻るならば、ブルース・ラセットの民主的平和論（democratic peace theory）が挙げられる。この仮説はカントが最初に議論したもので、君主制国に比べて共和制国は、共和制国に対して戦争を仕掛けることが少ないだろうという議論であり、現代的用語で言えば、民主主義国はお互いに戦争をすることがきわめて少ないということである。君主制国は傭兵を戦争の主役とするので、戦勝や名誉というより、生命や給料を大事にしがちである。それに対して、共和制国は徴兵を主役とし、戦勝や名誉を大事にしがちである。ラセットは一八一五年から一九八九年までの全ての主権国家のペアからなる年次データを用いてこの仮説を検証した。

(3)合理的選択理論

合理的選択理論はフォーマル政治理論から生まれた。しかしそれは一連の前提と公理から論理的に導き出された諸命題の検証と通常は結びついている。またその台頭は一部には政治学における経済学の一定の影響力によるものである。さらに政治学の諸学派の中でもアンソニー・ダウンズ、マンサー・オルソン（Mancur Olson）、ジェラルド・クレイマー（Gerald Kramer）といった経済学の訓練を積んだ学者が多大な影響力を揮った政治経済学が一九七〇年代と八〇年代に広く研究された。それは一部には盲目で裸足の経験主義として批判された行動主義に対する反発によるものでもあった。

ダロン・アセモグル（Daron Acemoglu）とジェイムズ・ロビンソン（James A. Robinson）による *Economic Origins of Dictatorship and Democracy*（独裁と民主制の経済的起源）は、異なる社会集団の存在を前提とし、権力と資源の配分方式が異なる政治制度を選好するとしたら、高度に資源を集中した集団が権力独占を望み、その他が民主主義を望む場合、当然の結果として多数派が望む民主主義が支配的となることを明らかにしている。例えばタイでは、古いエリート層と新しく台頭した大衆層が暴力を用いて相互に間歇的に争っている。古いエリート層は大衆による権力奪取に譲歩せず、軍によるクーデタに訴えることで権力を再獲得した。しかし彼らの論理は明確で一般的であるが、民主主義と独裁の間のこうした闘争に関する大部分の記述的な政治学研究とは異なっている。

(4) 制度主義

古い制度主義と区別する形で今日の制度主義は新制度主義と呼ばれている。その鍵となる特徴は、(1)詳細な制度的メカニズムを用いる強力な経験主義、(2)議論の強さを測るために用いる強靭な制度比較主義である。以下の対照は制度主義の一般的な方向性と成果をより明確にすることを意図したものである。アセモグルらが合理的選択論の代表的な論者であるとすれば、ジョン・フェアジョン（John Ferejohn）は制度主義の代表的な論者である。アセモグルらはより一般的な方法で定式化し検証しているのに対して、フェアジョンはより比較的な手法で定式化し検証しており、何事も比較するという手法を最大限に活用している。その特徴は彼の連邦制、戦争ならびに国家建設に関する著作において強引に提示されてもいる。制度主義の限界はそれが比例代表制や小選挙区制といった選挙制度のもたらす帰結を検証するのであれ、税制度の社会政策的な帰結について検証するのであれ、比較制度論の選別および検証のための分析視角および分析範囲に依存していることであるといえる。

(5) 神経科学

行動主義の革命的な時期における枠組みとして、イーストンの『政治分析の基礎』（*A Framework for Political Analysis*）と『政治生活の体系分析』（*A Systems Analysis of Political Life*）がおそらく行動主義のバイブルだろう。もう一つ示唆に富む作品としてはカール・ドイッチュ（Karl Deutsch）の『サイバネティクスの政治理論』（*The Nerves of Government*）が挙げられるだろう。この著書は政治体が情報を伝達しやり取りすることを可能にする神経の重要性に焦点を当てるものである。しかし彼の概念枠組みがニューロンやその他の神経生理学的な構成要素や機能に深入りしなかったとはいえ、やはりこの作品はある意味で政治学における脳科学の先駆けといえるものであろう。ドイッチュの関心が分断社会における社会的情報伝達やナショナリズムから環大西洋における地域統合に移って以降、彼はしばしば行動主義者に分類される。

だが一九九〇年代以降の脳科学のたゆまぬ進歩によってドイッチュは神経分析における真の先駆けとなったといえるだろう。ティップ・オニール（Tip O'Neill）が「全ての政治はローカルである」と言ったのが正しいとすれば、脳科学者が「全ての政治はニューラル（neural）である」と言うのもまた正しいだろう。神経分析は脳におけるニューロン（神経細胞）の活動の変化によって明らかにされる意図や動機に焦点を当てる点で、具体的で目に見える行動だけに焦点を当て、脳内情報処理には立ち入らない行動主義分析とは明確に区別される。しかし前者は現実の意図や動機には深入りしない。脳活動計測技術（磁場共鳴イメージ）やその他の道具立てといった科学的な進歩は人間の意図や動機を解釈し理解することを可能にした。犯罪容疑者を取り調べる際には物的証拠を集めるとともに容疑者の動機を解明することはもはや不可欠である。神経科学的データは急速に政治分析に用いられるようになった。ジャコモ・リッツォラッティ（Giacomo Rizzolatti）らは *Mirrors in the Brain*（脳にある鏡）において、政治学は神経科学からどのように利益を得ることができるかを明らかにしている。神経科学は政治学に限られるものではないが、結局のところ政治の複雑さの源はニューロンの活動の複雑さにあることからその使用は今後ますます増大するであろう。

(6)グローバリズム

二一世紀初頭の政治学は同時に二つの正反対の方向に動いている。それは地域的方向とグローバルな方向である。科学技術の進歩によって人類は政治を「マクロ把握」するためにお互いにより早くより遠くにつながることができるようになり、また政治を「ミクロ把握」するために脳内をより深く探求することができるようになった。グローバル化の波は二〇世紀のテクノロジーの進歩によって促進された。そのうちの一つが情報伝達におけるe革命であり、それはスーザン・ストレンジ（Susan Strange）によればマネーの動きを「発狂させた」のである。いまや驚異的なスピードで動いているのはマネーだけでなく、商品、教育、薬、移民、ウィルス、犯罪、ドラッグ、武器、情報といったあらゆる物事が地球規模で動いているのである。政治はこのようなグローバル化の不可抗で不可逆な流れを避けることはできないのである。

デイヴィッド・ヘルド（David Held）はグローバリズムの代表的論者であり、その著作『デモクラシーと世界秩序』（*Democracy and the Global Order*）は様々な民主主義理論の上に構築されたコスモポリタン・デモクラシーの規範的立場を構築している。だが同時に規範的政治理論が本当に普遍的かつグローバルであるかどうかは、最近まで疑われていた。なぜなら規範的政治理論の大部分は、国家建設と理論構築のほとんどどちらもが国家レベルで行われた近代ヨーロッパに由来するからである。

3　規範的理論と経験的理論との対話

政治理論をめぐる議論

本章では三つの政治理論として古典的政治理論、経験的政治理論、フォーマル政治理論に要約し、それらはそれぞれ密接に関連していることを示してきた。次に本節ではいくつかの実例を用いて規範的政治理論と経験的政治理論が相互により明確かつ正確に区別され、相互が豊かになる形でお互いの弱点を明らかにするという実りのある対話が可能であることを示そう。

こうした観点から導き出される例には好戦的民主主義とボトムアップの体制類型が含まれる。それらの例はともにカント、マキャヴェリ、アリストテレス、モンテスキューといった古典的政治理論から命題を引き出しており、それらを経験的に検証することで古典的政治理論と経験的政治理論の両者がお互いに近いか遠いかをみることができる。

規範的政治理論は、正義がどのように実現されるべきかについての議論から生まれた、時と場所を超越した理論である。それはある意味で規範的政治理論の存在理由でもある。しかし同時に規範的政治理論においては対立、共通の価値、交換に基づいた争点が支配的であることが認識されている。特に共通の価値に基づいた争点はおびただしい。このことは一部には二〇世紀後半の政治学が、リベラリズムに対する親近感を持続させたアメリカの学者によって占められていたことによるものである。

経験的政治理論もまた普遍的に妥当であるために特定の時代や場所という条件を超越したものである。しかし同時に経験的政治理論の大部分が二〇世紀後半と欧米に焦点を当てていることが認識されている。これら二つの事実はある深刻な問題を表象している。つまり経験的政治理論は、普遍的な真理と正義の源泉として西洋を提示するという強度のバイアスを帯びているということである。

民主主義をめぐる議論

生涯をケーニヒスベルクで過ごしヨーロッパの変遷を目の当たりにしたカントが、最も簡潔な形で未来の波を摑んだことは印象的である。民主主義国はお互いに平和主義であるが、その存立にとって脅威となる恐れがある非民主主義国に対しては好戦的である。カント右派が誕生したのは、二〇〇一年に九・一一事件が勃発し、アメリカへのテロ攻撃ならびにアフガン戦争とイラク戦争が引き起こされた二〇〇〇年代に誕生した。彼らは、もしカントが現代に生きていればイラクのような大量破壊兵器保有国がミサイルを発射するのを防ぐべくイラク戦争を支持するだろうと議論している。また彼らは、無辜の民が殺され民主主義が軍事的脅威に晒されている時に、民主主義国家はただ受身であり事態を座視するわけにはいかないと論じる。言い換えれば、民主主義は反民主主義と闘わなければならないという。カント右派の民主主義的介入論とは正反対に、カント左派の一人ウラジスラフ・スルコフ（Vladislav Yurievich Surkov）は「主権民主主義」と呼ぶ国内の民主主義に対する外部からの介入を拒絶する民主主義を要求した。このことは、チェチェン、グルジア、ウクライナ、キルギスといった、かつてソビエト連邦として一つにまとまっていた地域における民主化や分離独立運動に関連して生じた出来事に言及するものである。

一八世紀後半にヨーロッパではフランス革命とナポレオン戦争が起こった。カントは共和制、自由貿易、多国間条約、国際組織の出現こそが恒久平和の実現に資すると信じたのである。しかしカントの思考は時空が隔たるにつれて明らかに曖昧なものとなった。二一世紀初頭には九・一一事件やアフガン戦争やイラク戦争が起こり、カント右派とカント左派が民主主義を促進するために外部からの人道的介入が正当化されるか否かをめぐって議論しているのである。したがって驚くべきことではないが、規範的政治理論は文脈によって曖昧になると結論づけられよう。議論は少し異なるが、フェアジョンとローゼンブルース（Frances Rosenbluth）によれば、カントの共和制には二つのタイプの抑制と均衡のメカニズムが存在するという。「水平的抑制」は議会と政府の上層において機能するメカニズムである。立法と司法は異なり分離している。どちらも他方を支配できず、体制の抑制メカニズムはそうでない場合よりもうまく機能する。「垂直的抑制」はエリートと大衆の間で機能するメカニズムである。カントの共和制民主主義は意思決定するエリートと意思形成する大衆を区別しているが、それは両者が相互に影響を及ぼすことができるという条件の下でのみ可能である。言い換えれば、エリートは大衆の選好を考慮に入れて意思決定し、大衆はエリートに対して自らの選好を言葉や態度で表明することで意思形成するのである。

フェアジョンらは、カントの抑制と均衡のメカニズムを備えた共和制民主主義論がマキャヴェリの民主主義的動員論、好戦的民主主義論と明確に異なる点をもって、カントとマキャヴェリは区別されなければならないと述べている。マキャヴェリの議論は、共和制のローマと君主制のフィレンツェとの比較に基づいている。共和制ローマは包摂的な政治体制であったことから動機づけと能力が高い兵士に恵まれていた。君主制のフィレンツェは動機づけと能力が低い傭兵に悩まされていた。フェアジョンらはマキャヴェリを用いて、二〇世紀後半から二一世紀初頭に見られた好戦的民主主義を理解しようとした。したがって、彼らによれば、平和主義的民主主義と好戦的民主主義とは異なるものではなく、同じコインの裏表なのである。

民主主義国における軍隊をめぐる議論

一八三五年に、民主主義国における軍隊に着目したアレクシス・ド・トクヴィル（Alexis de Tocqueville）は、民主主義に対して悪い評判をもたらしかねない軍事活動の内在的な危険性について観察し指摘した。トクヴィルはアメリカの軍隊がネイティヴ・インディアンの土地を強奪し、平和条約を破棄した侵略者たちを保護しているのを観察している。軍隊は、人口に膾炙した「明白なる使命」（Manifest Destiny）であるかのように東海岸から西進して行ったアメリカ白人たちから圧倒的に支持されていた。トクヴィルは、軍隊が自らが熱狂的に擁護し賞賛した概念である民主主義によって正当化された行動をとることは危険だと理解していたのである。九・一一事件とアメリカの報復行動に対して松本礼二は、トクヴィルを引きながらアメリカの民主主義のこのような側面について十全に意識的であった。言い換えれば、平和主義的民主主義と好戦的民主主義とは同じコインの裏表なのである。

アメリカ人の研究者であるマックス・ブート（Max Boot）とロバート・ケーガン（Robert Kagan）も同様に、アメリカ人が独立以前でも外国との利害対立を武力によって解決しようとする傾向があったと見ている。ブートとケーガンはこれはアメリカではネオコンと呼ばれる人々であり、ロシアでは二一世紀のボリシェビキと呼ばれているとする。アメリカのネオコンとウラジミール・イリイッチ・レーニン（Vladimir Ilyich Lenin）率いる二〇世紀のロシアのボリシェビキには二つの共通点がある。それはゆるぎない意志ともえたぎる情熱によって理想を追求する理想主義者であり、戦争の原因が民主主義や人権といった彼らの理念に照らして正当化可能なものであるとみなされれば、武力を用いるのも正当とみなすという現実主義者であることである。おそらくトクヴィルはヨーロッパでナポレオン・ボナパルト（Napoleone Bonaparte）による革命戦争の形での民主主義的帝政を経験していたことから、その本能的な理解は正しかったのだろう。

政治体制をめぐる議論

古典的政治理論はしばしば政治体制について議論する。アリストテレスは『ニコマコス倫理学』（*Ethika Nikomacheia*）において、倫理は政治の基礎であり、社会で支配的な倫理によって君主制、貴族制、ポリテイアという三つのタイプの政治体制が特定できると議論している。君主制は親子間で支配的な倫理によって形成され、貴族制は夫婦の間で支配的な倫理によって形成され、ポリテイアは兄弟間で支配的な倫理によって形成される。しかしアリストテレスの理論は、支配的な倫理が一度決まれば自動的に政治体制の類型が決まるという意味ではモナド的である。モンテスキューの『法の精神』（*De l'Esprit des lois*）も同様である。ここでは共和制、君主制、貴族制という三つの政治体制の類型は体制を駆動する精神によって決定されるという。共和制は美徳によって営まれ、貴族制は名誉によって営まれ、君主制は恐怖によって営まれる。ここでも市民と国家の関係はモナド的であり、一度政治体制のタイプが決まれば市民の間で支配的な倫理のタイプもおのずから決まることは明白である。

一九世紀後半から二〇世紀前半にかけてウェーバーは体制の類型について支配の手段から議論した。それは伝統的支配、カリスマ的支配、合法的支配というものである。ここでもまたモナド的な決定論が前提とされている。ここでも手段が一度決まれば体制の類型もおのずから決まるのであり、逆もまた同様である。状況は二〇世紀後半から二一世紀初頭にかけてもそれほど変わってはいない。例えばスタイン・ロッカン（Stein Rokkan）は一九六〇年代にヨーロッパ史における民主国家の成立について論じた。ロッカンは体制の類型についてのみ議論し、市民については語らなかった。なぜ多くの権威主義諸国を含めて世界中で世論調査が行われている時代なのに、市民や市民と国家との関係についてほとんど関心がないのかと疑問に思う人もいるだろう。しかし最近まで、主要な理論が社会アクターよりむしろ制度を取り扱ってきたために、国家についての理論において市民について議論することが手薄になっていたのである。

前述のようにアリストテレスの『ニコマコス倫理学』は、倫理とは君主制、貴族制、ポリテイアという体制類型の決定因である人々によって実践され共有されるものであるとする。さらにポリテイアにも専制、寡頭制、民主制という三つのサブタイプがある。ポリテイアのサブタイプはどのようにして決まるのだろうか。一部の学者は体制類型のサブタイプは倫理の枠組み、いわゆる社会体制が底辺層を支配することで、君主制と貴族制の倫理観を定められたことにより、専制、寡頭制、民主制という三つのサブタイプが社会体制として十分によく鍛錬されていないと推測している。しかしここでいう倫理とは支配的な政治文化として広く理解されているものであり、その鍵となる構成要素は帰属、信頼、満足として定義づけられるものである。これらわずかの社会体制の類型さえ一部の政治理論家にとっては快適である抽象的なレベルでもそれほど定式化されていない。だが重要なのは、対話を始める必要性を強調することである。古典的理論家は自分が議論したい地点から議論を始めているだろう。経験的理論家は彼らが最も心地よいと感じる地点から議論を始めるだろう。重要なのは新しい方向に動き出さなければならないということであり、それは顔と顔を合わせて対話することであり、両学派の最前線の両側で互いに塹壕を掘ることではないのである。

サーベイまたは非サーベイのデータを継続して収集しながら、経験的政治理論家は体制の類型のボトムによる決定という課題に取り組まなければならない。ボトムによる決定とは市民による検証である。それは規範的政治理論家も同様である。規範的政治理論家も経験的政治理論家も、ボトムのレベルすなわち市民の検証を抜きにして体制の類型を議論するべきではない。理論的な問題はこれに尽きない。体制の類型の一般的な議論においてさえも、例えば民主主義という用語一つを取ってみても、ことほどさように用語法には混乱が満ちているのである。

第Ⅰ部　比較政治の理論

ソチオリンピック会場に並ぶ国旗（RIA Novosti／時事通信フォト）

第1章　市民と国家の関係

1　市民なき国家論と国家なき市民論

国家論の盲点

国家論ほど古今東西多くの学者を魅了した主題はないと言っても過言ではない。実際、アリストテレス（Aristoreles）の『ニコマコス倫理学』、マキャヴェリ（Niccolò Machiavelli）の『君主論』、モンテスキュー（Charles-Louis de Montesquieu）の『法の精神』、ロック（John Locke）の『統治二論』、マルクス（Karl Marx）の『共産党宣言』など膨大である。最近では、ダール（Robert Dahl）の『ポリアーキー』、ミリバンド（Ralph Milibnd）の『現代資本主義国家論』など、これも枚挙に暇がない。山とある国家論を読み進むにつれて気が付くのは、ほとんどが規範論であり、実証論ではないことである。本書の範囲ではないが、もう一つの特徴を付け加えれば、規範論から実証論を飛ばして変革論に励む場合が多い。古代ギリシャから二〇世紀前半までならば、規範論しか刊行されにくい理由があるが、二〇世紀後半以降には実証論がもっとあってしかるべきである。

国家論の主柱をなすのは国家のイデオロギー、制度や財政、そして国家組織を動かす階級である。国家論で驚くべき盲点となっているのは、国家と対峙する市民の存在である。規範論においても、国家の類型さえ規定すれば、あたかも自動的にその類型に見合った市民が生まれるかのような議論がほとんどである。市民は国家の類型の完全な従属変数であるかのようである。その国家の類型が市民を重要視すべきという議論においても、市民を真正面から取り上げる書物は稀である。

世論調査という方法

二〇世紀後半には世論調査という社会科学・行動科学・生命科学のための研究用具が発明され、非常に広い諸分野で応用されてきている。社会心理学や心理学などでは、世論調査は実験法と並んで頻繁に使われている。ところが哲学や政治学では、世論調査が実証的データ、つまり市民がどのように国家をとらえているかについての経験的なデータをもって国家論を豊富にすることがあまりなかったのである。経験的データとは、どのような市民がどのようなことを国家に望み、国家に忠誠を誓い、国家の仕事について満足か・不満かを体系的にしかも科学的に調べたデータを指す。そうしたデータがなければ、国家論が市民論によって支えられていないではないか。

アリストテレスの『ニコマコス倫理学』の政治体制の分類では、王制は王族の共有する政治文化、貴族制は貴族が共有する政治文化が政治体制の性格を規定している。ポリテイアという政治体制では誰の政治文化が政治体制の性格を規定するか。ポリテイアでは大衆がすべて包含されているので、その政治文化についてはどのような人がどのような考えをもっているかを考慮しなければならないという。ポリテイアは現代の文脈では民主主義体制に置き換えることができるだろう。そこではしっかりと実態を知ることからその政治体制の特徴を摑む作業が始まるのである。その作業は体系的かつ科学的な世論調査としてなされなければならない。しかも政治体制の比較が国家論の類型の出発点であるのだから、比較世論調査でなければならないのである。

世界で世論調査が最も盛んなのはアメリカであるが、それを見るかぎり、アメリカこそが政治学者の唯一の関心事で、他国の政治体制論や国家論にはあまり強い関心がないかのようである。国家論というよりは市民論に大きな関心があるとはいえ、国家論なき市民論といえるようなものが少なくない。すなわち、国家というよりは、市民が自ら形成し、結果を出すのだからという、市民自己完結的政治体制をひそかに前提としているような印象を時に与える。したがって、アメリカでは市民論は多いが、国家と市民を関連づけ、そこから政治体制論を展開することが稀であった。あるのは伝統的で歴史的な比較政治学で、一定の共通の枠組みを設定した後で、いくつかの政治体制を比較し分析するものであった。日本でいえば、升味準之輔の『比較政治』全三巻（①西欧と日本、②アメリカとロシア、③東アジアと日本、一九九〇〜九三年）である。比較政治の代表的な教科書はルシアン・パイ（Lucian Pye）であり、比較歴史学としてよく読まれたのはバリントン・ムーア（Barrington Moore）である。

確かな証拠に基礎づけられているということが二一世紀になって人類社会の必要条件になっているが、比較政治学でもそういう動きがようやく大きな流れとなってきたようである。しかも市民なき国家論でも、国家なき市民論でもない、新しいものが必要なのである。その一つのアプローチが、市民がどのように国家との関係をとらえているかを体系的に観察分析しようとするものである。アリストテレスを引き合いに出すまでもなく、どのような考えの市民がどの程度いるかによって、政治体制の性格が大きく規定される。

しかも「一国民主主義」を前提として、一つの政治体制を一万回の世論調査で調べることで仕事は終わらない。やはり比較という作業のためには、なんらかの基準でいくつかの政治体制を俎上に載せなければならないのである。市民が国家に対して示すアイデンティティについての質問（市民が国家・国民＝民族と一体感をもてるか）、信頼感についての質問（市民が国家の支配正統性を感じ、国家の政策実効性を鑑みて、どこまで任せられるか）、満足についての質問（市民が国家の支配正統性を感じ、国家の実施する政策がどこまで市民に満足をもたらすような実効性をもっているか）を軸に、どのように市民が国家との関係をとらえているかをみようとしたのが、猪口＝ブロンデル（Jean Blondel）共著の『現代市民の国家観』（二〇一〇年）である。これは、アジアとヨーロッパを調査対象として選択し、一八カ国で世論調査を実施、前記の枠組みで質問をし、分析を重ねて市民が国家にどのように自らを関係づけているかを類型化したものである。

同書の特徴の一つは、大規模な枠組みで国家論、比較政治体制論を展開したことである。市民がどのように国家との関係をとらえているかを軸に行った国際比較世論調査のデータを綿密に分析して市民と国家との関係を類型化し、ボトムアップの国家論を展開した研究成果はあまりない。その意味で同書はアリストテレス以来の国家論に全く新鮮な涼風を吹き込んだといえる。

2　多元近代論と脱近代論

多元近代論（multiple modernities）と脱近代論（post-modernity）の議論が比較政治学とりわけ国家論と市民論に入り込んだのは、二〇世紀第４四半世紀以降である。いずれも二〇世紀第３四半世紀に隆盛となった近代化論に対する強い懐疑論から生まれた。多元近代論も脱近代論もどちらも本書では直接の出番はないが、二つの議論は比較国家論、比較市民論を展開する上では避けて通れないので、ここで簡単に説明する。

近代化論への批判

多元近代論は、西欧から近代化と産業主義が始まり、民主主義がそこから発展したという、近代化論が前提とする西欧主導史観とでもいうもののアンチテーゼである。近代化論は、とりわけ西欧の近代化をしっかりと継承したアメリカが世界の指導者として民主化を推進すべきとのアメリカの政策が喧伝したものであった。これに対する批判的な視点がヴェトナム戦争（一九六五〜七五年）前後に強くなり、それぞれの社会が独自の発展を経験しているのに、西欧とその自称継承者のアメリカがあたかも世界を牽引するような史観はいかがなものかという意見が強くなっていく。多様な発展が歴史的に世界のどこでも見られたのであり、それが世界を動かしているという議論が多元近代論である。多元近代論の代表的論者はシュメル・アイゼンシュタット（Shmuel Eisenstadt）である。

脱近代論は少し視点を変えて、近代化に向かって人々が必死に働くことを是とする通念を物質主義、生き残り主義といい、これに対して一定の所得水準が達成され、心理的財政的な余裕が出てくると、脱近代性と呼ばれるシンドロームが強くなるという議論である。脱近代性とは、心理的余裕と社会的成熟が余暇、生き甲斐、他者への気配り、異端に対する寛容（例えば、同性愛、妊娠中絶、環境保全、生物多様性、無神論など）などをより前面に出し、重要視する考えの人が主流になる社会を指す。近代化が達成されたならば、次はどのような方向に進むべきかという人々の心配に応えようとした議論でもある。分析していくうちに、文化や宗教、そして歴史や地理が重要な側面を構成しているのではないかという議論にも発展し、多元近代性の議論とも交差することも多くなった。それは初めどの社会にこのようなシンドロームが出てくるのかは脇に置いた議論であったが、所得水準や発展段階や教育水準などを比較していくうちにいつの間にか近代化論に後戻りしたような議論になりやすいのが一つの特徴である。

脱近代論の代表的論者はロナルド・イングルハート（Ronald Inglehart）である。多元近代論も脱近代論も、国家論や市民論を研究する非欧米人が増大しているために、議論の展開は複雑になっている。脱近代論のもう一人の代表的論者はアンソニー・ギデンズ（Anthony Giddens）である。ギデンズは『近代とはいかなる時代か?』（*The Consequences of Modernity*）において、ヨーロッパは近代を最初に達成し、現在は近代性の負の帰結に悩んでいるという議論を展開した。ギデンズは資本主義でもなく、社会主義でもなく、「第三の道」を主張した。第三の道はイギリス労働党政権のスローガンにもなったが、ここでの問題は脱近代性がヨーロッパの独占物かということである。

多元近代論の実例

黄平という中国の社会学者がギデンズの本を中国語に翻訳出版した（吉登斯（Giddens）著『现代性的后果』黄平ほか訳、南京：译林出版社、二〇〇〇年）。その中国語序文に黄平は、ギデンズは全く間違っていると書いた。近代性を合理主義、世俗主義、そしてメリトクラシーを実現した社会だとギデンズのように定義すれば、最初に近代性を達成したのは中国であると議論する。実際、古代中国が封建制を脱却し、この三位一体の国家と社会を実現したのは二〇〇〇年以上も前のことである、しかもそれだけ早くから近代性を実現しているので、その負の帰結が巨大であるのみならず、遺制がいつまでも尾を引いて克服しがたい、というのが黄平のもっともな議論である。この議論で分かるように、ヨーロッパ中心の独断的な議論が横行しやすいのである。それは欧米が世界の文化を牛耳っているかのような印象を与える。

しかし、多元近代論や脱近代論によって、次第に欧米学者がむしろ学界では一番早く啓発されていくように見える。例えばアレグザンダー・ウッドサイド（Alexander Woodside）は、多元近代性を中国、ヴェトナム、朝鮮について議論している。多文化に敏感で、多言語に習熟し、歴史の多様性に通暁した学者にして初めてできる著書の中で、ギデンズのいう社会政策が発達しすぎて国家がその重荷で傾きヨーロッパが停滞しているというような議論も、中国では数百年前から政策としてなされ、しかもその重みで悩んでいたことを紹介している。

猪口＝ブロンデルの『現代市民の国家観』では多元近代性にも脱近代性にも説き及んでいないが、ウッドサイドの『ロスト・モダニティーズ』（*Lost Modeniteis*）にも共通する精神をもつ。それは欧米中心の近代化論の影響を受けることなく、経験的なデータを虚心に分析しようということである。経験的なデータは実証的な歴史的証拠と言ってもよいだろう。欧米中心の近代化論の偏りをもたないで、個人が国家・国民＝民族にアイデンティティをもっているか、国家に信頼感をもっているか、国家のやっていることに満足しているか、の三つの視点で市民に直接、国家ではなく独立した学者が体系的に科学的に聞いて回ったデータの集積を分析したのである。

3　調査の対象と方法

ヨーロッパとアジア一八カ国の比較

ところでなぜ猪口＝ブロンデルの『現代市民の国家観』では欧亜一八カ国を選んだのか。それは、全世界を見渡してヨーロッパとアジアほど比較しやすいところはないからである。

第一に、どちらも民主主義がある程度まで進んでいる社会を多く含むことである。そしてどちらの地域でも、成熟した民主主義、半熟の民主主義、権威主義の色彩をかなり残している民主主義、そして民主化の潜在性をもつ権威主義の社会というように、多様な政治体制をもっている。ヨーロッパの場合には欧州連合（ＥＵ）の加盟条件の中に民主主義が入っているために、アジアの場合ほど、露骨な権威主義、半熟な民主主義などがない。しかし、ポルトガル、ギリシャ、アイルランド、スペインなど、比較的最近に民主化を経験した社会をしっかりと選んでいることは重要なポイントである。アジアについては、しっかりした民主主義体制としては日本、韓国、台湾、ほぼ民主主義体制としてはインドネシア、タイ、フィリピン、かなり権威主義的色彩を強く保持しているのはシンガポールとマレーシア、そして共産主義体制の中国というように、多様性を浮き出せるように選んだ。同時に、世論調査の実施とそのデータの信頼性を考慮した。ヨーロッパについては、しっかりとした民主主義体制としてイギリス、フランス、ドイツ、スウェーデン、そして西欧の中の南北問題を浮かび上がらせる国としてアイルランド、イタリア、スペイン、ポルトガル、ギリシャを、同じ民主主義体制の中での多様性を浮き出せるように選んだ。いうまでもなく、全体として財政的制約の中で、実施される一八カ国を選んだ。

第二に、ヨーロッパやアメリカの影響が強すぎないアジアは、アフリカやラテンアメリカに比べて恰好の比較地域である。アジアでも一九世紀から二〇世紀の植民地主義が横行した時代に独立を保った国家は多くない。独立を保持し続けた国家として、日本、タイ、イラン、トルコなどがすぐ挙げられよう。しかし重要なのは、アジアの歴史的強靭性といえるのではなかろうか。アフリカやラテンアメリカでは植民地主義による欧米の影響がアジアよりも深く浸透しているようにみえる。それが比較的に明白に現れるのは、多国間条約・協定がそれぞれの地域でよく結ばれていることである。例えば、人権レジームや地域組織の軍隊の有無などがその好例である。そういった多国間条約・協定を律する規範や規則を地域内エリートの中で共有することが強みになっていると思われる。地域内エリートとは植民地エリートの子孫である。アジアでは地域内エリートの共有するはずの規範・規則が比較的限定されているのみならず、土着的な歴史・文化のルネサンスに力強さがある。それだけ多様で複雑な歴史と文化を秘めているのである。ヨーロッパもEU拡大に伴って一様性、画一性の側面が強調されてきたが、リーマンショック後の長引いた不況のなかで、ヨーロッパの多様性も一段と明らかになってきているとみてよいだろう。

回答者の選ばれ方

次に、調査の回答者はどのように選ばれたかという疑問に答えておきたい。一八カ国で少しずつ違うが基本原則は同じである。⑴可能な限り全国規模で母集団を考える。⑵ランダム・サンプリングとする。⑶分析のために残ったサンプルが各社会八〇〇とする。そしてランダムに選ぶ方法は大きく分けて三通りになっている。

- キッシュ・グリッド（乱数表に基づく対象者の無作為抽出）――シンガポール、マレーシア、インドネシア、フィリピン
- お誕生日法（調査世帯の中で調査日から一番近い誕生日の者を対象者とする）――韓国、中国、ドイツ
- クォータ・サンプリング（右回りに三軒おきなど、対象世帯を一定の法則に基づいて抽出し、性、年代など母集団比率に応じた割り当てに基づき対象者を抽出）――台湾、タイ、イギリス、アイルランド、フランス、スウェーデン、

イタリア、スペイン、ポルトガル、ギリシャ

上記三原則を満たし、予算を超えないで実施した。ランダムに選ぶやり方は現地社会で最もよく使われるものを踏襲した。

また、経済情勢などの変化によって分析は影響を受けないか、といった疑問もあろう。調査は二〇〇〇年に一八カ国で同時に実施した。二〇〇〇年は世界的にも不況であった。二〇一五年の時もまた世界的に不況である。共通点が非常に大きい点で、世論調査実施年と本書刊行年の経済情勢は図らずも近似している。不況の時に市民は国家との一体感を弱めるか、国家に不信感をあらわにするか、国家の政策に怒りを表明するか……どの質問をとっても本書を読みながら、新聞で報道されるアジアとヨーロッパのニュースを思い浮かべながら考えを深めることができる。この点で幸運と言うべきであろう。しかし、本書のよって立つ原則は、ここで浮き出される政治文化が景気不景気にかかわらずあぶり出される。市民がどのような関係を国家と結ぶかは、短期の好況不況を超えた考えや気持ちだという原則である。

4　政治文化を理解する

政治文化の定義

まず主題である政治文化を定義することから始めよう。すなわち、「政治文化とはある人々の共同体において現に存在する記憶とアイデンティティ、規範と価値、信念と選好、行為と慣習の一式である」。このように定義すると政治文化とは政治について考察する際における一つのパターン化されたアプローチとなる。ここで政治というのは、いつ、誰が、何を、どのように得るのかをめぐるものであると定義され

る（あるいは「価値の権威的配分」）。このように政治文化は、同じ記憶と体験を共有するある一群の人々によって形作られ、共有されるものである。すでに示したように、ここでは次の三つの要素に焦点を当てる。それはアイデンティティ、信頼、満足である。アイデンティティとは自分が何者であるかをどのように定義するかである。信頼とは他者や社会制度を利用する際にどれくらいの容易さを感じるかである。満足とは人や制度に関してどれほど喜んでいるかである。これは政治文化を経験的に理解するための唯一の方法でもないし、とりわけ理解に資する唯一の方法というわけでもない。

ここで特記すべき重要なことは、政治文化アプローチは分析レベルの点でいささか曖昧だという事実である。一方では、ルース・ベネディクト（Ruth Benedict）の『菊と刀』（*The Chrysanthemum and the Sword*）のような日本文化の特徴づけや、ジェームズ・モロン（James Morone）の *Hellfire Nation*（地獄の業火の国家）におけるアメリカの政治文化の特徴づけのような、国レベルの議論がある。他方では、ウォルター・ラッセル・ミード（Walter Russell Mead）の著作にみられるように、国家的な政治文化の特徴づけにはジェファソニアン、ハミルトニアン、ジャクソニアン、ウィルソニアンといったアメリカの下位国家的な理念型を際立たせるものもある。

サーベイ研究の手法

ここで採用するアプローチは、ランダムに選ばれた回答者が一組の質問に回答するサーベイ研究の手法である。この手法には国家横断的、地域的、国家的、下位国家的、個人的といった複数の方法がある。例えば国際的なサーベイで教育レベル、宗教団体加入状況、婚姻状況、雇用状況といった質問に対する回答のパターンを分析することができるものは国家横断的な方法である。また国際的なサーベイで東アジアおよび東南アジアと西欧における地域的なパターンを分析することができるのは地域的な方法である。国家的な方法では共通性に対する関心が最も高い。また下位国家的な方法では国民の多様性と多文化主義がしばしば政治生活の最もホットな側面である。さらに個人的な方法ではそれぞれの回答者が自身の独自の特性をもつ。私はこれらの可能な選択肢から回答の国内分布に適正な注意を払う国レベルの比較分析を選択した。結局は国民的な性格が人々の最も強い関心を惹くのだが、国内の凝集性と断片性もまた多くの人々にとって強い関心事である。

5　比較すべき内容

比較する内容は様々であり、例えば権力の動員と操作、市民、デモクラシーなどがある。市民がどのように国家と関わるのかということについて政治文化を議論する際には、われわれの実質的な関心にも関わることだが、アイデンティティ、信頼、満足という三つの要素に対する言及を避けることはできない。つまり、国家にアイデンティティを感じるか、社会制度をどれくらい信用するか、政府の経済運営の成果にどれくらい満足するかといったことである。

分析を国レベルに限定すれば、アイデンティティ、信頼、満足についてのそれぞれの質問に対するプラス、マイナスの回答には全部で二四通りが考えられる（猪口＝ブロンデル『現代市民の国家観』一九六頁）。

より具体的には、例えば二〇〇〇年にアジア・ヨーロッパ調査が実施された際には、アイデンティティがプラス、信頼がマイナス、満足がマイナスであるパターンはフィリピンとギリシャであった。またアイデンティティがマイナス、信頼がプラス、満足がプラスであるパターンはフランス、ドイツ、スウェーデンである。アイデンティティがマイナス、信頼がマイナス、満足がマイナスのパターンは日本であ

表1-1　国家と社会のリンクを分析するための三概念

アイデンティティ	信頼	満足
＋	＋	＋
＋	＋	－
＋	－	＋
－	＋	＋
＋	－	－
－	＋	－
－	－	＋
－	－	－

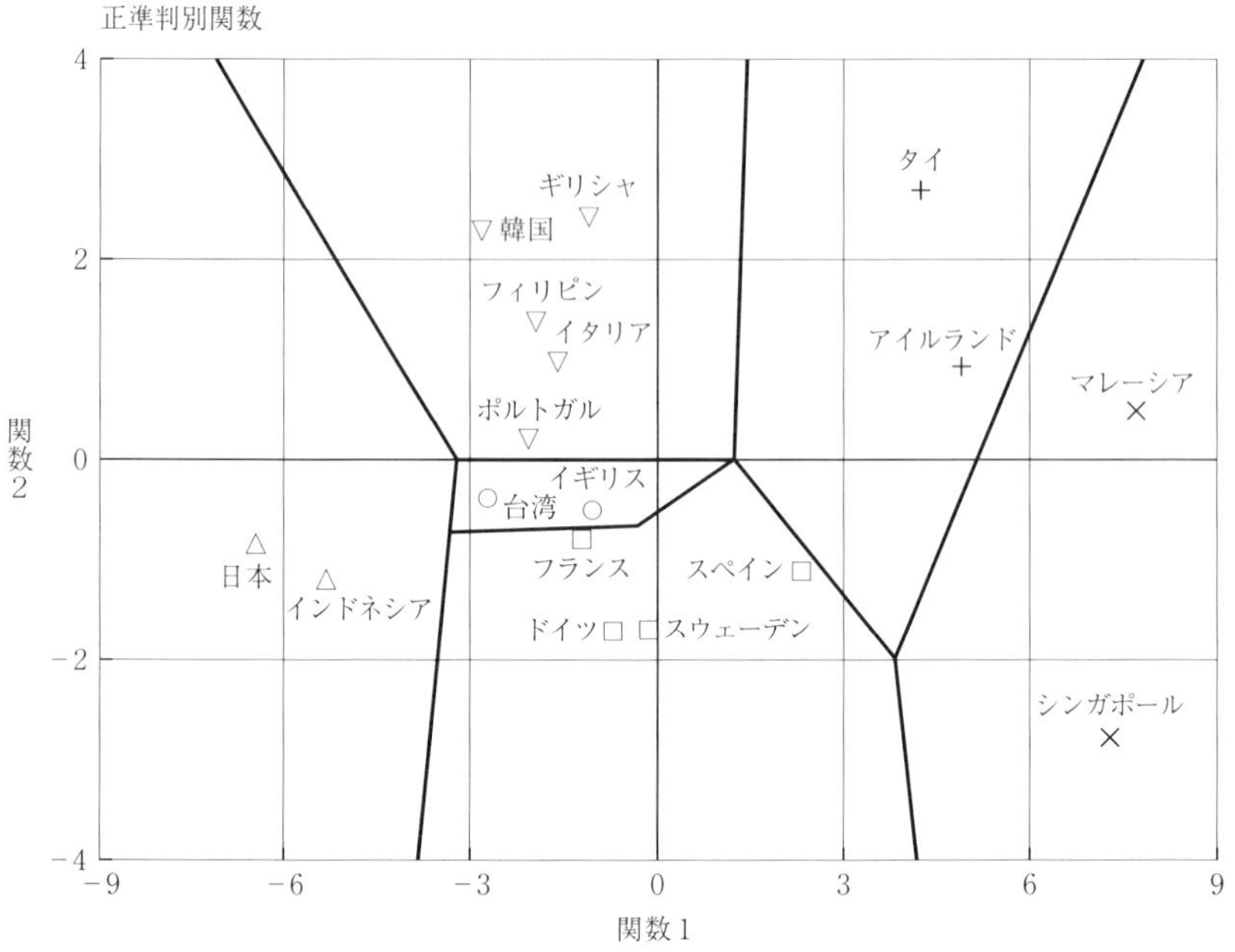

図1－1　二次元空間における分析対象国の分布

（出所）猪口＝ブロンデル，2008，p. 172.

る。もちろん、回答をプラス・マイナスよりはるかに詳細にすることはできる。しかしこのように詳細化すると政治文化の比較がはるかに困難になる。

ここからさらに一歩進むと、特定の質問に関して回答パターンを比較することができる（猪口＝ブロンデル『現代市民の国家観』一五三頁）。その他にも、市民と国家の関係を明らかにする政治文化に関連する質問一式を因子分析にかけることによって、すべてのパターンを単純化することもできる。

こうして六つのグループが二次元空間上に配置される（図1－1）。

グループ1　スペイン、フランス、スウェーデン、ドイツ――幸福な非国家主義者

グループ2　イギリス、台湾――国家と穏健に敵対する市民

グループ3　日本、インドネシア――躊躇す

る市民
グループ4　イタリア、ポルトガル、韓国、ギリシャ、フィリピン――不満のある愛国者
グループ5　シンガポール、マレーシア――発展により幸福である市民
グループ6　タイ、アイルランド――楽観主義者

6　地域統合に関する四つの観察

ここでは地域統合についていくつかの所見を述べて本章を閉じよう。

(1)アジアとヨーロッパ双方ともに地域内差異は地域間差異に勝るとも劣らず重要である。よくある欧亜地域統合比較は地域内差異にあまり関心を払わない。地域内差異を強調したうえで、比較することはとても意味のあることである。

(2)トルストイが『アンナ・カレーニナ』において「幸福な家庭は同じような理由で幸福だが、不幸な家庭というものは様々な異なる原因によって不幸なのである」と述べたことは半分正しい。そこに「市民と国家の関係は、同一のまたは異なる理由によって幸福でもあり不幸でもある」と付言すればより正しくなるだろう。地域統合論では市民と国家の関係にあまり関心を払わない議論が多すぎる。

(3)ヨーロッパを善きヨーロッパ市民から構成されるものとして描き、高度に規範的な帝国として提示することは、ヨーロッパを「変わりやすい地理」の見かけ倒しのごた混ぜと宣言することと同じくらい間違っている。前者は政治連合が世界の産業やビジネスの規制規範のペースセッターであることを強調しているのに対して、後者

は共通通貨ユーロの運営が、化粧はけばけばしいが、必ずしも堅固な仕組みになっていないことを強調している。どちらも極端な議論である。

(4) アジアをアジア的価値の保有者として描き、あたかもアジアにおける自由はたった一人の人間のためだけにあるかのように描いている。このような議論は、アジアを共通の束縛的な規則と制度の体系もろとも近い将来にも自立的に存する余地のある地域として展望することと同じくらい間違っている。

第2章　計量政治の視点

1　アジア研究と計量政治学

本章では行動計量学の一分野、国際比較政治に焦点を当てた計量政治学について概観する。行動計量学とは人間の行動を測定することを通してその原理を把握しようとする学問分野であり、その亜分野である計量政治学は政治行動を測定することを通して、その原理を把握しようとするものである。

人間の行動とは人間の全体ないしそれを構成する部分の動きのことである。動きの中には、走るという動きもあれば、視線を移すという動きもあれば、また脳神経の一部が何かに反応するという動きもある。根本的に重要なのは、まず何らかの行動を観察の対象とすること、そしてその行動を観察するに当たってできるだけ体系的かつ実証的に行うことである。

計量政治学が扱う測定の対象は、政治的行動である。政治とは、「誰が、何を、いつ、いかにして得るか」、「誰が誰を支配するか」、あるいは「希少資源の競争的獲得」を意味する。言い換えると、政治とは大義名分をかざして、他の人を従わせることである。時に暴力の行使もあれば、説得による同調もあれば、賄賂による買収もある。

ここでは計量政治学と言っても分野的には膨大になっているので、その中でもアジアを対象とした研究との接点を中心に詳説したい。アジア研究とは、欧米で発展した社会科学にとっては欧州的啓蒙的前提（学問の自由、とりわけ宗教や政治からの自由、合理主義や経験主義の考え）を貫徹しにくい研究分野の一つとされ、例外として特異性を強調する分野、非欧米からは非欧米の劣等感を払拭する分野とされる。ある意味でアジア研究と計量政治学は両極にあると言っても過言ではない。アジア研究では歴史と文化が強調されるのみならず、観察対象を有機的全体としてみるという伝統が強い。それに、一つひとつの事象をその特有な文脈の中で捉えようとする。

政治学でこのような考えをとる一つの分野は政治文化論である。政治は文化についての有機的な全体の一部を構成するものであり、その関連で政治を捉えることが生産的であるとする。それに対して計量政治学は、個々の事象を大量に観察することを通して、何かしらの一般化を企図する。そこではややもすると、事象に結合している歴史や文化、その文脈的な意味合い、そして個々の構成要素の有機的な接合などは軽視されかねない。にもかかわらず、いつも水と油の関係にあるわけではない。むしろお互いの存在とその有用性を発見してきている。

本章は、アジアを対象として計量政治学的方法で接近している諸研究をサーベイし、どのような分野でどのような方法がどのような成果を上げているかを鳥瞰しようとするものである。行動計量学というと、心理学、教育学、医学などがすぐに頭に浮かぶが、政治学も行動計量学的な方法を広範に使う学問領域であることを強調したい。

2　人間の意識を探る

選挙と投票

選挙と投票は計量政治学の得意とするところである。しかし、一九五〇年代から次第に盛んになっていった研究は一九七〇年代までほとんど日本政治の選挙と投票に限られていた。京極純一や三宅一郎や綿貫譲治などが先駆者であった。二〇世紀第3四半世紀、アジアで民主政治を実践していた国は非常に限られていたために、そして日本政治学者の関心は欧米の政治思想と政治史に集中していたために、アジアに日本政治学者の目がいくことはほとんどなかった。この意味で福澤諭吉の「脱亜入欧」は二〇世紀の第３四半世紀に貫徹したとさえいえる極端な状況を呈していた。選挙と投票を除けば、日本政治を「生業」として教育・研究する政治学者は日本中にほとんど存在しなかったのである。日本政治の分野はマスコミのみが扱う分野であり、マスコミでは株や芸能などとならんで「水商売」の一つとされていた。学問的な研究は無理なだけでなく、望ましくないとさえ思われていた。実際、この頃の日本政治学は政治思想史か政治外交史に偏っており、しかもその大半が欧米についてであった。

だが二〇世紀も第４四半世紀に入って、民主化の第三の波が東アジア・東南アジアにも浸透し、それが一時的に退潮していく二〇〇〇年代になって初めて、アジアの選挙と投票についての体系的統計的なデータの収集が本格化している。しかも、日本だけのデータ収集分析が異常に長かった。日本政治を比較政治の一分野として扱う場合でも、なるべく欧米と比較したがる期間が異常に長かった。アジアの文脈で比較しようとする研究はずっと遅く、しかもその件数は現在でも圧倒的に少ない。猪口孝編になるシリーズ「東アジアの国家と社会」（一九九二〜九四年）は東アジア六カ国（日本、韓国、北朝鮮、中国、台湾、ヴェトナム）を比較政治の主題として正面から扱った数少ない例である。選挙、選挙制度、投票結果などのデータの体系化ではようやく本格的に始動している。例えば蒲島郁夫は日本のイデオロギーを念入りに分析した。小林良彰は東アジアの市民意識を調べ、政治制度への信頼などを明らかにしている。池田謙一は精力的にマスコミの影響などを選挙と投票について分析している。粕谷祐子は東アジア・東南アジア諸国の選挙制度とその帰結を分析している。田中愛治らのグループは民主党の政権奪取過程を分析している。

価値観と規範意識

世論調査がアジアを対象にするようになったのは、二〇世紀第４四半世紀に入ってからである。アジアとヨーロッパを比較していく方向にもっていったのは猪口孝・蒲島郁夫である。

アジア九カ国、ヨーロッパ九カ国で市民の信念と態度について実証的かつ体系的に世論調査を行い、英文学術書を計三巻刊行した。各国の市民を対象に地域的に、(1)共通の政治文化はあるか、(2)市民の国家観は地域別に相似しているか、そして(3)市民はグローバル化を国家力と比べてどのように見ているかを調べた。アイデンティティ、信頼（対人関係と社会制度）、満足（生活と政治）を鍵概念として使い分析した。

また猪口孝・田中明彦・園田茂人らは、アジア・バロメーター世論調査を毎年実施し、刊行した（猪口他編、二〇〇五、二〇〇七、二〇〇九、二〇一一）。これは民主化の第三の波に触発された世論調査とは別の文脈を探ろうとしているものであり、国際的にも最も比較世論調査の少なかったアジアをほとんどすべてカバーする画期的なものである。しかもアジアの社会科学者と共同でなされているだけでなく、毎年成果を刊行している点でもかつてあまりなかった研究になっている。上記以外に、藤井誠二や徳田安春などが「生活の質」や「健康と信頼」について、さらに猪口孝が「環境と健康」について調査分析を進めている。これらの分野の研究は政治学というよりは医学、保健学、心理学、社会学、社会心理学などでより活発になされているが、政治学でも近年活発化していることを特記したい。同時に、この分野では統計学の方法が豊富なデータと相まってふんだんに使われている。

二〇世紀第３四半世紀の半ば、一九六五年に東京大学大型計算機センターが発足した。当時はプログラムも「自力更生」（研究者個人の工夫と努力による）であり、慣れないフォートラン（プログラム言語）で書き、試行錯誤を重ねた。カードにパンチするのも自力更生であった。それに比べると、二一世紀初頭、多くの人が比較的廉価で購入できるパソコンを持ち、データはウェブサイトからアクセスでき、統計的方法はかなりの程度自動的にできる仕組みが完成している。これをよしとするかどうかは別として、統計的方法も著しく進歩した。半世紀前にはクロス集計に加えて、因子分析と回帰分析を知っていれば、ほぼ足りた。現在は、質的変数の取り扱い、量的分析レベルの取り扱い、不足データの推定、多重共線性の処理等、方法はふんだんにあり（R. SAS. SPSS. STATA. EXCEL などのソフトがある)、どう使いこなすかが計量政治学の課題となっている。

3　計量政治学が解明するテーマ

政治主体

政府組織(政治家や官僚)や民間組織(企業、利益団体、市民団体など)についての計量学的研究は近年着実に進んでいる。野中尚人、村松岐夫、久米郁男、曽我謙吾、伊藤光利などは、日本の行政組織(首相・内閣、与党、官僚機構など)について、接触頻度や折衝過程から体系的に調べ上げ、単純な統計学的方法を使って影響力を分析している。

辻中豊は利益集団を日本だけでなく、アジアや欧米をもカバーしている。利益集団と言ってもその態様は様々であり、比較分析は政治体制の特徴を垣間見せてくれる。この分野ではデータが必ずしも豊富でないために、統計学的方法は初歩的なもの、例えばクロス分析やスキャッター・プロットに限られている。

データを豊富にするためには百年間位、最高政治指導者がどのようなステップで登り続けたとか、全世界でデータ収集をするようなことが必要になる。これについてはまだ体系的な収集はない。逆のデータはすでに収集されている。最高政治指導者が地位を失った時にどのような運命を辿るかについて二〇世紀の百年間で全世界のデータを網羅的に調べ、正常、亡命、懲役、死刑といった道はどのような要因が規定しているかを統計的にみる研究も出てきた(Goemans 2008 など)。日本だけでも一八九〇年からすでに一世紀余りの首相の運命をデータ化するのは容易であろう。

政治体制

選挙制度を軸にしての世界の政治体制についての網羅的なデータ収集は、ベン・ライリー(Ben Reilly)によって体系的になされている。広範な要因から民主化を予測するための世界中の国のデータを収集したのがヴァンハネン（Tatu Vanhanen）である。GNP、IQ、健康、農耕地など一見直接的には民主化に寄与しそうもない要因を綿密に調べ上げ、大胆な知見を相関係数など単純な統計学的手法で明らかにしている。選挙制度についてはスティーブン・R・リード（Steven R. Reed）などを含むチームで分析が網羅的になされている。選挙制度だけで選挙結果が規定されるわけではないのであるが、選挙制度によって規定される度合いがこのチームによってかなり精密に解明された。日本についても一九九三年の選挙制度改正の影響がどこまで選挙結果にみられるかについては論争が続いている。

民主制度がいかに崩壊していくかについては、タイの二〇〇六年クーデタ前後（二〇〇四年と二〇〇七年の）世論調査データを分析し、特定の社会集団・制度（軍部）に対する信頼が非常に高く、民主主義についての信頼が微温的であるところにその決定的な構造的な要因があることが解明された。基本的に回帰方程式モデルを使い、権威主義、制度的信頼、政策の実行性、政策過程、所得、教育について、他の変数を固定して、一つの特定の変数をフロートさせてパラメータを推定することによって、その特定変数の相対的な比重を二〇〇四年、二〇〇五年、二〇〇七年について明らかにした。すなわち、(1)統治正統性については二〇〇六年以前から低下している、(2)タクシン首相のポピュリズムは政策実動性については高い評価を得ているが、(3)政治過程については大胆だが、乱暴という評価が悪夢的経験として市民に伝わり、クーデタの受容性を容易にしたというものである。

同盟ネットワーク

同盟ネットワークについては、メルヴィン・スモール（Melvin Small）とデイヴィッド・シンガー（David Singer）の *Resort to Arms*（武器に訴える）やブルース・ラセット（Bruce Russett）とジョン・オニール（John Oneal）の *Triangulating Peace*（三角形による平和）によって網羅的に収集されている。しかし、同盟は条約で国際法上存在していても、それを活性化し続けないと半冷凍状態になりかねない。

そのような活性化のシグナルを体系的に収集し、分析したものの一つとして、猪口孝は、中国、ソ連、北朝鮮の同盟関係の実際の推移を、共産党機関紙に掲載された最高指導者間の書簡内容を体系的に分析した。書簡の長さ、書簡が載る紙面（第一面かそうでないか）、アピールする政策スローガン、最高指導者間の呼びかけなどを数量化第三類を使って緊密度とその推移を測定した。

いうまでもなく、同盟関係は市民のもつ感情に大きく左右される。世論調査から得られる友好度はどのような要因によって規定されるかを多重回帰分析したものの一つが、ゴールドスミス＝堀内＝猪口（2005）である。アフガン戦争（二〇〇一年）後、世界各国が示した対米友好度がどのような要因（同盟関係、アメリカ援助、テロ事件経験など）によって規定されるかを示した。同盟関係の存在だけでは対米友好度は決まらないことを示した。田中明彦（二〇〇七）はアジア・バロメーター世論調査データを使ってアジア国際関係の緊密度を体系的に図化することによって、二国間関係だけでは分かりにくい地球システム全体の中での比重を示すことに成功した（『アジアの中の日本』）。

交渉過程と結末

交渉は過程であり、結末をもつ。日本とソ連のサケ・マス漁業交渉についてモデル分析を行ったのが猪口孝・宮武信春である。ここには二つの異なるモデルがあり、一つは過去に遡って日本の当初提案量と前年の日ソ交渉妥結量、そして太平洋サケ・マスの母川に戻る二年のサイクルなどを独立変数にして当年の日ソ妥結量を多重回帰分析で予測した。もう一つは状態空間を想定してその中でどのような変動を示しているかを示した状態空間モデル分析（state space model）を使った。これは制御工学や経済学などで使われる時系列分析モデルの一つで、状態変数（ここでは妥結量）が時点ｔ－１の状態移行ターム以前の遅れのついたインパクトとランダム・エラー・タームで規定されると定式化し、最尤推定法で解く形をとる。

どちらも交渉決着前に学会で報告した予測数字が交渉妥結量と近似しており、かなり正確な予測が出来た。交渉というと、力関係が押し合い、引き合いして決まる政治力が前面に出やすいが、一定の構造、一定の状況の下では、この漁業交渉のように自然資源の状況から計算で当てられることも少なくないようである。

軍備拡張・軍備縮小　軍備拡張の古典的モデルはリチャードソン（Lewis Fry Richardson）である。そこでは軍備支出が過大になると財政的に疲れが出て、相手方の軍備拡張だけに反応した自らの軍備拡張がほぼ自動的に緩和されるという定式化になっている。

二一世紀の米中軍備拡張の可能性についての一つのモデルは、「高齢者による平和」（geriatric peace）という議論である。二一世紀に入り、人口増加がアジアの一部でも収まり始め、すでに人口減少を経験している日本、韓国、ロシアに加えて、二〇二〇年頃までに中国もその人口減少国に加わると推定されている。それに対して、二〇五〇年になっても人口増加の一途を辿ると推定されているのが、アメリカとインドである。中国はすでに激しい所得格差がさらに拡大しているのみならず、社会安全網のまったくない人（官僚、軍人、裕福層を除くすべて）の割合が非常に大きく、社会政策支出を格段に増加しないと、社会的亀裂がさらに激化することが目に見えている。しかし、同時に外国に侮られないように、軍備支出は確実に増大している。アメリカは東アジアで航空母艦集団の倍増、ミサイル防衛の構築などを軸として対抗しようとしているが、中国がどのように出るかが注目される所以である。いずれ銃砲と医療のゼロサム化が問題になり、高齢者による平和をどのように導くのかが調査されるかもしれない。

政策路線変更　政策路線変更は大抵シグナルを出して行う。シグナルはファンファーレを伴った大演説ということもあれば、ひっそりと気づかれないように仄めかすだけのこともある。さらには別々の論客が論陣を張り、その是非が政治的闘争を経て決着ということもある。

中国などでは大演説がそのシグナルであることが少なくない。最高指導者が政治生命を懸けて大博打に出るからである。鄧小平による改革開放路線の発表はそのようなものの一つだったろう。ヴェトナム戦争の進展を眼前にして闘わされたといわれる罹瑞卿と林彪の論戦は、通常戦争のための通常兵器強化とソ連との協調を唱える羅と、遊撃戦争の重要性とソ連との対決を唱える林という両者の争いといわれる。結果は後者が勝利し、文化大革命へと中国は突入したとされる。改革開放時代でも経済政策路線の変更は意外にも似たような形で表現されていることを体系的に実証したのが田中修である。財政や金融を緩めるのか・引き締めるのか、規制を緩和するのか・厳しくするのか――ほとんど決められた熟語で表現されるという。このような政権路線変更の分析に使われる方法として、計量政治学に親近性がある内容分析（content analysis）と、言説学的論理分析に親近性を持つ言説分析（discursive analysis）がある。

4　計量政治学の将来

国際比較政治学と計量政治学は親近性が低いと考えられてきたが、本章で見るかぎり、意外と言ってよいほどその関係が近年強くなってきている。政治学の中でも、統計学的方法の適用が数多くみられるようになっているだけでなく、「脱亜入欧」的意識で政治を考えている政治学者がようやく減少し始めていることも、いくらかそのような趨勢に貢献しているであろう。行動計量学会の萌芽期にこのような未開拓の分野に足を踏み入れた先駆者の一人としては、嬉しい限りである。

一抹の寂しさがあるとすれば、第一に、計量政治学が政治学の中でそれほど爆発的には増大していないこと、第二に、地域研究（人類学、社会学、歴史学などを軸とするような）としてのアジア研究の中ではこの趨勢があまり大きな刺激を与えるようにもみえないことである。

第Ⅱ部　国際関係の理論

国連安全保障理事会（EPA＝時事）

第3章　国際関係論の理論と展開

国際関係論は最初は取りかかりやすいが、ある所までいくと少し難しい学問分野である。西洋ではトゥキディデス（Thukydides）の『戦史』、シーザー（Caesar）の『ガリア戦記』そしてマキャヴェリ（Niccolò Machiavelli）の『君主論』、東洋ではカウティリヤ（Kautilya）の『実利論』、『孫子』、イブン・ハルドゥーン（Ibn Khaldun）の『歴史序説』など、古くから国際関係について書かれたものは多い。そこから得られる洞察や知恵は今日に至るまで、『聖書』『国富論』『種の起源』などの書物と並んで、いつになっても廃れることのない魅力と新鮮さをもっている。にもかかわらず、それを学問的に体系化しようとする努力は、経済学や政治学など社会科学の他の学問と比べてもあまり成功していないとよくいわれる。実際、二〇世紀の社会科学を集大成してまとめたニール・スメルサー（Neil Smelser）とパウル・バルテス（Paul Baltes）の編集した *International Encyclopedia of the Social and Behavioral Sciences*（国際社会・行動学事典）（全二六巻）（2001）を見た時に、国際関係論のまとまり方や体系性は、そのような印象を与えるかもしれない。にもかかわらず国際関係論は、そのダイナミックな展開、歴史や文化への敏感さ、そして関心をもち続ける読者層がきわめて広いということからみて社会科学の中でも特異な地位を占めている。

体系的にも複雑でいくつかの層を成して発展してきている国際関係論の代表的な仕事を、限られたページ数で纏めることは至難の技であるかもしれない。にもかかわらず、本章は国際関係論の発展を二〇世紀に限って、しかも

(1)歴史的な軌跡、(2)思想的な基盤、(3)政策的な指針、(4)未来への視野、の四つの点から概観することを企図したものである。

1　歴史的な軌跡

二〇世紀に誕生

古代からの様々な古典の存在にもかかわらず、学問としての国際関係論は二〇世紀の所産であると言ってよい。その最も大きな理由は、社会科学自体が現代的な実証主義を基盤としながら、批判的な視点で社会現象を観察し、理論的な体系化を企図するという構図に自らを置き始めたからである。それ以前には実証主義と言っても「進歩」を信ずることが先にありきだったり、「優勝劣敗」を当然としたりすることが多かった。批判的な視点は二〇世紀以前から存在していたが、それは宗教的教条とか人種的偏見のような、激しく強いものが多かった。また理論的な体系化と言っても多くの場合初歩的なものであった。国際関係論は戦争と平和を中心的な主題とするために、そのこと自体に一喜一憂することが多かった。とりわけ二〇世紀の第一次世界大戦と第二次世界大戦は軍事技術の進歩のために前代未聞の悲惨な結果を生み出したので、それを克服するには何が必要なのかという根本問題をめぐって思索が深まった。二〇世紀中葉は、ヨーロッパからアメリカに上陸して開花し繁栄した社会科学が、国際関係論にも浸透していった時期であった。

第一次世界大戦後には「理想主義」や「制度主義」が一時的にもてはやされた。この状況は当時の世界大国であったイギリスでも、新興国アメリカや日本でもそれほど異なるものではなかった。後にウィルソン主義と言われることになる政策提案が行われたのもこの時期であり、多国間主義、自由主義、制度主義、軍縮主義、そして不戦主義などの制度的な措置がほんの一時的ではあれ、現実の国際政治場裡を賑わせたのである。すでにこの戦間期に、カント（Immanuel Kant）の永久平和をもたらすための思想的な裏付けが討論された。グロティウス（Hugo Grotius）の説くような条理に基づいた国際法の制定と遵守によって暴力の発動を少なくできるし、そうすべきだという思想が強く主張されたのも戦間期であった。国際連盟や軍縮の嵐の後ろに隠れがちではあったが、ホッブズ（Thomas Hobbes）の言うような無政府状態は国際関係にこそその真髄が存在するとの現実主義（リアリズム）が強く提唱されたのも戦間期であった。第一次世界大戦はヨーロッパに戦争の悲惨さを強く実感させるものであったために、その反発として、理想主義がヨーロッパを席巻した。そして孤立主義で戦災を被らなかったアメリカで圧倒的な人気を博したのであった。しかし、第二次世界大戦を経て、理想主義、制度主義、自由主義などが無力だったのではないかという考えが圧倒的な強さをもつようになってきた。それは差別と戦火のヨーロッパを逃れてアメリカに来た学者がとりわけその考えの力を強く信じ、しかも強烈なインパクトを与えたことに関連する。そうした学者には、ハンス・モーゲンソー（Hans Morgenthau）やジョージ・リスカ（George Liska）、そしてヘンリー・キッシンジャー（Henry Kissinger）やズビグニュー・ブレジンスキー（Zbigniew Brzezinski）などがいる。

アメリカ型の隆盛

現実主義の覇権とでもいうべき時期は、アメリカが世界の主導権を握った時期でもあった。そしてアメリカの主導権は現実の政治や経済に留まらず、むしろ社会科学でより圧倒的なものとなったのである。社会科学がアメリカの土壌で満開になったのは不思議ではない。アメリカはその富と自由によって世界の英知を集めることになった。しかも、学問研究を専門的職業として体系的に追求できる大学があり、学問研究を追求することによって何らかの形で報われる仕組みがあった。ノーベル賞は一九〇一年に創設されたが、アメリカ人が多数受賞するようになったのはヨーロッパでユダヤ人迫害が始まり、第二次世界大戦が始まった一九三八年からである。国際関係論を社会科学の一分野としたのもアメリカにおいてであった。「国際関係論とは、歴史と国際法と経済学なり」とするヨーロッパ的総合ではなく、アメリカでは政治学の一分野とされたのである。そしてそれが実証主義を促進し、体系化を推進したのである。大戦中に執筆されたクインジー・ライト（Quincy Wright）の *A Study of War*（戦争の研究）は実証主義と体系化の意欲を体現しているという意味で古典的な作品であった。

この実証主義は戦争遂行の政策研究によって一層活発化したことは忘れられない。第二次世界大戦遂行はアメリカ社会科学の開花を促した最初のケースだったのである。例えば、兵士の士気を保つためにアンケートを取ったのが、のちの世論調査を元にした実証研究の隆盛に繋がっていく。また敵対国や警戒国の報道や声明を体系的に調べることが、インテリジェンスのための様々な分析手法を生み出していった（その主要な研究者は、ハロルド・ラスウェル（Harold Lasswell）、イシエル・プール（Ithiel Pool）、サミュエル・スタウファー（Samuel Stouffer）であった）。その後はソ連に対抗する戦略核戦力の抑止理論を生み出した（その主要な研究者は、バーナード・ブローディ（Bernard Brodie）、アルバート・ウォルスタッター（Albert Wohlstetter）やトマス・シェリング（Thomas Schelling）などであった）。そしてその後の反ゲリラ戦争遂行、そのさらに後の反テロ戦争遂行も、アメリカ社会科学に大きな意味をもったことを想像できる。反ゲリラ戦争で勝利するための方法については近代化論を生み出した（その主要な研究者は、ルシアン・パイ（Lucian Pye）であり、サミュエル・ハンチントン（Samuel Huntington）であった）。反テロ戦争が先制攻撃論を生み出したことは記憶に新しい（その主要な研究者は、レオ・ストロース（Leo Strauss）であり、ガブリエル・アーモンド（Gabriel Almond）であり、ロバート・ケーガン（Robert Kagan）であった）。

アメリカが直面する課題に実証的に理論的にしかも専門職業家として取り組むというのが、アメリカ政治学の一番大きな特徴ではないかと思う。その職業的な訓練は、野原の真ん中に忽然と大学キャンパスが現れるという州立大学で最も熱心に行われた。応用に主眼を置きながらも、基礎から教えていくアメリカの大学院教育は二〇世紀前半に完成された。アメリカ東部の有名私立大学は有力家族の子弟を入れてエリートを再生産すべく、入学試験よりもずっと総合的な選抜方法を採用し、さらに有名で実力ある教授をスカウトし、世界の一流大学の地位を二〇世紀第３四半世紀までにすべて独占するようになるのである。

このような軌跡をなぞると、アメリカの国際関係論は単に専門職業家の実証主義が現実主義と政策科学と結合しただけのもののように思われるかもしれない。そのような認識にそれほど大きな間違いはない。しかしアメリカでは国際関係論においてのみならず、どの社会科学においても、非常に強い多様性を示すことを忘れてはならない。

例えば、最も強い平和主義はアメリカに存在する。第二次世界大戦参加に毅然として反対票を一人で投じた下院議員ジャネット・ランキン（Jeannette Rankin）（モンタナ州選出）や、ヴェトナム戦争に終始反対し続けた上院議員マイク・マンスフィールド（Mike Mansfield）（モンタナ州選出）をすぐに思い出すことができる。学者でも、アメリカに最も厳しいノーム・チョムスキー（Noam Chomsky）（ＭＩＴ）はアメリカ人である。ヴェトナム反戦を主張したグレン・ペイジ（Glenn Paige）（ハワイ大学）、サミュエル・ポプキン（Samuel Popkin）（カリフォルニア大学）、ジェームズ・スコット（James Scott）（エール大学）などもすぐ思い浮かぶ。民主主義による平和（democratic peace）についての主要研究者、ブルース・ラセット（Bruce Russett）（エール大学）はアメリカの第二次世界大戦参戦についても強い疑義を示す著書を著しており、いわば現代のカント的な考え方の代表者である。最も批判的な国際関係論を教えるだけでなく、実践も入ってくるのがアメリカ的である。反抑止論で論陣を張ったダニエル・エルズバーグ（Daniel Ellsberg）やアナトール・ラパポート（Anatol Rapoport）（ミシガン大学）、アメリカ外交の根底にある人種差別主義の糾弾者でもあるエドワード・サイード（Edward Said）（コロンビア大学）、アメリカ外交の貧富格差拡大的特質について断罪するアンドレ・グンダー・フランク（Andre Gunder Frank）（アムステルダム大学）やイマヌエル・ウォーラーステイン（Immanuel Wallerstein）（ニューヨーク州立大学）、彼らはすべてアメリカ人である。

アメリカの国際関係論が世界の国際関係論を主導しているかのような印象をいままで与えたと思う。もちろん現実は必ずしもそうではない。それぞれの国で独自の特徴をもった国際関係論はたしかに存在するのだが、アメリカが他国と圧倒的に違うものが少なくとも二つある。第一は、しっかりと職業的に訓練された一定レベル以上の学者がトップであることである。第二は、その自己中心的競争は世界で最も激しく、学術書・論文は質量ともに世界のトップを独占していることである。それにもかかわらず、国際関係論がアメリカ以外には存在しないのかというとそうでもない。

他国の国際関係論

例えば、二〇世紀前半にはその中心はイギリスであった。その中核的な考えは、一定の規範や価値を一定限度まで共有し、お互いに自己抑制をきかせることによって国際社会が存在するというものである。それは一九世紀のイギリスの覇権のあり方をよく反映している国際社会についての考え方でもあった。二〇世紀前半はイギリス覇権喪失の時期でもあったので国際社会が自己抑制を自ら内包するという性格をより強く打ち出しているといえよう。アメリカのネオ現実主義が、国際政治は無政府状態を前提とするという定式化を行うのとはかなりトーンが異なる。国際関係論はつい最近まで政治学の一部というよりは、歴史、哲学、法律、そして経済を合わせたような感じで教えられていた。いまでもオックスフォード大学やケンブリッジ大学ではそれから大きくは飛躍していない。国際関係論はむしろロンドン大学、ウェールズ大学、キール大学、ウォリック大学、ケント大学などで独自の展開をみせている。

いわゆる英国学派と自称する国際社会論に加えて、強いのはアメリカ的な実証主義的な色彩の強い国際関係論である。実際、イギリスの国際関係論の学術誌が競争的になった一つの要因は、アメリカの自己中心的競争に溢れたアメリカ人学者の投稿論文がイギリス誌をかなりの割合で占拠したためである。加えて、イギリス人学者がアメリカ的概念・方法の採用を大々的に行うようになったためである。イギリスの国際関係論のある部分はアメリカの国際関係論と違うことを誇張し、アメリカの国際関係論の過度な単純主義、過度な実証主義、過度な分析主義などを批判していることで存在価値を示す。このように、イギリスの国際関係論は伝統を強く引きずりながらも多様性を内包している。歴史と哲学を重視し、記述の正確さと抑制のきいた判断などがその長所として広く認められているといえよう。

日本の国際関係論の軌跡

それでは日本の国際関係論の軌跡はどのようなものであったか。第一次世界大戦期や戦間期の論壇誌をみると、国際関係論は今以上に活況を呈している印象を受ける。その頃は学会誌と論壇誌の間には今のような質的な相違はないが、まだ発刊して半世紀も経っていない学会誌を含めて、カントの思想、第一次世界大戦後の勢力均衡、軍縮会議、国際法の効力などについて活気ある論陣が張られていた。外国の議論に刺激・触発されたものであれ、日本の直面している問題に何が言えるか、どのような政策を考えるべきかなど、今日の論壇と質的には違わないものをもっていた。それもしばらくすると雰囲気がいつの間にか変わり、朝鮮と中国に関心が集中し、アジアでの日本の権益擁護へと大きく変わっていく。

その中ではっきりしていくのは、日本の国際関係論は分野的には国際法と地域研究を大きな中核としているという性格である。方法論的には歴史記述的なものを最も重視している。国際法が中核をなすのは、日本が世界で名誉ある地位を得、極東の島国でも一定の国際的な尊敬を勝ち取るためには国際法遵守が何を置いても必要という認識、および国際法を楯にとって欧米先進国と渡り合う必要があるという強い認識の下で日本の外交は動いていることと関係している。このことは日清戦争、義和団事変、日露戦争、第一次世界大戦などすべてに共通しているし、第二次世界大戦後もまったく変化していない。二一世紀初頭、日本外交当局を悩ませているのは、国際法について強い独自の考え方をもつ北朝鮮とアメリカである。

地域研究が中核をなすのは、福澤諭吉以来の『西洋事情』をしっかりと把握することが明治維新以前から最も重要な課題であったことを引きずっているからである。西洋事情や世界事情をきちんとフォローし，しかし，それに呑まれない強い国民意識をもつことによって，日本の存在を確かなものにするという，なかば無意識の決意がある。外国の文物は必要に応じて精力的に吸収するが，そのペースをきわめて意識的に制御しながら門戸を開くという伝統が日本では強い。古代の遣隋使や遣唐使もしばらくして途絶えるし，近世の出島貿易も統制されたものだった。日本の地域研究は途上国中心ではあるが，欧米の先進地域の研究も同じような外国事情を把握する目的でなされている。このことは第二次世界大戦後も変わらない。

戦間期にアジアでの日本権益擁護の関心が高まったが，第二次世界大戦後も質的には変化していない。東アジア・東南アジアへの関心は戦後賠償，政府開発援助，海外直接投資という順で分野こそ着実に変わるものの，関心そのものは高いままである。このような日本外交のモーダス・オペランダイ（行動態様）を反映して，日本の国際関係論はあくまでも国際法，地域研究，歴史的記述的方法を大きな特徴としている。戦間期はとりわけ，世界的にみても日本においても激動期，不安定期であることを反映して，政府・在野の区別にかかわらず，社会変革的な期待を秘めていた。

日本の国際関係論は一見して政府の御用学問のようにみえるかもしれないが，実は歴史的記述的方法と地域研究への強い埋没の中に国内国際政治変革の歴史的な動向を摑もうとする部分を内包していた。第二次世界大戦後も，この特徴は二〇世紀の第3四半世紀には大きくは変わらなかった。第二次世界大戦後に次第に強まったアメリカの国際関係論は最後の四半世紀に浸透し始めた。学会誌の論文をみてもその変化は分かる。アメリカの国際関係論の展開についてよく知っていることと日本の国際関係論をそのような方向で引っ張っていこうという意欲とは異なる場合が多かった。欧米の考え方ややり方をよく知っていることは当然必要とする一方で，他方日本で非主体的にそれを実践するのは間違っているとしたのである。それは明治維新以来の西洋事情についての対処の一環でしかなかった。にもかかわらず二一世紀に入るとアメリカの国際関係論に強い違和感を持たずに、自らの研究を発表する件数は、とりわけ英語においてなされる場合に増加してきたことは明らかである。

2 思想的な基盤

三つの思想的基盤

国際関係論ではどのような思想が表現されているのか。すでに前節でもある程度明らかにしたように、ホッブズの世界、グロティウスの世界、そしてカントの世界を区別した国際関係論が定番である。

ホッブズの世界とは暴力の世界である。権力の世界である。勝者が敗者を脇に追いやって勝者が主導した秩序を作る世界である。それをもって、国際政治とは無政府状態からの脱出とする考えだということもできる。平和は勢力均衡などの外交によっても維持されるが、長続きする平和は戦争によって獲得されるとする。戦争か平和か、という問題設定ではない。

グロティウスの世界とは、規範と規則の世界、つまり国際法の世界である。最小限の規範と規則を遵守するというお互いの期待が十分になった時にそれが可能になる。そしてそのような領域を拡大進化させていくことが文明的な世界になる一つの方法だというのがグロティウスの考えである。複雑な利害、思惑が錯綜する中で、実務的に共通項を増やそうというのがその基本である。

一方、カントの世界は、平和の理想を掲げて、民主主義、自由貿易、そして国際組織を拡大進化させていくことが紛争の平和的解決をもたらすことになるという壮大な理想主義の世界である。民主主義が深化すれば、支配者だけでなく、被支配者の同意を獲得する必要が強くなり、戦争によって問題解決を企図することが少なくなる。自由貿易が濃密になれば、それを断絶することによって損害が甚大になると予想されるので、戦争に訴える解決が難しくなる。そして一定の共通の目的をもち、共有の場裡でもある国際組織が網の目のように張りめぐらされれば、軍事力による解決を図るよりは、交渉したり調停したりする場所も機会も増え意欲も高まる。

ホッブズの世界は現実主義の世界、グロティウスの世界は法律制度主義の世界、カントの世界は自由と民主主義の世界ということもできる。国際関係論では三つの世界は入り交じっているのが普通であるが、どれを強調するかで思想家によって大きな違いが出てくる。

アメリカでの思想的基盤

国際関係論をアメリカの文脈でいうと、ハミルトン（Alexander Hamilton）の世界、ジェファソン（Thomas Jefferson）の世界、そしてジャクソン（Andrew Jackson）の世界の三つである。

ハミルトンの世界とは、国家利益を追求することを強調し、産業や通商や海路や領土や国民の自由の確保・拡大を主張する。ハミルトンの時代に新興産業として先進国と競争するためには政府が外交で国家利益を強く主張していくことが要求された。後発国家の中央集権、国家主権の対外主張で特徴づけられる。

ジェファソンの世界は自由貿易による農業産品の輸出こそがアメリカの国家利益を最もよく伸長するという考えから、自由貿易、自由市場、そして自由民主主義といった制度が推進される。いうまでもなく、ジェファソンの世界では、大農園経営、黒人奴隷使用の世界であり、自由民主主義などについては大きな限界があるが、そのような歴史的な文脈を考慮に入れれば、二一世紀に入って一層強くなっている考え方である。

ジャクソンの世界とは、ハミルトンや、ジェファソンのような地方名望家出身のいわばエリートの世界ではなく、むしろ大地の子の発想からくる世界である。そして自由独立の民の発想である。自由独立とは歴史的文脈でいえば、西部開拓ということであった。原住民の抵抗を暴力的にでも排除し、新しい開拓地で無頼を抑えつけながら、法と秩序を形成していく世界である。

アメリカにおいては一八世紀末の独立宣言以来、このような三つの秩序観が共存・競争していることを想起したい。二〇〇三年のイラク戦争は三つの要素のどれも持っている。石油大産出国のイラクを占領し、石油輸出をイラク経営に使い、アメリカ系石油会社の利益伸長を助け、親米政権をいずれつくることはアメリカの国益に適う。つまりハミルトンの世界である。また軍事独裁、官僚統制、そして経済封鎖の世界からすべて解放し、自由民主主義、市場経済、自由貿易のイラクをつくることはジェファソンの世界である。さらにアメリカ政府は自由民主主義を世界規模で伸長しようとするのである。中近東という、いまだにオスマン帝国の緩慢な崩壊過程の中で存続している中途半端な地域に対して、アメリカが正面から世直しを始めるという点ではジャクソンの世界である。アメリカの行く手に立ちはだかる現地勢力に対しては、軍事力の行使はむしろ自由への解放のための手段としては最も効果的であるとする。

その他の思想的基盤――ジェンダー論と批判理論

いうまでもなく、このようなカテゴリーに入りにくいものが多々あることも否定できない。まずジェンダーの視点である。国際関係論というと、戦争がまず念頭にくるせいか男性の学問と誤解されがちだった。しかし、戦争への参加、戦争による被害、戦争の後方作戦参加などから考えると、両性どちらも深く強く関係していることは明白である。

例えば戦争への参加からみれば、第二次世界大戦でソ連は多数の女性兵士を戦闘に参加させた。男性が大量に戦死したために、女性もドイツとの激しい戦闘に参加せざるをえなかった。一九九一年に湾岸戦争でアメリカ軍は五〇万人の将兵が参加した。女性将兵もかなり多く、半年間に米軍内で二桁の妊娠が報告されている。第二次世界大戦のやはり対ドイツ戦において、ユーゴスラヴィアなどでは抵抗が激しいゲリラ戦で女性市民も大量に虐殺されたし、強姦もされた。人口に対する戦死者がナポレオン戦争以来最も多い事例である。二〇世紀末のユーゴスラヴィア解体過程でみられた内戦では虐殺や強姦は日常茶飯事であった。第二次世界大戦における後方作戦参加はイギリス人女性にとっては大きな意味をもった。戦争は保守党のチャーチル政権の指揮で実行されたが、銃後は労働党のアトリー政権の指揮で、すべての人に平等に最小限の食糧、衣服そして日常品が配給されたのである。銃後での女性の参加は不可欠であり、その後の発言権の増大をもたらし、終戦直後の保守党の敗北をもたらした。女性の視点からの国際関係論は大きな展開をみせている。

それに劣らず増加をみているのが、時に批判理論と呼ばれるもので、主権国家が展開する国家間関係を主要な主題とする国際関係論に対して、強い反対を唱えるものである。主権国家の主権の意味の弱体化・希薄化、個人や集団の主張の拡大、超国家組織の拡大と深化、そして主権国家が国際関係に影響を与えて、それを形成していく能力と正統性の低下が問題とされる。グローバリゼーションと呼ばれる、すべてが含まれるような大風呂敷の概念が、主権国家、領域国家、民族国家とそれに付随していたものすべてを弱体化させている。あまりにも主権の概念が希薄化したので、例えば東南アジア諸国連合（ＡＳＥＡＮ）でも内政不干渉を今までほどには頻繁に原則としなくなった。「文字通りの主権国家などは存在しない」というのが通念になりつつある。戦略核戦力の保有が主権国家たらしめるものとケネス・ウォルツ（Kenneth Waltz）にならっていうこともできるが、戦略核戦力はほとんど使えなくなっているという通念に近いものが、戦略核戦力の抑止効果を減退させ、むしろ技術的に未熟な核兵器を所有したものの方が政治外交的に有効に使いうるようになったという認識さえ生まれている。領域の観念が希薄化し、経済的相互依存がきわめて高まり、移動はかなり容易、そして先端的な攻撃兵器に対しては実効的な兵器が少ないかひどく効率が悪いかになってしまっている。国民国家というような、一つの大きな民族を軸に国家を作ることはもともと容易ではなかったのに、その後、とりわけ冷戦後に、そのような不自然さに対する不満が噴出した。とくに二〇世紀の最後の四半世紀に八〇あまりの民主主義国家が誕生したことも、少数民族の声を世界によく聞こえるものにしたことは間違いない。このような自由主義プロジェクト、つまり一八四八年のフランス第二共和政から一九六八年のカルチエ・ラタンに象徴される学生反乱までの一世紀余りで完成した領域民族主権国家の枠組みと、それに付随して完成に向かった正統社会科学に対する反乱が、批判理論なのであった。

したがって、正統、日常、伝統といったものに対する異議申立てとしての批判理論は、国際関係論でも当然ながら二〇世紀末に強い主張として執拗に聞かれることになった。主権国家が希薄化してアメリカ一極主義、アメリカ帝国といった波に呑まれることに対する批判、反発、抵抗といった考えに始まり、それぞれの個人や集団や国家がどのようなアイデンティティを形成したか、どのような世界を描いているか、それはどのような外交に繋がるか、それはどのような世界を生み出すか等々の新しい質問を生み出していった。これらすべてが批判理論と呼ばれるわけではないが、一九世紀から二〇世紀にかけて欧米で形成され他の地域が模倣的に輸入した秩序に対する違和感が急速に増大したことが、このような批判理論の誕生の大きな理由になっている。

3　政策的な指針

地球政府は可能か

グローバリゼーション、つまり地球化はどのような影響を国際関係に与えているのだろうか。言い換えれば、どのような地球政治の構造を前提としつつ、国際関係の理論化が行われているのだろうか。一つの考え方はグローバリゼーションが国際関係を地球化しつつはあるが、非常に部分的であり、地球政府といったものを考えるまでには全然至っていないというものだ。基本は国家単位の政治であり、それによっては不十分なことを地球化された規範や規則や制度などで補うことになる。これはリベラルの考え方と言ってもよいだろう。それに対して萌芽的ではあるものの、地球政府の方向に向かった動きや行動主体が増加しているという論者がいる。地球化の方向への動きをより積極的にみる考え方であり、地球民主主義と呼ぶこともある。ただし、普通、国家には正統性と呼ばれる人民による支持、軍隊や警察のような暴力装置、そして国家運営の費用を捻出する徴税の仕組みがある。しかし、地球民主主義政府には、そのいずれもが不十分ないし皆無である。

国際連合を考えてみよう。国連の正統性は低いと通常はみられている。加盟国は主権国家でなければならない。たしかに非政府団体なども連携団体の資格を付与されるが、第一義的な主体ではない。しかしながら、考えようによっては正統性は着実に増加しているともいえる。

まず、人類全体の規範や規則などについて国連が掲げるものの多くが、歳月とともに世界に浸透していることを忘れてはならない。例えば、海洋の共同利用に関する海洋法についての国連会議（ＵＮＣＬＯＳ）は国際的な組織へと進化し、どの国にも所属しないで資源を共同利用することに成功している。また、人権会議や女性会議や環境会議や小型武器会議が世界各地で開催され、それらについての問題意識や規範意識が増大したことを誰も否定できない。そしていろいろな分野で具体的な進捗がみられることを強調しなければならないのである。イラク戦争でも、国連のしかるべき決議によってでしか戦争に訴えるべきでないという意見が多数であったことも、国連の正統性を示すものと言ってよいだろう。

次に、国連は社会経済理事会を擁しているだけでなく、国連開発計画、世界食糧計画、世界保健機構、国連難民高等弁務官事務所、国連環境計画、国連開発貿易会議、国連教育科学文化機構など機能的な分野で積極的に様々な助けの手を差し伸べる組織を抱えている。これらは安全保障理事会で何が起ころうと、必要があれば迅速に行動することを誇りにしているのである。このような機能的な組織をみるとたしかに部分的には地球政府の萌芽と考えてよいようなものがある。そして、経済、通貨、開発、貿易といった経済的な国際組織である世界銀行、国際通貨基金、世界貿易機構、国際決裁銀行、経済開発協力機構、そして多くの地域的な経済組織は網を張りめぐらすようにある。

このようにみると、たしかに地球政府の萌芽があるといえるかもしれない。ただし、それは主権国家の合意により機能しているようなところが根本にあることは忘れてはならない。

つまるところ、国連は自前の軍隊も警察もないし、ましてや徴税能力もない。平和維持活動で一定の軍隊が時々必要になるから、出せる兵隊の種類と数を予備登録して備えようという提案は昔からあるが、その制度化もなされていない。グローバリゼーションは便益だけでなく、損失ももたらすのだから、例えば通貨貿易額に比例して税金をとり、炭素税と名付けて、二酸化炭素の増加阻止のために使おうというような提案などもあったが、実現に向けた具体的な動きは起こらなかった。たしかに国連加盟国拠出金を税金に近いものと考えてもよいかもしれない。しかし、拠出金支払いについてはアメリカと日本という最大の拠出国（二国で四割強を拠出）がそのことに時折大きな不満を表明している。二〇〇三年のイラク戦争に際して、アメリカを除いた国連安全保障理事会常任理事国の拠出金をすべて合計しても日本一国の拠出金よりずっと少ないのに、常任理事国やほとんど拠出金を支払っていないような第三世界の小国が国連にとって重要な決定に大きな影響力を行使できるようになっていることについて、日本は例えば「代表なくして徴税なし」というメッセージを時々発信している。

従属論の視点

このような地球政府が機能しているかどうかという問題の設定は、問題をむしろ些末化するものであるとして排斥し、むしろ経済的不平等、経済格差、経済的不正義、そしてそれをもたらし、それを固定化するような経済構造を放置することに反対する議論がある。そのような不平等是正に構造的に対処するのではなく、不平等や格差を前提としている規則や慣行を批判する議論も非常に強いのである。

新興独立国がすぐに直面した経済発展の停滞について国連貿易開発会議が設置され、先進国に対して様々な要求を主張し、新興途上国の開発を促進しようとしたのは初期の組織的努力の一つである。第三世界が先進国に歴史的構造的に従属し、ありうる開発の芽を初期に摘まれてしまう。先進国の徹底的な譲歩こそが途上国の経済発展の鍵であるとした主張である。第三世界にとっては工業製品よりは第一次産品が主力であることが多いため、第一次産品の価格が必要以上に低く抑えられているのではないか、第一次産品の輸入が輸入国の保護主義によって不条理に阻止されているのではないかという主張が、先進国の高度成長が続いた一九六〇年代から七〇年代初期には執拗に続けられた。そこに発生した第一次石油危機（一九七三年）が、第四次中東戦争と石油輸出国機構（ＯＰＥＣ）の政治行動が同時連鎖して、あたかも国連貿易開発会議の主張が一部実現されるかにみえたということもあった。この出来事に力づけられ、「新国際経済秩序」（New International Economic Order）がさらに大々的に喧伝された。

しかし、先進国は次から次へと不景気になり、途上国の主張に耳を貸すことに乗り気ではなくなった。しかも第三世界の中から新興工業国が誕生し、一枚岩的な立場の崩壊がすでに一九七〇年代末から明白になっていった。第三世界経済の経済発展戦略が多様性を示していった。先進国の一人当たりの国民所得まで速やかに到達する国（例えばシンガポール）が一方であるかと思うと、他方で栄養や衛生があまりにも悪化し、経済社会の存続さえ危ぶまれる国（例えばコンゴ民主共和国）も増加した。極端に少ない人口と政治的独裁制の中で、第一次産品（とくに石油）の輸出で世界でも並外れた一人当たりの所得水準を維持している国（例えばブルネイやサウジアラビア）などもすべてが第三世界とされていたために、「新国際経済秩序」を一枚岩的に要求していくことの無理が明らかになっていった。

にもかかわらず、問題自身の中核は、解決の端緒をつけられることはあっても、持続的な努力に結び付けられなくて頓挫していることには変わりがない。そのような現実に直面し、第三世界の経済だけでなく、社会政治の改革を実行することが南北協調に劣らず重要だとする強い主張も存続している一方、そのような主張は国内問題だとして、国際的には世界経済のグローバリゼーションの中で、国家間の交渉の重要性は引き続き重要視しつつも、同時に、現実的な政策は一体化していく地球市場において、どのようなニッチを作りだしうるかであるとする考え方と行動が急速に目立っていくのが一九九〇年代である。象徴的なのは、従属論の元祖の一人だったエンリケ・カルドソ（Henrique Cardoso）が大学教授からブラジル大統領になる間に、従属論を放擲したことである。

グローバル・ガバナンスへの批判

このような従属論の流れとその転回とは全く別に、グローバル・ガバナンスといった概念に反対する視点も無視できないインパクトをもって登場してきている。冷戦後、軍事的に圧倒的な地位を築いたアメリカからそのような考え方が出てきている。たとえ部分的であれ、地球政府が機能的にも存在しているという意見への反発は非常に強い。第三世界の多くの国では、主権国家であるから内政には干渉させないという主張は独立後数十年経っても根強くある。先進国の中でも、アメリカの一極主義には呑まれまいという主張や、地域的統合によって対抗していこうという主張が強い。欧州連合とりわけフランス、ドイツ、スウェーデンなどでは、このような視点からのアメリカ一極主義への反対が圧倒的に強い。意外なことではないが、グローバル・ガバナンスに最も強力に反対しているのはアメリカのブッシュ政権チームであった。グローバル・ガバナンスは結局多国間の仕組みであるために、意思も能力もたしかでない国家がいくつも関与することに本能的な違和感をもっているのである。アメリカだけがその意思、その能力、そして責任感をもっていると認識することなしにグローバル・ガバナンスを語るのは無意味だという主張になる。

イラク戦争でもそのような意見が強く表現されたことは記憶に新しい。イラク戦争前夜にアメリカとヨーロッパの根本的な違いを論じて強い衝撃を与えたロバート・ケーガンによれば、欧州連合は統合に全力を注ぎ、国境を越えたヨーロッパ市民の自由と福祉の実現を全面に出したために、軍事的な弱体化を招き、しかもその国際関係は軍事的な無力さをほとんど前提にしながら運営されることになった。その結果、欧州連合は世界のあちこちで明らかに正義に反することがあっても、軍事的に何もできないからという自制から、不正義を当然とするような非倫理的なことを外交政策の第一原則としているとケーガンは欧州連合を糾弾するのである。それだけでなく、決定に至る正当性なくして不正義を懲罰ないし解決しようとするアメリカのやり方に欧州連合は不当な非難を浴びせ、しかもアメリカの行動を阻止しようとするという。このような主張にも一理はある。しかし、地球政府は現実には存在しない以上、二〇〇にもならんとする国家の意向に注意を払う必要があることは当然であり、そして最も重要なことは、アメリカが世界各国の意向と影響力に注意を払うことはアメリカ主導世界の運営にとって中長期的には有利になるだろうということである。戦闘実行部隊の軍隊が法と秩序の維持や平和維持活動を目的とする部隊と全く性格を異にしていること、したがって戦闘実行部隊のみでは十分に実効的な占領ができないことは、イラク占領中のアメリカ軍、イギリス軍が証明したことである。

4　未来への視野

国家主義の今後

それでは二一世紀に国際関係はどのような展開をみせるのだろうか。どのようなシナリオを描くのであれ、国家主権とグローバリゼーションの性格とその展開を見極めることが不可欠な作業であると思う。二一世紀の国際関係論は国家主権後退派と国家主権残存派に分かれる。

前者は国家主権は地球市場の拡大と浸透によって確実にその権威と能力を後退させているという。国家の庇護や権力に依存する非政府組織はその地位を相対的に減退させている。地球市場を相手にしている限り、一つの国家にすべてを牛耳られることは少なくなった。ある国で企業法人税が高ければ、他国で法人登録してもよいからである。国家による規制が強すぎれば、そのような規制がない国を本拠地にすればよい。企業活動でもその機能分野ごとに別々の国に配置した方が利潤拡大、市場シェア拡大に通じやすい。二〇世紀の第3四半世紀に比べれば、二一世紀の第1四半世紀の国家アンデンティティはたしかに後退した。国家以外の集団や組織は国家の下や上に国家横断的に、国境無視的に非常に拡大した。そしてそのような集団や組織は権威や能力を確実に上昇させた。とりわけ冷戦後、国家による枠組みの抑制が弛緩したせいもあって、宗教的、言語的、民族的、人種的、地域的な分裂や亀裂の表面化が増加したことは、国家の権威を目に見える形で減退させた。加えて、アメリカ一極主義の動きが活発化し、人民主権（個々の一人ひとりの人権）は国家主権より尊しとして、主権国家に軍事介入し、政権交代を敢行することが二つの世紀を挟んで、いくつか発生した。例えばコソボ戦争であり、アフガン戦争であり、イラク戦争である。これによって国家主権の概念自体が聖域ではなくなったことが強く印象づけられたと言ってよいだろう。

逆に国家主権残存派は市場自由化によって地球市場が拡大・浸透すればするほど、国家による規制が全く新しい分野で強まるのが普通だとする。しなやかな規制とでもいえよう。例えば、ゴミ（痰や紙袋や産業廃棄物も含む）を道路に捨ててはいけないという法律が世界的に常識化したとしよう。各国によりゴミの定義は少しずつ異なる。したがって、ある国でゴミであっても、他の国ではゴミでないことは日常茶飯事である。例えば一九三〇年代、ドイツは近隣のハンガリーにドイツのゴミ法と同じ法律を立法させたが、ハンガリーのゴミ法はドイツのゴミ法のマジャール語訳付則をつけ、そこでゴミの定義をした。そしてそのゴミの定義はまったくドイツ人の考えるものとは似ても似つかぬものだった。

地域的統合の影響

あるいは国家よりも大きな規模の地域的権威が強化されれば、国家が消滅するかというとそうではない。むしろ国家が別々に運営すると不都合な分野で地域的統合が深化していくとみられる。欧州連合における農業や貿易はそのような分野である。国家ごとの判断が多様化すればするほど、通貨や軍事のように統合が難しくなってくる。たしかに欧州連合のレベルでの立法が増加している。例えばデンマークでは、欧州連合起草法案が全法案の三分の一から二分の一にもなる。このことは国家の権威と能力の減退を証明するものとしても考えられるが、逆にみれば、国家的な立法のあとで国家間調整をする必要がなくなったとみることもできる。しかも国家の下のレベル、例えば州のレベルで不都合な立法であれば、そこでは例外条項適用が可能になる仕組みもある点では、国家主権残存とすることもできる。アメリカ一極主義によってすべての国家が消滅するのではなく、起こりうるのは政権交代であって、国家主権が侵犯されることはあっても、国家主権が消滅させられることはないだろう。その意味では国家主権残存にも大きな理由がある。

しかし、中長期的にみると、国家主権だけが主要な鍵概念として存在しえた二〇世紀とは大きく異なる国際関係が展開していくことはまちがいない。その際、国家主権、人民主権、そして主権喪失の三つの概念がどのような比率で発現していくかを見極めることが役に立つというのが私の考えである。グローバリゼーションはあらゆる分野で深化しているが、地球市場、地球民主主義、地球文化といったものが伸長していくにつれて、国家主権が少し後退するだろうし、人民主権の拡大は不可避だろう。グローバリゼーションについていけない国家社会がこれからも不可避的に存在し、国家主権を大きく後退させ、国家の数は増大するかもしれないが、国家主権の考え自体の消滅はしばらくはありえない。そしてこれらの三つの枠組みは二一世紀においてしばらくお互いに共存しながら、競争していくだろう。しかも、これら三つの枠組みは地域的に区別されて存在するのではなく、お互いに影響しあい、浸透しあう存在となる。むしろ地球市場の浸透が国家主権をどのように後退させ、どのように残存させるかにかかっていると言ってよいだろう。

第4章　地球政治の秩序形成論理

1　ウェストファリアン、フィラデルフィアン、反ユートピアン・パラダイム

三つのパラダイム

地球政治はウェストファリアン（Westphalian）、フィラデルフィアン（Philadelphian）および反ユートピアン（Anti-Utopian）の三つのパラダイムで特徴づけることができる。ウェストファリアン、フィラデルフィアン、反ユートピアンというのは、ここではそれぞれ国家主権、人民主権、主権喪失という考え方に基づく地球政治の捉え方を指す。ここではまずヘンリー・キッシンジャー（Henry Kissinger）、フランシス・フクヤマ（Francis Fukuyama）、サミュエル・ハンチントン（Samuel Huntington）の代表的な著作に言及してこの三つの枠組みについて取り上げ、次いで地政学的枠組みという観点から、それら三つの地政学的枠組みを支え、強化している三つの地理経済的基盤と地理文化ネットワークについて取り上げる。

それらについて説明するため、地理経済的基盤についてはアレグザンダー・ガーシェンクロン（Alexander Gerschenkron）、ロバート・ライシュ（Robert Reich）、デービッド・ランデス（David Landes）、地理文化ネットワークについてはベネディクト・アンダーソン（Benedict Anderson）、ベンジャミン・バーバー（Benjamin Barber）、ロバート・カプラン（Robert Kaplan）の代表的著作を引用した。次いでそれらのパラダイムを踏まえて、ウェストファリアン、フィラデルフィアン、反ユートピアンの各パラダイムが指し示す方向をミックスした形で、二〇二五年頃の

未来を描きだすことを試みる。本章の趣旨は過去を振り返ることによって未来を凝視する（この問題に理論的にアプローチし、歴史的な評価に基づいて地球政治の未来を知る）ことにある。

逆説的ではあるが、過去を振り返ることで未来を展望することができる。t－nという時点で細い流れが静かに奔流に変わることを知ることで、その流れがt＋nという時点までにどのように変化するかがずっと容易に分かるようになるが、これはその流れがt－nとtの間の期間にどのように変化したかが分かるからである。

その好例の一つが国家主権の歴史で、国際法に対する冷戦期の通常の見方によると、ヨーロッパではウェストファリア条約（一六四八年）によってそれまでの宗教的普遍性や封建政治という中世的パターンから近代的な国家主権へと移行した。ハンザ同盟やイタリアの都市国家、中部ヨーロッパの帝国、バチカンや各種の宗教セクトなど、中世的とされているその他の多くの行為者や統一体は別にして、世界はその後、こうした見方のもとで主権国家が地球政治の事実上唯一の行為者であるかのように描き出されてきた。

実際にはウェストファリア条約前後のヨーロッパの景観は劇的には変わらなかった。これについてはスティーブン・クラズナー（Stephen Krasner）が巧みに論じ、ヘンドリク・スプリート（Hendrik Spruyt）が実証している。主権国家が地球政治で中心的位置を占め、ヨーロッパ（ドイツとイタリア）やその周辺（アメリカや日本）で領土ベースの国民国家が次々に誕生し始めたのは一九世紀半ば以降のことで、一九、二〇世紀にはヨーロッパの主権国家が世界にオーバーフローして植民地帝国を築いた。第二次世界大戦中やその後になって植民地主義がその手を緩め、主権国家が史上未曾有の形で増え始めた。

第二次世界大戦の終結当時、世界には主権国家は五一しかなく、そのほとんどがヨーロッパの国や白人が定住した旧植民地だった。一九四五年にニューヨークの国連本部ビルが設計された時、建築家はこのビルが最終的には最大で一〇〇の加盟国を収容することになると予測した。だが一九六〇年代半ばにはその数が一〇〇をはるかに超え、一九九〇年代の半ばには一八五に達した。主権国家数の劇的な増加や国際法に対する通常の見方からみて、地球政治が基本的には「国の間」の政治であるとみるのは決して不自然なことではなかった。これがすなわちウェストファリアンの枠組みである。

主権国家の数が増え続ける中で、ごく最近になってあまり目立たないが地球政治に関するそれとは別の少なくとも二つの考え方の潮流が生じ始めた。フィラデルフィアンと反ユートピアンの潮流がそれである。前者の枠組みはアメリカの独立当時から一九世紀半ばの南北戦争の頃までアメリカを支配し、二〇世紀末に向けて世界的規模で復活する過程にあり、このことは自由市場経済や民主政治の規範やルールに従うリベラルな民主主義国の数の劇的な増加に示されている。この増加の背後にある原則の一つは、民主主義国が互いにほとんど戦争しないというものである。反ユートピアンはここでは破産国家を支配し、構造的に他の枠組みに覆い隠されてきた枠組みを指す。「反ユートピア」という言葉は植民地主義の遺産に由来する。植民地時代に版図の拡大を通じて世界の「文明化」を目指したユニバーサリスト（普遍救済論者）勢力の努力は、二〇世紀末にはグローバル・ガバナンス、人間の安全保障、人道救援を目指す国際的な努力へとその姿を変えた。だがそれらのユートピア的な目標がどれほど高貴なものであるとしても、その結果生まれたのは、主として長引く紛争であり、国際的援助にテコ入れされた搾取的なレジーム（政治構造）であり、破産国家だった。

フィラデルフィアンの枠組みの影響力が拡大したことは一七七六年（アメリカ）、一七八九年（フランス）、一九四五年（日本）の憲法など、自由、民主主義、平等、人権に関する規約や宣言を憲法に盛り込んだ主権国家数に示され、その数はいまや約一五〇に達した。反ユートピアンの枠組みの影響が拡大したことも、大規模な飢餓や内戦時の人道援助や平和維持・執行活動の数から明らかである。二〇世紀には国の主権が時代精神になる一方でグローバル化や市民社会が拡大し、国の主権が不断に侵食され始めた。その背後には、それに伴うフィラデルフィアン、反ユートピアンの行為者の数の増加がある。要するに、この三つの枠組みが並行して拡大したのである。

三つの遺産

この三つの遺産が共存していることを示しているのが、冷戦終結時にアメリカの外交政策に関して、ヘンリー・キッシンジャー、フランシス・フクヤマ、サミュエル・ハンチントンという三人の著作が出版されたことである。それぞれが三つの遺産に対応してアメリカの外交政策を描いている。

ヘンリー・キッシンジャーの『外交』（*Diplomacy*）は、バランスをとり、時流に投じることが国際関係の軸になるような世界を描いている。そこでは国の主権と外交政策の優越の二つが中心的テーマになり、その他のすべての事柄は、それが力の均衡（すなわち平和）のもとでの巧みな行動の実現に役立つかどうかで判断される。キッシンジャーは一九四五年以来のアメリカのヘゲモニーが徐々に後退する方向にあるので、アメリカが断続的な行動によってバランスを取り直して、その国際的なリーダーシップを補強する必要があるとする。彼の中心的関心事は大国が巧みな力の均衡の政治によって平和を達成することにある。

フランシス・フクヤマの『歴史の終焉』（*The End of History and the Last Man*）は、冷戦の終結がもたらした主な結果、つまり共産主義として知られた対抗イデオロギーの消失を論じたもので、その結果、民主主義やリベラリズムなど、共通の規範や価値を共有する行為者の間に大いに非暴力的な紛争解決が広がるとする。この説をとる人々はアメリカが至る所で民主主義を推進することで、戦争の可能性を減らせるとする。価値や政治制度を共有する国同士が戦うべき理由はない。この受け身のアプローチによると、アメリカは相互作用をリベラルな民主主義に限るべきであり、非民主主義との接触は資源を枯渇させるだけであるとする。

サミュエル・ハンチントンの『文明の衝突』（*The Clash of Civilizations and the Remaking of World Order*）は、潜在的に資源を流出させている地域であるイスラム世界と中国に焦点をしぼっている。彼の見解によると、多くの文明は両立できず、世界は衝突の状況に満ちている。ハンチントンの立場は彼の論文の標題に端的に要約されている。

彼は国際的な優位が問題だと主張しているが、西側の価値が普遍的なものだとは言っていない。彼によると、西側は普遍的というよりユニークな存在である。ハンチントンの主な視点は文明や一部の宗教、民族、言語、地理、歴史の間の基本的な非両立性にある。

キッシンジャーの見解ではウェストファリアンの枠組みはまだ死に絶えておらず、フクヤマはフィラデルフィアンの枠組みが生き返ったとし、ハンチントンは反ユートピアンの枠組みが復活したとしており、それぞれ見方を異にする。だが全体として、彼らはアメリカの外交政策遂行の基準のもとで、それぞれ三つの遺産を代表している。結局、アメリカは国際機関への国の主権の移転という点では最も不十分な国の一つであり、頑迷固陋なウェストファリアンである。同時にアメリカは自由、民主主義、人権を説き、それらの原則に基づいて国境を無視して行動している。アメリカは生来のフィラデルフィアンである。アメリカはまた、様々な宗教、民族、言語、歴史の間の埋め得ないギャップが、自国の国益という点で無意味ではないということを認めず、容赦なくグローバルな市場やグローバル・ガバナンスという概念や慣行を推進している。アメリカはこの点では独善的で冷静な反ユートピアンである。ここでは次に地球政治でのアメリカの決定力を過大評価することなく、互いに競合してはいるが相互補完的なそれら三つの眼鏡を通して、世界の未来のシナリオを垣間見てみたい。

ハンチントンの論文は未来展望を描くのに引用した著作がほとんどアメリカのものであり、この研究が他の文化に属する人の手で行われればもっとコスモポリタンなものになるという意味で、過度にアメリカ中心のものになっているといえる。ある程度そうした偏りがあることは否定しないが、私の意見ではここでの主張がハンチントン自身の批判的読書や創造的合成に基づくものであり、この著作を発表したあとでのみ世界の未来シナリオについて文化的により批判的、好奇的なハンチントン自身の主張を展開でき、そうすることによって（どれほど偏ったものになるにせよ）文化的により批判的で「深い」シナリオの「グローバルスタンダード」的なパラメータを決めることができる。

上記の三つの遺産を代表する研究者として、ウェストファリアンについてはケネス・ウォルツ（Kenneth Waltz）、ハンス・モーゲンソー（Hans Morgenthau）、フィラデルフィアンについてはブルース・ラセット（Bruce Russett）、ダニエル・デュードニー（Daniel Deudeney）、ニコラス・オナフ（Nicholas Onuf）、マイケル・ドイル（Michael Doyle）、ロバート・コヘイン（Robert Keohane）、そして反ユートピアンについてはヨハン・ガルトゥング（Johan Galtung）、イマヌエル・ウォーラーステイン（Immanuel Wallerstein）、フレッド・ドルマイア（Fred Dallmayr）がいる。*

＊ここでは主として、出版時期が比較的最近であること、発行部数の点で相対的に大きな影響を与えたこと、ポスト冷戦期のアメリカの外交政策に比較的大きな影響を与えたこと、の三つを考慮して選んだ。

2　三つの遺産の地政学、地理経済、地理文化

現在互いに競合して世界の人間活動を形成している三つの遺産を特徴づけるために、次に三つの分野――地政学、地理経済、地理文化――を区別し、三つの遺産のそれぞれに属する最近の著作に言及してそれらについて取り上げる。私はそれらをそれぞれ「地政学的枠組み」「地理経済的基盤」「地理文化ネットワーク」と呼んでいる（表4-1を参照）。

三つの遺産の地政学的枠組み　ウェストファリアンの枠組みのもとでは、行為者は「正常な国」で、国の主権が基本的前提になる。フィラデルフィアンの枠組みのもとでは、行為者は政治・経済システムとしてのリベラルな民主主義で、リベラルな民主主義のイデオロギーが基本的前提になる。反ユートピアンの枠組みのもとでは、行為者は破産または破産中の国で、主権の喪失が基本的前提になる。正常な国は強力な主権をもち、国内での秩序

表4-1　ウェストファリアン，フィラデルフィアン，反ユートピアンの遺産の概要

	ウェストファリアン（国中心）	フィラデルフィアン（地球的共和主義）	反ユートピアン（ポスト・ポスト植民地，多文化）
地政学的枠組み			
主な研究者	キッシンジャー	フクヤマ	ハンチントン
主な概念	国の主権	人民主権	ポスト主権，主権喪失
制度的単位	国民国家	リベラルな民主主義	文化超大国 破産／破産中の国
行動原理	バランス／時流に投じる	拘束的／隠遁	要塞化，空洞化／崩壊
平　　和	戦争による平和	リベラルな民主主義による平和	戦争でも平和でもない
民主主義	無関心	激しい輸出攻勢または日和見的沈黙	軍事介入またはシニカルな放置
地理経済的基盤			
主な研究者	ガーシェンクロン	ライシュ	ランデス
主な概念	国の経済	グローバル化した市場	経済の発展
原動力	国主導の工業化	市場主導の大競争	住民の内的価値や態度の指針になる文化
重要な変数	資本と労働の大規模な投入	重要なテクノロジーのインプット	発明とノウハウ
地理文化ネットワーク			
主な研究者	アンダーソン	バーバー	カプラン
主なメディア	国営ラジオ／TV	ケーブル TV ネット	地下ネットワーク
主な目的	国づくり	グローバルな浸透	反国家的反応と反体制 コミュニケーション 文化圏内での秩序の再建
主な影響	ビデオによる合法化	ビデオによるグローバル化 均質化	破壊活動 文化超大国の合法化

と国外でのアナーキーという明確な区別によって特徴づけられる。正常な国は主権や領土の侵害にとくに敏感で、内政に干渉されることを嫌う。リベラルな民主主義は人民主権が深く根を下ろし、自由市場や民主政治などの普遍的な規範や価値を幅広く受け入れていることで特徴づけられるが、この二つの規範は時には両立しないことがある。リベラルな民主主義は保護主義や国の主権を重視せず、世界の主流から取り残された地域の政治の潜在的な不安定性を軽視しようとする。破産国家は主権という点で「空洞化」し、経済的に主流から取り残された国で、世界経済の変動に対して脆弱で、安全保障面では不安定で、国内秩序の崩壊や紛争の影響を受けやすく、植民地主義、人道救援、武力による侵略や経済への浸透、搾取のいずれの形であろうと、外部の干渉を受けやすい。

正常な国の行動様式はバランスをとり、時流に投じようとするものになる。バランスをとることの目的は他の正常な国の潜在的に爆発的な独断を封じ込めることにある。それにもかかわらず、必要な場合に備えて戦う能力を維持しなければならない。圧倒的に強力な正常な国（またはその連合）の場合は、時流に乗ろうとすることがある。それらの国を打ち負かせないのなら、それらの国に合流しようというわけである。リベラルな民主主義の行動様式は義務的で、背後に隠れるものになり、同様な考え方をする行為者が組んで、より大きく強力な連合を結成しようとする。だがリベラルな民主主義の規範を根底から覆すような力に直面すると、隠れることが得策になることがある。破産国家の行動様式は空洞化と崩壊である。それらの国はもはや自律的な行為者ではなくなり、国内でのアナーキーと国外からの介入に特徴づけられるが、それにもかかわらずアモルファス（不定形）なので、その力は外部からの介入によってそう大きく影響されない。

影響力ある上記の三つの著作がアメリカでほぼ同時に出版されたのはなぜだろうか。それはこの三つの枠組みがアメリカで共存していることによる。また世界の指導国を自称するアメリカが、孤立主義や介入主義の問題をめぐって今後の持続性に長期的懸念を抱いて国内的に動揺する中で、世界との関係の指針になる大戦略を必要としていることによる。われわれはアメリカが地球政治の主な行為者であることを認める必要がある。いうまでもないが、その膨大な対外債務を考える時、同様に力を込めてアメリカが完全なウェストファリアン型の国ではないということもできる。ケネス・ウォルツのカテゴリーに従い、「正常な国」が大規模な戦略核兵力をもって自らの運命を決定できることを意味するのなら、アメリカはウェストファリアン的な意味での唯一の正常な国である。

アメリカはフィラデルフィアン型の行為者の草分けであり、二〇世紀末の経済自由化と民主化の先頭に立っている。アメリカは武力介入のための物理的手段や心構えをもつ事実上唯一の行為者である。地政学、地理経済、地理文化の三つの戦線で世界の動きを監督する主要な責任がその肩にかかっている。軍事力の配列が他の行為者をはるかに引き離すきわめて強力な行為者の突出に特徴づけられるなかで、アメリカが戦略核や通常兵力、低強度戦争能力や衛星による情報収集能力をもつのは当然である。経済のグローバル化が加速し、政治や社会の自由化がはずみを強める時にはリーダーシップが必要で、そのもとで国際社会が共通の規範や価値に基づいて一致して行動し、平和と繁栄を維持しなければならない。世界市場の主流から取り残された地域や世界の周辺地域が不安定化するなかで、破産国家でしばしば生じるマイナスの結果を緩和するためにもリーダーシップが必要になる。アメリカによるリーダーシップの発揮は、見方によって異なるが、やや頻繁すぎるとか、十分に頻繁でないとか、迅速でないとして批判される傾向がある。

国際機関もこの三つの枠組みのもとにある。例えば国連はウェストファリアンの枠組みのもとにあり、加盟している主権国家が主人公である。国連は主権国家の二大権限である課税と徴兵の権限をもたない。二酸化炭素税や通貨取引課税を通じて国連の収入源にする構想はいつかは実現するにしてもまだ先である。平和維持活動要員を集めて派遣するための予備構想も困難に直面している。にもかかわらず国連は、定義の仕方によっては約七〇～一二〇の加盟国がリベラルな民主主義として特徴づけられるという意味で、ますますフィラデルフィアン化している。一九九七年に採択された対人地雷禁止条約が一六〇カ国以上の批准を得たのは、主としてＮＧＯが大いに効果的にこの問題に関する情報を広げて加盟国を説得し、会議を主催したカナダなどを条約に参加させたことによる。一九九〇年代には三つの国連機関——ＵＮＨＣＲ（国連難民高等弁務官事務所）、ＷＦＰ（世界食糧計画）、ユニセフ（国連児童基金）——が予算や職員や活動を拡大し、最も巧みに、また効果的に世界の世論に訴えてボランティアや資金その他の形で支援を動員した。この三機関はそれぞれの大目的（難民、飢餓、子供）の旗を振り、優れた指導者をもち、そのいずれもが女性である（それぞれ緒方貞子、キャサリン・バーティーニ（Catherine Bertini）、キャロル・ベラミー（Carol Bellamy））。

同様に重要なのは、国連が世界の主流から取り残された恵まれない人々に役立たねばならないという確信である。国連は反ユートピアンの枠組みのもとでの暮らしを強いられている人々に支援の手を差し伸べてきたが、これは加盟国がすべて多かれ少なかれ（ウェストファリアン型の）正常な国であり、多かれ少なかれ（フィラデルフィアン型の）自由、人権、平等、民主主義を謳う数多くの憲章（国連憲章や世界人権宣言を含む）にコミットしていると想定されていることによる。約一五〇カ国がそれらの憲章の一部や一七七六年、一七八九年の宣言の一部を自国の憲法に盛り込んでいるのは偶然ではない。

日本の場合を例にとれば、日本はリベラルな民主主義国とみられることを望み、少数の熱烈なナショナリストを別にして、国民の大多数が安全保障に関する限り半主権状態をあまり気にしていないとみることができる。平和と繁栄が保障される限り、戦争を必要としないので、そう大変なことではない。日本は人権や軍縮に関する限り、責任を十分に果たしていないとしてしばしば批判されるが、これは基本的には日本がまだ十分にフィラデルフィアン型の国になっていないというようなものである。日本は他の大多数の国と同様に完全なフィラデルフィアン型の国ではない。フィラデルフィアン型の優れた行為者でさえ、しばしば背後に隠れようとする。日本はまた正常な国ではないとして、しばしば批判される。紛争の平和的解決という正当な目的のためにさえ力に訴える意思も能力もなく、政治のプロセスに船頭が多すぎたり、逆に船頭がいなかったりして、最終的な政治的責任を果たせないというわけである。要するに、日本は完全なウェストファリアン型の国ではないと批判されている。だが日本は経済の相互依存や世界の安全保障との不可分性が深まる中で、多くの点でウェストファリアン型の国にならないようにしてきた。

三つの遺産の地理経済的基盤

上記の三つの枠組みには地理経済的基盤や地理文化ネットワークがなければならない。それら三つの枠組みの地理経済的基盤については、それぞれアレクザンダー・ガーシェンクロンの *Economic Backwardness in Historical Perspective*（歴史的展望からみた経済の後進性）、ロバート・ライシュの『ザ・ワーク・オブ・ネーションズ』（*The Work of Nations*）、デービッド・ランデスの『「強国」論――富と覇権の世界史』（*The Wealth and Poverty of Nations*）が取り上げている。ガーシェンクロンの概念の柱は国の経済で、主な行為者は後発的地位と経済の後進性に動かされる主権国家である。主役はロシアとドイツだが、二〇世紀末の時点で次の三つの国グループを加えることができる。第一は東アジア諸国で、それらを一九世紀末と二〇世紀の早い時期のドイツとロシアを扱ったのと同じやり方で扱うことができる。第二は社会民主的な政策パッケージをもつ北欧諸国で、第三は規制の点でナポレオン的な国である。それらのグループの共通点は経済の繁栄と社会の安定という点で国のプラスの役割を多かれ少なかれ強調していることにある。一部の人はグローバル化が弱体で不安定な国を生み、市民の要求に応えたり敵対的で不安定で非合理的な国際経済の動きに対応できなくし、その弱体さや不安定さが国家経済の効率さえを損なうとしている。

ライシュの場合は主な概念はグローバル化した市場で、匿名でアモルファス（不定形）な世界の投機家を主な行為者にし、それらの行為者が利用できる機会を虎視眈々と狙っているとする。マンフレッド・ビエネフェルド

（Manfred Bienefeld）のネガティブなトーンは別にして、ライシュの所論に対するビエネフェルドの明確な批判（一九九六年）を要約すると、未来のシナリオはグローバル化の拡大に向けての一方的で不可避的な動きになる。ライシュの未来はグローバルな大競争に適応して、それに勝ち残れる幸運な少数者の手で築かれる。ライシュは自由化の拡大が結局は世界の所得を増やし、世界を全体として幸福にすると仮定する。所得が実際に減少する大多数の人々については、ライシュは恵まれた少数者の資金による大規模な訓練計画によって救うことができるとする。政府の介入は、それがとくに保護主義の形をとると、必然的に全体として生活水準を低下させる。ライシュの世界は近代化理論のそれであり、そこでは自由化とグローバル化のモデルとしてのアメリカが特筆大書される。

ランデスの場合は主な概念は経済の発展で、そこではテクノロジーの進歩を最大限に活用しようとする企業家グループが主な行為者になる。好ましい文化環境のもとで革新や起業を推進しようとする企業家の姿勢や規範がその原動力になり、そこでは経済の発展という文脈のもとで革新やノウハウを推進しようとする文化的志向が重要な変数になる。

ライシュとランデスの違いについては、双方がともに文化に着目し、信頼や連帯を重視しているが、私の見解ではライシュのいう信頼はランデスのそれよりもずっと一般化されている。ランデスのいう信頼は歴史的、地理的、文化的にはるかにニュアンスに富み、特殊化したものになっている。このことがランデスを幅広くハンチントンやカプランと同じ陣営に置くのに役立つ。

ガーシェンクロンの転換のメカニズムは大規模な資本と労働の投入で、株式を発行して資本を募るシステムや国主導の工業化による企業家の指導、長時間労働と引き換えの正規雇用や高賃金がそれに当たる。ランデスが正しく指摘したように、東アジアの奇跡の多くは資本と労働の大規模な投入によって説明できる。

ライシュの世界ではテクノロジー革新の直接の投入が転換のメカニズムになる。ポール・ローマー（Paul Romer）が力強く論じたように、ここではテクノロジー自体が市場で内発するが、この見方はテクノロジーを外生的なものとして扱う傾向があるガーシェンクロンの見解とは対照的である。世界市場は投機家がテレコミュニケーション機器を使えるようになり、一九八五年のプラザ合意で通貨取引の機会が劇的に増えて拡大し始めた。遠隔製造・流通機器が発明され、世界的に使われるようになると市場はさらに繁栄する。

ランデスの転換のメカニズムはウェーバー的なもので、そこでは住民を導く内的な価値や態度が、経済発展を準備し、前進させ、持続させる基礎になる。住民が重視するある種の価値や態度が他の何ものにも増して発明や革新、起業や発展に導く。

二〇世紀末にはそれら三つの基盤が共存している。ガーシェンクロンの世界は一九九七年からのアジアの金融危機で自信が少々失われたにもかかわらず、なお東アジアで栄えている。ライシュの世界はほとんど至る所で急速な台頭の過程にある。世界的なテレコミュニケーションテクノロジーの劇的な拡大やその拡大が瞬時に提供する世界的な金融サービスがライシュ世界の拡大を支えている。ランデスの世界も根強く続き、時折強調されるが、これは各文化に吹き込まれて継承される内的な価値や態度が基本的に異なっていて、テクノロジーによる文化の収斂という命題が可能にするよりも持続的なものになることによる。

ガーシェンクロンの世界はキッシンジャーの世界にほぼ対応し、ライシュの世界はフクヤマの世界にほぼ対応し、ランデスの世界はハンチントンの世界にほぼ対応する。地政学はこれら三つの枠組みのそれぞれの中にその地理経済的基盤をもっている。

三つの遺産の地理文化ネットワーク

ウェストファリアン、フィラデルフィアン、反ユートピアンの三つの枠組みのそれぞれがそれ自体の地理文化ネットワークをもち、ベネディクト・アンダーソン、ベンジャミン・バーバー、ロバート・カプランがそれらについて取り上げている。アンダーソンはインドネシアの国営ラジオネットットワークが国づくりで主要な役割を果たした模様を描き、バーバーはそれとは大いに異なるフィラデルフィアンや反ユートピアンのネットワークづくりの技術や戦略を描いている。それらはマックワールドとジハード（聖戦）に象徴される。ＣＮＮとサミズダート（地下出版）は、それら二つの異なるネットワークのコントラストのもう一つの側面を象徴する。カプランは反ユートピアンの世界のネットワークづくりの技術や戦略に焦点を絞っている。

ネットワークは連帯を育て、強化し、分担するのに重要であり、それゆえに自己強化的なものになる。三つの枠組みの盛衰は部分的には、それら三つのネットワークがどのように拡大し、競合し、あるいは縮小するかに左右される。アンダーソンのネットワークでは国や国営のラジオ・ＴＶがネットワークづくりで中心的役割を果たす。

そうしたネットワークがどのようにして構築されるかを示す例として、インドネシアを挙げることができる。インドネシアは約一万七〇〇〇の島からなり、そこでは互いにほとんど理解できない無数の現地語が使われている。インドネシアがオランダから独立した時、新しい指導者は国の標準言語として、マレー半島の沿岸地域やその付近で商業目的に使われているやや人工的で大いにローカルな言葉を選んだ。この言葉はマレー・ポリネシア語族に属するエスペラントで、クレオールやピジンのインドネシア版ともいえ、バハーサインドネシアと呼ばれる。指導者は、建国の父たちの多くの出身地であるジャワ島で広く使われているジャワ語の代わりに意図的にこの言語を選び、国の統一と連帯のために支配的な住民の支配的な言語を他に押しつけないことを決め、国営のラジオ・インドネシアを通じてあらゆる機会をとらえてこの言語を広げるのに努力した。子供は小学校に入って公式にこの言語を学び始め、これを国のリングアフランカ（国語としての共通語）として国内のコミュニケーションを合理化し、言語の多様性を克服することが計画されている。

地域のネットワークもインドネシアにとって大いに重要である。多くを物語る出来事として、一九九三年に東京でＧ７が開かれた時、スハルト（Soeharto）大統領が東京を訪れてＧ７へのインドネシアの参加を訴えたことが挙げられる。彼らはG7に加わってインドネシアの地位と威信を高めることを真に望んでいると率直に語り、実際にそれを望んでいるという印象を与えた。その時テレビ・インドネシアが私にインタビューを求めた。私が一九九〇年にジョクジャカルタのガジャ・マダ大学で日本政治について講義した時に学生だったある人を通じて、彼らは私がインドネシアで経験をもち、インドネシアの国づくりの努力についてたぶん一定の理解をもつと考えて、私を招いてその大目的を「ビデオを通じて合法化」し、それについて穏やかな意見を聞きだそうとしたのだった。

マックワールドはグローバルな浸透のシンボルになり、CNNがそのテレビネットワークづくりの相手になっている。CNNは現地からの劇的で十分に計算された視覚効果をもつ迅速でグローバルな報道を特徴とする。ここでも私は一九九三年六月の総選挙で自民党が敗れた時に、国会議員の広中和歌子とともにCNNに出演したことを思い出す。すべてがライブで、台本もリハーサルもなかった。放送時間の直前になってCNN東京のアイリーン・オコナーが姿をみせて、自分がいくつか質問をしたいと言った。状況は意図的に選ばれたもので、CNN東京が事務所を置く日本のテレビ局では開票速報が始まっていた。繁忙な速報室の騒音が聞こえる中で、われわれはこの総選挙や日本政治へのインパクトについて論じた。状況は日本が劇的な変化の最中にあり、TVの視聴者がそれを目撃しているという強い視覚的印象を与えるように確実に計算されていた。それは当時の通商交渉を背景にして、また一九九一年の湾岸戦争への日本の参加が限られたものだったことに照らして、たぶんアメリカ政府が望んだものだった。

サミズダートはソ連時代から反体制派のコミュニケーションのシンボルだった。現在ではそれに代わってファックスやeメールが、地下活動や破壊活動や秘密の情報活動に使われている。私は一九八九年六月四日の天安門広場虐殺の数週間後に一通のファックスを受け取った。東京で反中国政府のデモや集会が開かれた時のことで、メッセージは東京大学の中国人留学生が連帯を呼びかけるものだった。私はそれらの学生の一人の名前を知っていた。

当時、中国社会科学アカデミーの政治学研究所長をしていた巌家其《イエン・ジアチー》の推薦状をもって二年ほど前に私のところにやってきたからだ。私は自らが編者を務めて東京大学出版会から出版した「現代政治学叢書」の中国での出版に関する手紙を通じて巌家其を知った。私は中国語版の序文の中で、巌家其を含む多くの同僚の努力に感謝した。天安門広場での虐殺は、中国語の翻訳が出来始める前に起こったが、一九九〇年末に翻訳が完成した時には、私が巌家其に言及した部分が削除されていた。

これらの秘話が示しているように、三つの枠組みにはそれぞれのネットワークづくりの形があり、そのそれぞれが三つの枠組みの明らかな特徴に対応していることが分かる。

3　今後の方向

将来を左右するもの

地理経済的にみて、グローバル化が最終的に平和と繁栄をもたらすかどうかは明らかでない。万事が市場経済のもとに置かれると、二つの障害が生じ得る。第一に、市場の変動が不安定を引き起こし、市場の力が十分に働かないような条件を生み出し得る。第二に、市場効率を追求することで、競争力のない部分がますます主流から排除される。グローバル化や主流からの排除の結果としての格差拡大が、市場の力が十分に働かないような条件を容易に生み出し得る。そのためグローバル化や統合はフィラデルフィアンの流れを一方的な方向で強化しそうになく、前後への揺れが起こりそうである。地理経済的基盤が最適のレベルで確保されないと、フィラデルフィアンの枠組みの衰退が起こり得る。グローバル化や自由化が極限に達すると、内部の格差が拡大して容易に封じ込め得ない何かを生み出し、それが内部での争いやカオスさえ引き起こし得る。そうした状況のもとで、反ユートピアンの枠組みが影響力を強めることになる。同様に、グローバル化や統合が極端な形をとると、国の主権を復活させる可能性がある。市場の力の容赦ない圧力に対抗するための最後の手段として、国に依存することになるからである。そのような状況のもとでは国の主権は通常のウェストファリアン的な領土の保全、軍事力、経済的な富よりもむしろ国の象徴的・文化的な側面を強調するものになりがちである。

それでは今後四半世紀か半世紀の間にどこまでグローバル化が進むだろうか。それについてより明確な見方をするためには、三つの地政学的枠組みの浮沈を決めるうえで主な役割を果たしそうな少なくとも三つの変数について知る必要がある。すなわち、鍵になるテクノロジーの革新、人口学的・環境的条件の悪化、国民国家の活力の三つであり、これらの変数がそれぞれウェストファリアン、フィラデルフィアン、反ユートピアンの結果を形成するうえで中心的役割を果たすことになる。ここでの私の役割は、地球政治を決定するうえでそれらの三つの要因がどのようにその役割を果たすかを見極めることである。

コンドラチェフ（Kondratieff）、シュンペーター（Schmpeter）らのビジネスサイクル学派のエコノミストは、総生産性要因に寄与した主なテクノロジー革新を列挙している。それには一九世紀初頭以来の運河（スエズやパナマなど）や鉄道、電力、自動車、情報テクノロジーなどがあり、それぞれがおおよそ一八〇〇～四八年、一八四八～九五年、一八八五～一九四一年、一九四一～九六年の期間と一九九六年以降のビジネスの繁栄の原動力になった。運河と鉄道は大洋間と大陸上の距離を劇的に短縮し、電力は工業化のエンジンになった。自動車は製造業の代表的なシンボルになり、情報テクノロジーはグローバルなコミュニケーションや、ひいてはビジネス取引を劇的に促進した。われわれはいま情報テクノロジー革新の初期的、爆発的な拡大を目撃している。この分野のテクノロジー革新はテレコミュニケーション、コンピュータ、金融サービスに始まり、製造やマーケティング部門に絶えず浸透し始めて、ビジネスに新たな革命を引き起こしつつある。それらの革新が限界利潤の減少ではなく限界利潤拡大の法則を支えるかどうかはまだ完全には明らかではない。過去には新しいテクノロジーの効果について常に限界利潤減少の法則が働くとされてきた。それが限界利潤拡大の法則を支えるなら，景気後退のない新しい経済が登場したという主張が信頼できるものになる。それらが十分に発展すれば，フィラデルフィアンの枠組みの地理経済的基盤を十分に維持でき，フィラデルフィアンの枠組みを支える地理文化ネットワークがさらに拡大する。

人口学的・環境的条件の悪化は古典的なマルサス「問題群」の再来で，テクノロジーベースの楽観論者は生化学や生物・医学テクノロジーの革新が起こって，予想されるシナリオに対処することができると主張する。環境悲観論者は今後の人口増加や環境悪化の展望に照らして，食糧生産の基盤や清浄な空気や水を確保するための基本的条件が損なわれて，人間の暮らしが損なわれると主張する。人口学的にみると，地球上の高齢者の比率が先進工業民主主義国の生産人口からみて警戒すべき高い水準に達しつつある。

私の見解では，発見や科学の進歩は果実を生み出すのに時間がかかり，今後半世紀の間に可能な情報テクノロジーの目覚ましい革新も，条件の悪化を劇的に緩和するのにそう役立ちそうにない。内戦で引き裂かれた地域の無数の乳児など，世界の住民の一部が犠牲になる。にもかかわらず地球市民意識やグローバル・ガバナンスの要請の高まりが，悲惨な状況がさらに悪化するのを防ぐことになりそうである。いうまでもないことが，何らかの全面的な反ユートピアンのシナリオに導くことはない。だがこの戦線での一致した行動の欠如が，最後の審判の日のシナリオの可能性を高めることになる。

国民国家の活力は今後半世紀の間は維持されそうである。世界全体がグローバル化の波に洗われ，至る所で市場の力に突き動かされるが，それらが恒久的に定着するとは思えない。このことは最終的には市場以外の最も組織化された部分が抹殺されることを意味するが，その可能性はほとんどない。最も可能な構図はグローバル化が進み，市場の力が強まれば強まるほど，発展の力として国が頼りにされて安定や安全が取り戻され，目的や達成の源泉としての国のアイデンティティや連帯への依存が深まるというものである。にもかかわらず主権国家がもつ伝統的特

表4-2　3つの主要な変数からみた変化の方向

1．主要なテクノロジー革新 情報テクノロジーが絶えず製造テクノロジーと結びついたフィラデルフィアンの方向で，限界利潤増加の法則が当てはまる条件を生みだす。
2．人口学的，環境的悪化 精力的で一致した努力がないと短期的悪化と長期的停滞という反ユートピアンの方向がこの流れを妨げ，北が内蔵する停滞や爆発があり，内破する南がいわゆる「宇宙船地球号」を揺さぶる。
3．国民国家の活力 国が通常のウェストファリアンについての考え方がウェストファリアンの方向にする以上に象徴的，文化的にアイデンティティや安定や達成感の提供者になる。

権（課税や徴兵の権限）はますます縮小する。市場の自由化やグローバル化がさらに進むとともに、世界的に競争力のある企業は国への依存をますます弱めることになる。企業は国外に進出し、タックスヘイブン（低課税または無税の地域）を探すことで、税額をできるだけ減らそうとし、徴兵もますます歓迎されなくなり、予備役は志願兵によって維持されるようになる。国際的な平和維持や災害救援活動への要員派遣は、臨時の合意に基づくものになりそうである。

予　測　私はすでにそれらの三つの方向が最初から「並行」して拡大しているようにみえると述べた。この三つの方向でどんな変化が起こるかについて明確なシナリオを描くのは難しい。表4-2に示した純粋に一次元的な三つのシナリオは有用だが、それらは最も可能なシナリオや最もありそうもないシナリオについては何も語らない。私の最善の予測はそれら三つの純粋に一次元的なシナリオを組み合わせたものになり、おおよそ次のようなものになる。グローバルな市場の力は「解き放たれたプロメテウス」（テクノロジー）によって決定的に強まるが、それが極端に走った場合、それに対抗する力がフィラデルフィアンの方向を相殺する可能性があるので、それらが持続的に浸透することはない。

それにもかかわらず高所得で増大する北ではフィラデルフィアンの枠組みが多かれ少なかれさらに拡大し、爆発しあるいは内破する南では反ユートピアンの方向とウェストファリアンの方向がさらに強まりそうである。反ユートピアンの方向ではグローバル・ガバナンスがさらに重視され、グローバル・ガバナンスは個人中心の理想主義的なヒューマニズム、グローバリストによる地球市場の保全と強化の積極的追求、シニカルな「開化論者」の援助による他の「文明」のマイナスの汚染の回避を目指すものになりそうである。ウェストファリアンの方向はウェストファリアンの通常の概念が可能にするよりも国の主権の象徴的、文化的側面に焦点を絞り、グローバルな市場の力の強まりや人口学的、環境的悪化の脅威のもとで、国づくりという舞台においてではなく国の分断化や弱体化という舞台で、国を「想像の共同体」のようなものにする条件を生み出す。

上記の推測が未来をごく近いものにみえるようにするとして、半世紀先がそう遠いものではないということを想起することが重要である。ここでの検討が示す最も重要なメッセージは、過去を振り返ることがたぶん未来をもっとはっきりと凝視するのに役立つというものであり、これは過去に遡って細いが重要な糸を追跡することによって、長い間歩んできた道筋を通常の英知が可能にするよりも深く理解できることによる。

第5章　世界秩序の弁証法

1　新しい展開

国際関係を理解する枠組み

本章では、世界秩序を理解するための新たなグランド・フレームワーク、特に国際関係の弁証法的枠組みについて述べる。ここで弁証法という言葉を用いるのは、国際関係と国内競争の間の競合的な力の相互作用を強調して世界秩序へアプローチするからである。二レベル・ゲームと第二イメージ論、逆第二イメージ論を主導国の国家戦略に適用する目的は、一八九〇〜二〇二五年（拡大二〇世紀）における世界秩序の長期的発展を考察し分析することにある。その狙いは、二〇世紀の国際関係の発展に関する既存のイメージを豊かにすることにある。具体的に述べると、二〇世紀における主導国（一九世紀のイギリスと、二〇世紀（特に後半）のアメリカ）に着目し、反対者に対して和解、懐柔、もしくは抑圧するよう国家戦略を変更することで対応し、自らの指導的地位の維持を試みてきた主導国の広範に評価されているイメージを提示することである。

もっとも、現実主義（リアリズム）やネオリベラリズム、コンストラクティヴィズムなどの既存の国際関係理論を非難するわけではない。目標としては、特に二レベル・ゲームと第二イメージ論、逆第二イメージ論を従来適用されてこなかった領域に適用することで、国際関係理論に貢献することである。二レベル・ゲーム論とは、国際的なそして国内的な範囲で同時に行われる、区別可能で相互に関連する二つのゲームを扱うものである。国際交渉での主要なアクターは、政府への反対者と国家の代表者である。国内政治での主要なアクターは利益集団、官僚、政党である。政府は国際交渉と国内政治の両方のレベルで同時にゲームを行う。第二イメージ論の概念は、戦争の勃発の因果関係についての議論であり、国内構造が国際紛争の契機となりうることを論じる。他方で、逆第二イメージ論の概念は、戦争が国内構造への影響を持つということを示す、戦争勃発の因果関係についての議論である。第二イメージ論は、例えば全体主義体制の拡大主義的ないし報復主義的本質を説明するために使用される。同様に逆第二イメージ論は、例えば、どのように中心─周辺の権力構造が経済の周辺化を引き起こすかを説明するために使用される。

主導国の国家戦略が意味するものは、勢力均衡、集団的安全保障、優位性である。勢力均衡とは、主導国が二つの対立する陣営の一方を支持すること、もしくは新興国の野心を挫くことを指す。また集団的安全保障とは、主導国が同盟を結び、挑戦者を阻むこと、もしくは敵対するブロックに対抗するための防疫線を張ることを指す。そして優位性とは、主導国が挑戦を受けない状態を指す。

ロバート・パットナム（Robert Putnam）の国際交渉の分析に役立つ二レベル・ゲームは、政府より下位の勢力を明示的に分析に取り入れているため、産業民主主義国家間の政府間関係を分析する際に有用な概念である。この概念を、外国政府と国内の反対者に同時に対応する時に国家政府が使用する国家戦略を二レベルと捉えて拡大することをここで提案しよう。それは、グローバリゼーションの深化と普及を考えると適切であろう。第二イメージ論と逆第二イメージ論の両者は同様に批判的概念であるが、一方通行の因果関係の方向を前提としている。本章は、システムへのフィードバックを考慮に入れることで、さらに踏み込む。グローバリゼーションの大規模な浸透も、第二イメージと逆第二イメージを結合することを含意している。

次項では、第一に拡大二〇世紀に展開した主導国の国家戦略を弁証的枠組みに当てはめる。第二に、それぞれの国家戦略が基礎を置く基本的特性と構造的条件の観点から、主導国によってしばしば採用される三つの重要な国家戦略である勢力均衡、集団的安全保障、優位性について詳しく述べる。第三に、「持たざる者」もしくは経済的に周縁化した国家がしばしば展開する三つの重要な一般的戦略である人民戦争、ピープル・パワー、グローバル・テロリズムと、それらの基本的な特性、国家戦略が基礎を置く構造的条件を考察する。第四に、植民地的無関心、人道支援、人道的介入という反対戦略を考慮して主導国の三つの修正戦略、それらの基本的特徴と国家戦略が基礎を置く構造的条件を分析する。第五に、主導国の重要な戦略が、勢力均衡から集団的安全保障へ、集団的安全保障から優位性へと変容する弁証的な期間について詳しく説明する。それぞれのケースで、二レベル・ゲームと、第二イメージ・ゲームは主導国の国家戦略を変えるために機能する。第六に、モンゴル帝国（一三世紀）に関する歴史的知見から学び、アメリカ帝国（二〇世紀と二一世紀）と比較することで、未来における弁証的な時期の発生を推測し、優位性からグローバル・ガバナンスへ移行すると仮定する。これは「ミラー的」（鏡にうつる像に行動をとることをそそのかされる）人道的介入と（核軍縮を通じた）核優位性を特徴とする。

政治的安全保障の弁証法

二〇世紀は様々な意味で決定的な時代であった。第一の、そしておそらく最も重要なものは、その一〇〇年間での世界人口の驚異的な増加である（一九〇〇年の一六億人から二〇〇〇年の六〇億人まで増加した）。この人口動態を支える重要なファクターは、居住可能区域の拡大、農業と工業の両方における生産量の増加、化石燃料エネルギーと核エネルギーの使用、そして最も直接的には衛生と医薬品の普及である。第二に、技術のレベルは前例のない水準にまで到達した。工業機械は高品質な品物の大量生産を可能にした。速く、大規模で、長距離のコミュニケーションが非常に容易になり、輸送は迅速で安価になった。第三に、知識が飛躍的に増加した。ラジオ、テレビ、新聞、雑誌そして何よりもコンピュータは情報化社会をつくり出した。これらの発展全ては、人類の歴史において二〇世紀がどれほど重要な期間であったかを物語っている。

二〇世紀は政治的安全保障の観点から特に際立った世紀である。メアリー・カルドー（Mary Kaldor）とダニエル・デュードニー（Daniel Deudney）の両者は、この世紀の火力兵器による殺傷力の増大を説明した。過去一〇〇年間の戦争での人類の損失は、実に衝撃的である。一九〇〇年に至るまでに起きた戦争での総死者数は二〇世紀の戦死者よりもはるかに少ない。二つの大戦での死者は、過去一〇〇年の間に殺害された一億の人々の二分の一ほどを占める。それゆえ、二〇世紀は安全な世紀ではなく、紛争の多い世紀であった。逆に言えば、頻度と死亡数に関する限りでは、二一世紀の最初の何年かで戦争が少なかったことは、戦争の停滞、少なくとも相対的な減少を示唆している。これは戦争が廃れた時代遅れの慣習となったというわけではなく、異なった形で存続し、異なった特性を持つようになったことを意味している。

主導国の国家戦略に焦点を当てる時、戦略は簡単に特定される。それは勢力均衡、集団的安全保障、優位性である。第一のものは、第一次世界大戦の勃発を引き起こした。一度崩壊した勢力均衡を維持するためのメカニズムとして考えられる第二のものは、第二次世界大戦を引き起こした。第三のものは、冷戦の終結後、アフガニスタンとイラクで対テロ戦争が始まった時に現れた。しかしながら、出来事の時間的連続性とは関係なくこれらの概念は利用されてきた。これらの主導国の戦略の特性と条件は歴史的に描かれる。

これら三つの戦術は、アンチテーゼ的そして統合的な概念と関連する。アンチテーゼ的な概念とは、人民戦争、ピープル・パワー、グローバル・テロリズムであり、これら全ては、世界の周縁化した持たざる者によってしばしば展開される。世界システムに言及することで、政府間関係の表層の国際政治の苦闘と草の根のグローバル・ポリティクスの構造の両方を扱うことを示したい。これらのアンチテーゼ的な概念の特性と条件は歴史的に描かれており、三つの戦略の全ては三つの統合的な概念と関連する。統合的な概念とは、植民地的無関心、人道支援、人道的介入であり、持てる者と持たざる者の間の世界システムの中の相互作用を通して発展した。歴史はこれらの総合的概念の特徴と条件を繰り返し説明する。

ここで、持てる者のテーゼを強調する私なりの弁証法を明確にする必要がある。統合（ジンテーゼ）は持たざる者の挑戦（すなわちアンチテーゼ）に対する持てる者の応答として定義でき、このアンチテーゼを適応、和解、懐柔、抑圧する。持てる者のテーゼは私の弁証法の中で特権を与えられている。結局のところ、強さによりエリートはなによりも政治的安全保障を形成する。しかし、強さは簡単に弱さへと変質しうる。持てる者は、なんらかの方法で持たざる者の挑戦を適応させ、懐柔し、抑圧するために自分たちの強さを使う。彼らの持続可能性を決定するのは彼らが用いる方法なのである。よって、本章における弁証法の用法は革命的というよりは漸進的である。歴史は、ボトムアップではなくトップダウンで発展する。この意味では、私は変化していく二〇世紀の政治的安全保障の様相と精神構造を説明するために弁証法を用いる。

したがって、ここでは国際的・国内的レベルの双方を扱い、主導国の国家戦略と草の根レベルの反対運動の対抗戦略について診断を下す。二レベル・ゲーム、第二イメージ・ゲーム、逆第二イメージ・ゲームへの諸国家の関与は本論の主張を形作る際に常に考慮される。

弁証法の根底にある概念は、歴史家のウィリアム・マクニール（William McNeill）によってつくり出された大破局の保全概念と同質のものである。マクニールによると、パワーはその脆弱性を隠し、これにより潜在的な大破局を可能な限り長く隠しておくことでその契機を封じ込め引き延ばす。しかし、これを永続させることは不可能である。なぜならシステムは最終的にはぼろぼろになり崩壊するからである。ルイス・キャロル（Lewis Carroll）の『不思議の国のアリス』に出てくる赤の女王が「その場にとどまるためには、全力で走り続けなければならない」と述べるように、それは大破局の保全原理を正確に表現している。言い換えるならば、国家戦略を保全するためには、勢力均衡であろうと集団的安全保障であろうと優位性であろうと、主導国は走り続けなければならない。もし

表5-1　政治的安全保障の弁証法的観点からの勢力均衡，集団的安全保障，優位性

主要列強の国家戦略（持てる者によるテーゼ）	草の根レベル・ゲーム（持たざる者によるアンチテーゼ）	逆イメージ（持たざる者を考慮した持てる者による統合的テーゼ）
勢力均衡	人民戦争理論	植民地主義的無関心
集団的安全保障	ピープル・パワー	人道的支援
第一義的優位性	国際テロ	人道的干渉と核軍縮（注）
グローバル・ガバナンス	国際テロのミラー・イメージ	ミラー的人道的干渉と核軍縮（注）

（注）　核軍縮はアメリカ大統領バラク・オバマによって推し進められた。注意すべきことは，アメリカが核に関する優位性を保持していることを彼が明確に示していることであろう。

くはこの場合だと、新たな制度化された政治安全保障のレジームが設立されるまで自身の政策の方向性を、そのコストにかかわらず維持し、支持しなければならない。このような変化は暴力的にも非暴力的にもなりうる。勢力均衡から集団的安全保障への変化が暴力的であったのは第一次世界大戦である。集団的安全保障から他の種のものへの変化もまた暴力的だったのは第二次世界大戦である。しかし、第二次世界大戦後の第二集団的安全保障から優位性への変化が非暴力的であったのは冷戦終結である。

主導国によってしばしば採用されてきた三つの国家戦略

主導国はテーゼを出す（表5-1）。国際関係の主要な理論を考察すると、持てる者によってなされたテーゼが議論を支配していることはすぐに明らかとなる。マイケル・ドイル（Michael Doyle）は、*Ways of War and Peace: Realism, Liberalism, and Socialism*（戦争と平和の諸方法――現実主義・自由主義・社会主義）において国際関係概念の包括的な取り扱いを示している。

2　勢力均衡

勢力均衡の基本的特質

勢力均衡では、比較的少数の国家アクター（五ないし六）がこの国際ゲームに参加する。少数の関係アクターの間では、合意の可能性はより高い。ナポレオン戦争の間に、全ヨーロッパが荒廃し、フランス王朝は廃絶したが、ウィーン会議の主要な使命は以前に優勢であった六つのアクターの中での勢力均衡の

回復であった。六つの国家とは、イギリス、フランス、プロイセン、オーストリア、ロシア、そしてトルコである。トルコは後にヨーロッパの病人として知られるようになったが、一九世紀初頭には豊かで力を持った国だった。当時の戦略は、ある国家もしくはある国家同盟が強くなりすぎることを防ぐというものだった。国家は、一般的に自らの可能性を高めようとし、独立を保ちもしくは他の目的を達成するためにふさわしい方法であると考えられる場合には戦争に関与しようとする。ウィーン会議の主要な原則は、主権の独立を維持する方法で戦争を終わらせることだった。言い換えるならば、国家アクターがシステムの中に戻ることを許したのである。ウィーン体制は敗北したフランスを仲間として扱うようにしたのである。

ゲームが成立する前提は、アクターが比較的似たようなイデオロギーを持っていることである。ウィーン会議における戦争以前の状態を取り戻すためには、革命的な思考様式とフランス革命の制度は相容れないものだった。同時に、ウィーン会議は、ロマノフ朝ロシアのアレクサンドル二世（Aleksandr II）によって密かに進められたような宗教的合体を過度に避けた。自分たちが密かに抱いていたイデオロギー以外が勢力均衡へ侵入することは、それゆえアクターの純粋に非イデオロギー的な柔軟性と操縦性を抑止すると捉えられた。ヘンリー・キッシンジャー（Henry Kissinger）は、ウィーン会議の間の勢力均衡についての分析で勢力均衡の原理を強調し、アメリカの国家安全保障アドバイザーとして、一九七一年の米中外交関係正常化でこれを採用した。ソ連の脅威におびえる中国に手を差し伸べることによって、アメリカのヴェトナム戦争による疲弊をカバーしたのである。

勢力均衡の原則は、あるアクターの抑制は他のアクターの抑制に資するというものである。それゆえ、より耐久的で安定的な戦後の世界秩序をつくるために、勝者はしばしば打ち負かした相手に譲歩する。ウィーン会議では、主要なホストであるオーストリアの政治家クレメンス・ウェンゼル・フォン・メッテルニヒ（Klemens Wenzel von Metternich）によりこの主要なアジェンダ（戦争前の現状維持）の実現に最大限の注意を払っていたフランスを罰することは最も注意深く避けられた。

勢力均衡はまた主要な大国の人口動態、工業的、そして軍事的な潜在能力が比較的同等であることを前提としている。ウィーン会議（一八一四年一一月～一八一五年六月）からヴィルヘルム二世（Wilhelm II）の即位（一八八八年）までの間、主要な大国の間で相対的な同等性が多かれ少なかれ広がっていた。この期間にイギリスが大部分でオフショア・バランサー（大陸沿岸から離れた海洋から均衡をとる大国）の役割を果たすことができたのは、この構造的基礎による。イギリスは、ナポレオン戦争と第一次世界大戦の間、大陸でのパワーバランスと海軍力の優越さによってのみ覇権を維持できた。一度、この二つの条件のどちらかが消えると、イギリスの覇権は凋落し始めた。

勢力均衡の基本的構造条件

主導国の間の勢力均衡は、その周りにある時に植民地もしくは勢力圏と呼ばれる周辺化された場所の存在と関係する。そうした主要な大国は、しばしば植民地列強と呼ばれる。周辺地域は内地での調整がより難しい時の勢力均衡の調整メカニズムとして機能する。主導国の規範的・支配的な関心によって拘束されない空間の存在は、自己抑制をその空間がない場合に比べて容易に可能にする。ロバート・クーパー（Robert Cooper）によるポストモダン、モダン、プレモダン区域の間の地理的空間的な文明的特徴とそれに関連した行動パターンの例のように、西洋の主権国家と非西洋の植民地との間のはっきりした区別は現在も続いている。

勢力均衡は、ほとんど同等の規模の主要な大国の間ではうまく機能する。しかしながら、集団のうちの一つが突出し始めると、勢力均衡は不安定になる。プロイセンのヴィルヘルム二世が賢明なアドバイザーであるオットー・ビスマルク（Otto Bismarck）を追い出した後にイギリスとの海軍力競争を開始した時、主要な大国は自らの地位を強固にする計画の一部として急いでアフリカを植民地化した。帝国主義もしくは一国主義の時代のどちらにおいても、勢力均衡はうまく機能していない。一八七一年から一九〇六年の間に、帝国主義化した国家は当時植民地の獲得で抜きん出ることを狙い、彼らの焦点は中央ヨーロッパの外の大きな争いに移行した。一九〇六年にアフリカ、ポリネシア、アジアで植民地化する土地が尽きた時には、国家が通常目的を戦争によって達成するというシステムは変容した。本国には最小限の費用で戦える戦争の舞台が消滅したのである。

勢力均衡は、主要なアクターが当然としている規範に動かされる力学であった。一度、主要なアクターの間の見解の規範的想定が明白な相違を見せると、勢力均衡は疑問視され始める。フランス革命とナポレオン戦争における急進主義がその例であるように、レーニン（Vladimir Lenin）とウィルソン（Woodrow Wilson）が第一次世界大戦後に提唱した開かれた外交、自由、民族自決、民主主義の外交攻勢もそうであった。アドルフ・ヒトラー（Adolf Hitler）によるドイツ人の至高性を得るための戦争は、もう一つの例である。ヒトラーの敵対者は、ヒトラーが広い勢力均衡の枠組みの中で行動していると間違って想定した。ヒトラーは『我が闘争』（*Mein Kampf*）の中で、ドイツの農業がドイツ国民に食糧を提供できる十分な農地は、海外ではなくドイツの東（と南）にあると示して、一九世紀ドイツの海外における帝国主義の試みを批判した。しかしながら、彼は死の間際に適者生存をめぐる人種的戦いとして第二次世界大戦を理解していたと報告されている。彼にとっては、スラブ人種はドイツ人種よりも優れていると証明されたようなので、それゆえにドイツ人が彼と共に死ぬに値した。ヒトラーはまた、アングロサクソンが優れていると考えていて、様々な点で彼らと取引したいと望んでいた。彼の考え方は好戦的な人種差別的ダーウィニアンのものだった。

3　集団的安全保障

集団的安全保障の基本的特質

集団的安全保障とは、脅威を与える主要なアクターに対処するための合意である。それは、現状維持を脅かすもしくは現状維持に挑戦しようとする一国に備え、阻止し、説得してやめさせるために勢力に加わるアクターからなる。それゆえ集団的安全保障は、軍事的にも、集団で行動することを明白な脅威に対して個々に対処し立ち向かうことよりも効果的な行動とみなしている。

集団的安全保障は、いったん脅威の発端や目前に迫った脅威が特定されると国家を再結集させる一連の規範的教義と結びついていて、その規範的教義は、時代精神と並行して変化する。例えば、ウィーン会議の時代、共有された規範的信条は王権の保持と反革命、反自決、反リベラリズムからなっていた。ヴェルサイユ条約の時代には、それらは自由、民主主義、民族自決、不可侵であった（すなわち、一つへの攻撃は全てへの攻撃である）。ヤルタ会談では、自由、民主主義、反ファシズム、反植民地主義、そして人権が規範的信条であった。反ファシスト戦争の連合国側の勝利六〇周年の時に、アメリカ大統領ジョージ・W・ブッシュ（George Walker Bush）は、ラトヴィアのリガで、反ファシズムと反植民地主義のヤルタ精神から、全ての形態の暴政と戦う民主主義の一つへと発展があったことを明確にした。

集団的安全保障は結集した勢力を効果的にするための戦略的配置を制度化する。ウィーン体制の時代には、制度化は古典的な外交の形をとり、それによって君主たちは最も効果的な外交的ポジションと相互作用を達成するために、剣よりもむしろペンの傭兵を使った。例えば、学者であり外交官でもあるフリードリッヒ・フォン・ゲンツ（Friedlich von Genz）は、大陸とイギリスの両方で、国王や王子、政治家との接触の中でそのような役割を果たした。勢力均衡の時代、ペンの傭兵と剣の傭兵の両者は、望ましい力のバランスを傾けつつ元に戻すために配置された。これは卓越した言語能力と賢明な策略のための判断力を要求する戦略であった。ヴェルサイユ条約の時代には、制度化は国際連盟の形をとり、それは脅威の特定と評価、助言と決定、そして脅威への対抗戦略を具体化する操作的な装置を具体化したものである。しかしながら、設立者たちが失望したことに、この組織と組織が包含する価値は、決然としたアクターがヴェルサイユの合意と関係国の多数が信じていた規範を遵守しなかった時に効果的でなかった。ヤルタ会談の時代、集団的安全保障は国際連合の形をとった。国連は例えば、安全保障理事会を経由する総会決議という戦略的装置を持ち、ここで国連が問題に対して行動を起こすか否かに関して安全保障理事会の常任理事国が持つ拒否権が認められている。国連は、その歴史上で一度だけ、その力を発動したのは一九五〇年から五三年の間の朝鮮半島の戦場においてである。これは、ソ連が安全保障理事会の会合をボイコットしたことにより発動した。

集団的安全保障の基本的構造条件

集団的安全保障は、集団的精神が謳う規範的教義を破り脅威を与えるアクターに直面して作用し始める。それは、国家の集団が、あるアクターや敵意あるアクターの集団に対処する方法である。言い換えるならば、「悪者」に対応して作られた集団的安全保障装置とイデオロギー武装からなる。フランス革命、ドイツ帝国、枢軸国同盟のようなケースである。

集団的安全保障は、行動が組織化されるためのイデオロギー的な大義（しばしば時代精神と呼ばれる）を必要とする。これらの大義は、単純明快で、世界が発展しそうな方向を指し示さなければならない。それゆえ、これらは、悪夢のような過去を反映し、明るい未来を予言するものでなければならない。第二次世界大戦の場合、これらの大義は、反ファシズムと反植民地主義であった。二〇〇一年のアフガン戦争からの主要なスローガンは、グローバルな反テロリズムとなっている。そして二〇〇五年に追加されたものは、全ての暴政に対する民主主義であった。これは明らかに、ジョージ・W・ブッシュ大統領が連合国の対ファシズム勝利六〇年記念の時にラトヴィアで行ったスピーチに反映されている。

集団的安全保障は、脅威を与えるアクターを抑止し、危機的状況にあるものを守るのに十分な軍事力を必要とする。軍事力がいかに動員されるか、どの制度を通すか、どれくらいの部隊かなどは集団安全保障において鍵となる構造的要素である。したがって、一九四一年の日本軍による真珠湾攻撃後にウィンストン・チャーチル（Winston Churchill）は「私たちは戦争に勝った」と述べたが、彼はアメリカの参戦がヨーロッパとアジア太平洋戦域にもたらす重要な連関を見抜いていた。しかしながら、誰が統合部隊の司令官として行動するのかについては、集団的安全保障で最も難しい問題である。よく知られた例は、北大西洋条約機構（ＮＡＴＯ）の部隊をアメリカが指揮することに対して、フランスが異議を唱えたことである。ＮＡＴＯによるコソボ介入はまた、誰が指揮するのかという問題を引き起こした。先進兵器と部隊の錬度の点で軍事的優位を持つアメリカ軍にとって、他の国の部隊を彼ら自身の指揮下に置かないことはごく普通のやり方であった。

4　第一義的優位性

第一義的優位性の基本的特質

優位にある国は宣言を好む傾向がある。それは協議の後に追従することを他者に求める。比喩的に言うなら、世界貿易機関（ＷＴＯ）の事務局長のパスカル・ラミー（Pascal Lamy）による と、多国間フォーラムで西ヨーロッパ諸国が構成員間で電話交渉を行うこととは対照的に、アメリカは拡声器で宣言する。一方、日本は異なった国内利益を代表する官僚の代表団の間で内密の議論に参加する。これは、強い一国主義のアメリカと巧妙で多国主義的なヨーロッパ、そして「無方向の」（つまりベクトルのない）日本を生み出している。

また優位にある国はしばしば信念に従って行動する。強固に保持された信念体系に基づいているので、優位にある国はコストにほとんど注意を払わない。なぜなら、特定の価値体系における絶対的な信仰は、それに対してアクターを盲目的にさせるからである。これは、コストにかまわず行動するアメリカの傾向に顕著に現れている。このような信仰ベースの行動は、アメリカが唯一の超大国であり、その地位を維持しようとしていることと大いに関係がある。この観点から、どのようなコストを払ってでもグローバルな反テロ戦争を求めるアメリカの決意は、第二次世界大戦におけるウィンストン・チャーチルの「どのようなコストを払ってでも勝利」を達成するという決意と比較されるかもしれない。優位にある国は、優位を失う可能性やあまりにも早く優位を失ってしまうことを防ぐため自国の力を過信しがちである。例えば、イギリス帝国が南アフリカで行った、いわゆるボーア戦争は、イギリスに多大なコストをかけさせ、結果的にイギリスの没落を加速させた。また、イラクとアフガニスタンでのアメリカの戦争がアメリカの没落のペースを加速させたことは時々指摘される。

優位性を行使するアクターは国家利益に基づいて行動する。これはなによりも国家利益の計算に基づいた国家戦略なので、多国間外交は優先事項ではない。多国的機構とフォーラムは、ただ政策の目的を促進するための道具として使用される。前アメリカ国連大使（二〇〇五〜〇六）であるジョン・ボルトン（John Bolton）は、アメリカが、自由に使用できる外交の道具と大差ないものとして国連を見ていることを明らかにした。アメリカの多国的機構に対する態度は、これらの機構がアメリカの行動を制限するものとして理解される時は、否定的なものとして特徴づけられる。そして、アメリカがグローバルに行動することを可能にする道具として理解される時は、肯定的なものとして特徴づけられる。とはいえ、アメリカはオランダ、カナダ、スカンジナヴィア諸国、イラン、ハンガリーに並ぶほど多国間主義の設備が整っている国家である。これらの国々は最も優秀な人材を多国間外交の最前線である外交団に配備する国々である。

優位性の基本的構造条件

議論の余地のないほどのアメリカの軍事的優位は、優位性の発露に最も適した背景を与える。世界最大の空軍力がアメリカに属することはよく知られている。しかし、第二の空軍力が、ロシアでもなく、中国でもなく、フランスでもなく、イギリスでもなく、日本でもなく、実はアメリカ海軍に属することは、それほど知られてはいない。この軍事的優位は、圧倒的に多額の兵器研究開発費に支えられたものであり、世界の兵器とシステム研究開発費の八五％を占めている。どのような間違いを犯そうと、途中で不運な事故を起こそうと、この多額の出費があれば、今後二〇～三〇年間、支配的な軍事的パワーとしての地位をアメリカは維持できるだろう。

アメリカが優位性を希求する伝統は、長期にわたるアメリカの一国主義の歴史的基礎によると考えられる。少なくともアメリカ例外論によると、人種、階級、富、宗教に基づく差別と搾取を行う古い考え方とアメリカは異なっており、それらの経験もないとする。そのような理想の唯一の源泉としてアメリカを見る傾向がある。しかし、この反歴史的、伝道的理想主義・現実主義（リアリズム）には異論がないわけではなく、例えば愛国者法のために対テロ戦争へのアメリカの「権利」といわれるものの多くを進んで犠牲にしているように見える。にもかかわらず、アメリカは自らが移民やトレーダー、投資家を歓迎する自由と機会の土地であるかのように見せている。また、再度アメリカ例外論によると、アメリカは、自由、資本主義、民主主義、人権という不朽のアイデアを取り入れたいと望む国々に、これらを与えているとする。これは、世界の他の国々の至る所へアメリカが民主主義を促進させる観念的基礎である。

優位性へのこだわりは、アメリカが衰退し始める前に世界の市民を社会化し合意を制度化するために行動しなければならないというアメリカの精神の反映である。アメリカの緩慢な衰退を象徴的に示すものの中で顕著なものは、(1)一九七一年のアメリカの金ドル交換停止（最大の売買量で支えられた国際通貨であるユーロが二〇〇一年に誕生したことはもちろん、一九八五年以降の他の通貨によるドルの大量購入、そしてイギリス、ドイツ、日本、最近は中国といった主導国によってサポートされる均衡の実施（米ドルを国際基軸通貨として維持するための他国の行動との均衡））、(2)『ケミカル・アブストラクツ』のような雑誌に現れている他の主要な国々の着実な科学的進歩、(3)無鉄砲に追求され、天文学的出費を引き起こす安易な一国主義の行使と大げさなグローバルな反テロ戦争である。

周辺化された持たざる者によってしばしば展開される一般的な戦略

周辺化された国家は、自らの声を聞いてもらうためにアンチテーゼ的な戦略を展開する。それは人民の戦争、ピープル・パワー、グローバル・テロリズムである。カーマ・ナブルシ（Karma Nabulsi）の『戦争の変容――占領・抵抗・法』（*Traditions of War: Occupations, Resistance and the law*）という最近の有名な例外はあるが、周辺化された持たざる者が抱く国際関係の考え方は国際関係論の文脈でははっきりと表されてこなかった。

5　人民戦争

人民戦争の基本的特質

人民戦争は、侵略し、占領し、植民地にしようとする正規軍によって屈辱を与えられ、周辺化された国家によってしばしば採用される戦略である。これはまた、ゲリラ戦とも呼ばれる。ゲリラとは高地ドイツ語由来のスペイン語で、侵略者や占領者への変則的で小部隊で行われる抵抗を示す。これは、大陸の主導国がナポレオンと彼の軍隊に対抗可能な全手段を講じた、ナポレオンのスペイン侵略の際の特徴であった。占領下のスペインのゲリラ戦は、ナポレオンにとっての「出血性潰瘍」となり、三〇万人のフランス人兵士の命を犠牲にした。また独立前と独立後の両方の期間の北アメリカにおける第一次インディアン戦争時のネイティブ・アメリカンの抵抗は、用語が実際につくり出される前のゲリラ戦の特徴を表している。人民戦争のゲリラ戦の形は、基本的な条件が整った時に再発するのである。

人民戦争は周縁で発生し、主導国の戦争は中心で発生する。それゆえ、ボーア戦争は人民戦争でもあった。植民地勢力であるイギリスは、土地没収に対するボーア人の抵抗を完全になくすために戦争が起こした。ボーア人は、イギリスの正規軍による決然とした執拗な侵略に遭った。また最もよく知られたゲリラ戦の例は、中国を侵略しようとする総勢二〇〇万人の日本軍に対する中国人の抵抗と、ヴェトナムが独立を達成するのを防ごうとしたフランス人とアメリカ人に対するヴェトナム人の抵抗である。

毛沢東の言である「政権は銃口から生まれる」のように、人民戦争は暴力を使用する。この原理を実行するために、人民戦争は、普通は困難な地形を持つ空間、とりわけ山や砂漠や森などを必要とし、それは回復や再配置のための退却のチャンスをゲリラ戦略に与える。これは、湖南省と江西省をまたぐ井崗山《せいこうざん》と陝西省の延安の丘陵が戦争の勝利の助けになった中国の人民戦争の中で示されている。

人民戦争の基本的構造条件

人民戦争は効果的に実行されるために、侵略し、占領し、介入しようとする他国や勢力の軍を妨げ、反乱軍に避難場所を与える砂漠や山やジャングルのような地形で最も頻繁に戦われる。反抗者、敵対者、革命家は、普通は侵略者や政府の軍事的兵器のレベルに質・量ともに圧倒されるので、このような避難場所が不可欠である。チェ・ゲバラ（CHE Guevara）はボリビアのジャングルの中にこれを見つけ、ペルーの「センデロ・ルミノソ」(Sendero Luminoso）は深い山中から始まった。

人民戦争の勝利は、人々の支持を通してのみ達成される。毛沢東が述べたように、「魚が海を泳ぐように、ゲリラは人民の間を泳がなければならない」。人々の支持は、尊敬と礼儀正しさをもって人々を扱うことや、最も必要としている人々に食糧を分配するなどの立派な態度と良い政策の見返りである。おそらく中国共産党は、国内だけでなく海外においても、延安や他の聖域でこのイメージを打ち出すことに最も成功した。中国共産党を道徳的な改革者とほとんど同質のものとして描いたアグネス・スメドレー（Agnes Smedley）は、彼らが得た西洋の支持者たちの一人である。

人民戦争が成功するには、崩壊したもしくは脆弱な政府を持つ国家のような、明らかな「悪者」である敵が必要である。再度毛沢東の言を引用すると、「誰が敵で誰が友人か？　これは革命運動を展開する上で最も重要な質問である」。裕福で強力な友人を持つという印象を与えることで、反乱者や革命家は新しい仲間や賛同者を勧誘することが可能になる。しかしながら、一度権力を握ると、人民戦争の指導者たちは後進を反革命家としてしばしば処罰する。

6　ピープル・パワー

ピープル・パワーの基本的特質　暴力の行使は通常政府に強硬な抑圧的手段を取らせ、それゆえ逆効果になるという原理に従って、ピープル・パワーは非暴力的な行動を取る。それゆえピープル・パワーの規範は、対抗勢力の圧倒的な軍事力による挑発に直面しても平静を保つことである。マハトマ・ガンディー（Mohandas Gandhi）がイギリスの植民地からインドを解放するのに成功した理由は多くあるが、その一つは明らかに彼が消極的抵抗の原理を維持したことにある。

ピープル・パワーは能力ある指導者を必要とする。その能力とは、演説において、信奉者を魅了するのに十分なほどカリスマ的で、明快に意見を述べ、雄弁で情熱的であり、言行一致の能力を持ち、困難な状況に直面しても平静で、信奉者たちの失敗にも寛大であることを意味している。例えばコラソン・アキノ（Corazón Aquino）は、フェルディナンド・マルコス（Ferdinand Marcos）大統領を失脚させたフィリピンのピープル・パワー運動の中で、そのような役割を演じた。

ピープル・パワーは、良好な国際的環境も必要とする。ここでの良好とは、分別よく友好的で害を与えないことを意味する。政府や占領者、侵略者が犯した国内の残虐行為を周知することで利益を得られるので、ピープル・パワーは宣伝をするべきである。二〇〇二年六月、韓国に配置されたアメリカ軍第二歩兵部隊の兵士二人が、装甲車を操縦している間に現地の女子高生二人を轢いて死に至らせたことが例として挙げられる。アメリカと韓国の間の合意によって、兵士は軍法会議にかけられた。しかし、軍法会議が彼らを無罪とすると、韓国の人々は決定に抗議するために街頭でデモを繰り広げた。大統領候補の盧武鉉《ノムヒョン》は広まった反米感情をうまく利用してわずか二％差であったが選挙戦に勝利した。それゆえこの例ではピープル・パワーは効果的に韓国政治を動かしたのである。

ピープル・パワーの基本的構造条件　統治する側と統治される側が自制の長所を認識し、暴力の行使に頼らないことの利点を理解している時行われるのは、非暴力的行動のみである。言い換えれば、統治する人々は、人々を殺すことが状況を悪化させ怒りを煽ることを理解し、統治される人々は、政府に対抗することが大規模な軍事的な応答という結果にしかならないかもしれないと知っている。これは、一九三〇～三一年の間の英領インドでマハトマ・ガンディーが、サティーヤーグラハ、もしくは「真実の力」という形でイギリスの塩税への非暴力的抗議を主導した際の（少なくともこのような均衡が崩壊するまでの）状況だった。インド国民会議派は、非暴力的行動を主導する一方で一九四〇年代までの日本との戦争ではイギリスを支持していた。一方、インド共産党は、ソビエト連邦を支持していた。スバス・チャンドラ・ボース（Subhas Chandra Bose）はインド国民軍を組織し、「進め、デリーへ！」というスローガンを、日本帝国陸軍占領下の英領マラヤのシンガポールのメイン広場、そしてイギリスインド軍と戦闘を行った英領インドのビルマに向けて進軍している間に唱えた。

非暴力的行動は、紛争の緩和と解決を願って行われる、統治する者と統治される者との交渉に関連する。非暴力戦略は、暴力的対抗措置で応えるか否かという代替案を持つ統治する側と対峙する。マハトマ・ガンディーの一九三〇年の消極的抵抗の表明は、植民地政府の非暴力的な合法的手順によって大きく報われた。明らかに両者は、一方は不満の表明の方法を与えること、他方は植民地の政治的安定を保つ手段として、非暴力の長所を認識していた。非暴力的行動は、法の支配がある程度しっかりと根付いている市民社会と関連する。現地の植民地エリートの大半がうまく組み込まれている限り、市民社会は植民地政府下でも存在しうる。差別的慣習が植民地政府の下では一般的だとしても、専制的支配が比較的目立たないことは、市民社会の初期形態が誕生することを助ける。この点では、ジェイムズ・ミル（James Mill）が *The History of British India*（英領インド史）で主張したように、植民地政府によるイギリス領インドの粘り強い文明化は、実際に市民社会を一人前にしたのである。

7　グローバル・テロリズム

グローバル・テロリズムの基本的特質　グローバル・テロリズムは、トランスナショナルで非政府的なテロリスト集団によって煽動された暴力行為の形をとる。テロリストは、暴力使用を抗議活動のためにとっておき、軽率にそのような行動をしない。テロリズムは、強い宗教的、政治的、環境的もしくは人道主義的な信念に基づいている。摘発されたテロリストは、ＷＴＯや世界銀行、国際通貨基金、三者会談、Ｇ８の会合などの際に、直接的で集団的で、時に暴力的行動を行う環境活動家と類似性を見せる。テロリストは、しばしば日常生活では素行が良い市民であるが、自ら任じた使命が彼らを求めるならば、過激な行為を敢えてする可能性を持っている。

グローバル・テロリズムは、テロ活動を構想するという共有の信念を持つグローバルなネットワークを持つ集団という形をとる。特定の信念や任務に従ってグローバルに構築され局地的に行動するトランスナショナルなネットワークは、グローバルなテロリズムに欠かせない。時として彼らは、現地の独立した王国として活動する分散した孤立地をつくることで、（アフガニスタンで行われたように）国家装置全体を乗っ取り植民する。例えば、レバノンの組織ヒズボラはレバノン社会に深く根付いている。ヒズボラは、自らの社会サービス機構と国家政府で代表権を持つ自分たちの政党を保持している。しかしながら、それはまた、イランから供給された長距離ミサイルなど、最新兵器で重武装している。

グローバル・テロリズムは、犯人たちが人間の不幸と不正義の特定の源泉であるとみなすものに異議を唱える。これは、非戦闘員を殺傷し、それゆえに人々を守るという政府エリートの責任と能力に対する疑問を生じさせるという形をとる。それは、力の不均衡と絶望の認識に操作される。グローバル・テロリズムは、標的の持つ圧倒的に強力な軍事力とは対峙しない。代わりに、機能障害を引き起こすという戦略に頼る。テロリストのターゲットは、構造的にグローバルな政治と経済にしっかりと組み込まれているので、集団的で効果的に設計された最も勇敢で献身的な行動のみが、大国の中の異教徒に持続的な衝撃を与えることができるとみなされている。

グローバル・テロリズムの基本的構造条件　グローバル・テロリズムは、抑圧的束縛と犯人たちがみなすものに特徴づけられたグローバル構造から生まれた。これは、バランスをとるための他のパワーの能力を軍事的、政治的、経済的、文化的に無力化するほどの圧倒的なハイパーパワー支配を意味する。世界経済がグローバルに埋め込まれている状況は、周辺化された持たざる者に自らを覇権国の特権的な市民によって構築され共有された紐帯、ルール、実践から切り離すことを難しくしている。抑圧的な束縛は、グローバル・テロリズムに関与している人々が対峙している現実に対する主観的な認識である。多くは、過酷な体制下の発展途上社会の産物であるのと同じくらい、先進工業民主主義社会の産物なのである。権威主義体制に組み込まれたマスメディアの抑圧は、テロリズムの行動がグローバルな衝撃を与えることを困難にさせるので、彼らは権威主義体制下よりも民主主義体制下の方が自分たちを顕在的に表現しやすい。

グローバル・テロリズムは、瞬間的にターゲットを見つけ、信奉者を訓練し、計画を実行するために動員されうるコミュニケーションのネットワークを必要とする。正規軍もしくはゲリラを動員する困難を取り除くために、グローバル・テロリズムは、最新式で殺傷力の高い兵器へのアクセスも必要とする。

グローバル・テロリズムは、最も効果的な対象設定を確実にするための理論的・宗教的な信条を持たなければならない。テロリストの戦略は、グローバル・テロリズムを鼓舞し誘引するものであるのと同様に、統治エリートを機能不全にさせ、そしてもし可能ならば部分的・一時的にでも統治エリートを無力化させるものである。そのため、最も大きな衝撃を与えることができる標的を選び、テロを遂行可能とするために、グローバルな政治と経済の分析は正確で厳格でなければならない。

しばしば統合案として登場する先進諸国の三つの修正戦略

次に複数のテーゼとアンチテーゼの争いにおいて現れる三つの修正戦略についてまとめよう。それは植民地的無関心、人道支援、人道的介入である。植民地的無関心とは、貧しさと悲惨さのどん底にある人々に対する植民地主義者の冷淡な態度である。人道支援とは、それをひどく必要とする人々に対しては政治的な紐帯を付けずに行う緊急の援助である。そして人道的介入とは、人的災禍の発生した国に対して当該国の主権にかかわりなく行う軍事力の積極的な行使である。

これら三つの修正戦略は持てる者のテーゼと持たざる者のアンチテーゼの統合である。しかし、それは本質的には持てる者が主に押し付ける政治的安全保障の枠組みの中での持てる者の順応、宥和、慰撫ないし持たざる者の挑戦に対する抑圧からなる統合である。先進国と国際機関が採用している国際的な行動（非行動）という概念はよく出来ているとしても持たざる者の挑戦に関連し世界秩序について議論することには失敗している。

8　植民地主義者の無関心

植民地主義者の無関心の基本的特質

植民地主義者の無関心とは、植民地主義は典型的には植民地住民を同等とみなさず、彼らのニーズ、要望、生活条件に対して一般的に無関心であることを含意する。植民地における災害や紛争は必ずしも植民地住民を保護する責任に基づく宗主国の行動を引き起こすわけではない。植民地主義はしばしば高度な国民による文明化という使命として正当化されてきた。例えばジェイムズ・ミルは *The History of British India* の中で、ヒンドゥー教の時代からイスラム教の時代（ムガル帝国）を経て英領インド時代（大英帝国）に至るまでにインドはより文明化され進歩したと記述している。しかし、植民地の人々は自身の福利のために責任を取る自由を与えられていなかった。その結果、アマルティア・セン（Amartya Sen）が述べているように、植民地時代にはインドは大きな飢饉を何度も経験したが、独立後は一度も経験していないのである。その理由は、独立以来インド政府は地方の状況を監視し、作物や食品の在庫レベルの状態に関する情報を広めてきたからである。独立の初期段階で食糧生産の要求レベルを正確に推定することにインドの統計学者が成功したことは、独立インドが飢饉から人々を守るために払った注意によるものである。

同様に、利害が非常に大きくない限りは、宗主国は内乱には介入しない。例えば二〇世紀初頭にペルシャで内乱が猛威を振るった時に、植民地主義的な態度は、あるイギリスの役人が言ったように、「奴ら自身の煮汁で煮込んでしまえ」だった。二つの派閥の間に立つ代わりに植民地主義者たちは単に傍観し、戦いが終わるのを待っていたのである。大きく異なる例ではあるが、他の例は一九八〇年代のカンボジアで二〇〇万人、そして一九九〇年代半ばのルワンダで数十万人が虐殺された際における行動でも同様の無関心を示したことである。しかしながら、カンボジアとルワンダの状況は、大国が実際にいわゆる民族浄化を止めるために介入行動を取った一九九〇年代半ばのコソボのそれとは全く対照的である。

しかし植民地主義者たちは飢饉、内戦、デモ、ストライキに端を発する植民地支配の基盤を掘り崩すあらゆる試みを介入・抑圧することには躊躇しない。一つの明白な例は一八五七年の英国インド軍の兵士によるセポイの乱であり、もう一つの例はフランスの内地の扱いを受けていたアルジェリアの反仏ゲリラが行動を開始した一九五〇年の仏領アルジェリアである。

植民地的無関心の基本的構造条件

植民地は大国の間では懸案事項ではない。植民地的無関心が三つの統合案のうちで主要な形態である場合はこの区別は明確になされなければならない。植民地は大国が他に適当な解決策を見出すことに失敗した際の調整手段として認められた領域であるとみなされる。植民地は二〇世紀の間に徐々に消滅し、とくに⑴第一次世界大戦後、⑵第二次世界大戦後、⑶二〇世紀最後の四半世紀という三つの波として衰退した。前述のように、一九四五年に国連本部の設計を委託された建築家は国連加盟国の数はせいぜい五〇であるという理解で設計をした。一九五〇年代の終わりまでには国連の加盟国の数は既に五〇を超えていたが、一九六〇年末までに一〇〇以上に達した。二〇一〇年の国連の加盟国の数は一九二である。その八〇％以上はかつて西洋諸国の植民地であった。

主にヨーロッパからの植民地主義者は植民地の人々を劣った人間であるとみなしたので、そのような人々が広く二級市民として認識され、宗主国の観点からは注目に値しなかった。社会ダーウィニズムとその政治的亜種によるこのような考え方は、一九三〇年代および四〇年代までに政治エリート、ビジネス・エリートそして植民地エリートの間で普及していた。

高度技術へのアクセスは通信や軍事技術を独占する植民地エリートに限定されている。災害や紛争は、通信や武器が独占され、原住民の悲惨さに対して植民地主義者が無関心であり、また軽蔑しているといった状況の自然な結果である。しかし、これらの要因は事態を正当化しない。

9　人道支援

人道支援の基本的特質　人道支援は政治を超える。それは政治が大きな障壁となる場合には人間の共通性に訴える。それゆえに人道支援は、飢饉や地震や津波などの自然災害といった状況下にある人々の苦しみを緩和するという利益のために、抑圧的で恣意的な体制に対しても展開される。

人道支援は、各国政府、国際機関、非政府組織（ＮＧＯ）によって当該政府に対して展開される。活動の焦点は、人道的共感から提供される非政治的支援に同意する政府が存在するか否かである。政府が存在しない場合は、二〇〇六年のソマリアの事例のように、人道支援はＮＧＯや国際機関によって展開される。

人道援助は弱者を助けるという使命において侵略的でなくかつ効果的であることを目指している。政治的に鋭敏な政府は、薬品や食糧援助を必要とする人々に直接提供する彼らの方法を、提供諸国の侵略だと警戒するかもしれない。二〇〇五年に北朝鮮が世界食糧計画（ＷＦＰ）からの人道支援を一時拒否したことは、そうした考え方を例証するものである。最も必要とする人々のいる特定の目的地に食糧品が届くことを確保する努力として配送および配分をＷＦＰが監視することを、北朝鮮政府は侵略的であり攻撃的だとみなしたのである。

人道支援の基本的構造条件　人道支援は、どれほど無能で抑圧的で恣意的であっても、自立した現地政府を必要とする。中央政府がなければ必要とする人々への物資やサービスの供給は焦点とはならない。

ただ、思いやりによる人道支援が、それを必要としている人々の悲惨さや貧しさを和らげるのではなく、体制を延命させ、抑圧的な特権的エリートに奉仕するのであれば、活動全体の正当な理由が損なわれることになる。

人道支援は、体制が抑圧的で恣意的で無能であっても、その自らの体制維持に用いられてはならないという考え方に基づいている。つまり人道支援のような前向きな活動は、そのような体制が内部から国際機関によって監視されうることになる。それゆえに人道支援は政治的・実務的な諜報機能と重なることがあるのである。こうした考え方のために、二〇〇五年にＷＦＰからの食糧援助を北朝鮮に延期させることに合意するのである。

10　人道的介入

人道的介入の基本的特質

人道的介入とは、問題を抱えた地域に強制的に外部から軍隊を送り込み、問題行動を起こしている者に行動を中断させるという形式をとる。それは実際には強制外交やオフショア・バランシングを超えた外部からの軍事介入となる。人道的介入は、換言すれば外科手術である。

コソボ危機では、ＮＡＴＯが介入してベオグラードのセルビア人を制止しアルバニア人迫害をやめさせた。しかしながらＮＡＴＯの主導部隊のアメリカとイギリスの司令官はこの目的を達成する哲学と戦略において見解が異なっていた。イギリス主導のヨーロッパ部隊は空爆を用いたかったのに対して、アメリカは陸上部隊の全展開を通じたオペレーションを実行したかった。人道的介入が取るべき形態には議論があり、世論と学界の間では賛成と反対が拮抗していたからである。

人道的介入は、国家主権よりも国民主権を優先し、人権保護を優先するため、国家主権には一切聖域がない。つまり人道的介入は普遍的な人権の理念に基礎づけられているのである。例えば、アフガン戦争はグローバル・テロリズムを根絶する必要によって引き起こされた。テロリストが二〇〇一年九月一一日にアメリカのパワーの象徴である建物（世界貿易センタービル）を攻撃し、アメリカはそれへの反撃として、グローバル・テロリストが数年前から勢力下に置いていたカブールやその他の軍事基地に対する攻撃を行った。アメリカ政府はグローバル・テロリストが人権と安全を侵害するためそれらを阻止しなければならないという原則によって行動を正当化している。

人道的介入は短期的には集団的軍事行動を実行する意思を持つ諸国家のアドホックな連合組織という形態をとるが、にもかかわらずその正当性は実行国の決然たる政治的意思と軍事的優位に裏打ちされた国際決議によって認められる場合がある。このように人道的介入は、今日のグローバルな政治的発展の段階ではあまり制度化されない傾向がある。

人道的介入の基本的構造条件

人道的介入は、不安定化と破壊的な影響からなる周縁において無慈悲な市場の力が破綻国家を生むグローバルな構造に基づいている。経済が脆弱な国家は、しばしばグローバリゼーションの流れについていくのに必要な、粘り強く独創的な努力を継続することができない。それゆえにそれらの国々は急速に衰退し、崩壊することになる。東西対立の終焉以降、発展途上国に介入するアメリカとロシアのインセンティブはなくなり、非介入が同盟諸国の存続を危うくする場合すらある。アメリカの利害がそれほど高くなかった一部の同盟諸国は冷戦後に半ば放棄されたため、二一世紀初頭には三〇から五〇の失敗国家および破綻国家が出現したのである。

人道的介入は、個人の自由と人権の尊重という原則が他国の内政不干渉の原則に優越するという信念に基づいている。国家主権と国民主権のバランスは着実に二〇世紀の最後の四半世紀に後者の方に傾いた。国家主権、国家安全保障ならびに国益に特化した議論は減ってきていて、国際関係論の教科書では、人権、民主主義、不平等、ジェンダー、世界のエネルギーと環境といったトピックに全体の三〇％以上を費やすものが増えている。

人道的介入は、西側のあからさまな軍事力が自由と民主主義への基本的で力強い信念と結び付いているという世界構造に基づいている。様々な議論がなされているが、現実には、アメリカが自由、人権、民主主義、平等を促進・普及するという独自のイデオロギーによって人道的介入を支援する場合には、有効になるということである。

11　弁証法的契機

二〇世紀を振り返れば、政治的安全保障の形式と思想がグローバルな規模で変容した弁証法的な契機と呼びうるものが現れている。テーゼとアンチテーゼが直接的に対立し、それらの相互作用が統合する時にそのような契機は最も自然に起こる。

しかしながら、持てる者の順応・宥和・慰撫および持たざる者の挑戦の抑圧がもたらす帰結は、テーゼとアンチテーゼの対立によって引き起こされるシステム変更とは異なる統合であり、むしろそれは対決に対する持てる者の応答を表すことを強調するのは重要である。持てる者の持たざる者の挑戦に対する反応、つまり統合が持てる者の力の源泉を流出させる時に弁証法的契機が生起する。ウィリアム・マクニール（William McNeil）が主張するように、力は不滅の「破局の保持」の原則を鼓舞するので、近代性とは力と脆弱性の両義を含むのである。

二〇世紀の経験

人民戦争に対する植民地的無関心は、植民地主義の矛盾が高じることによって帝国の衰退の種を播く。同様に人道支援は、ターゲット集団の組織化、自助、自信の獲得を奨励することで民族の解放と独立を軌道に乗せるのである。人道的介入と付随した帝国の資源流出は、また帝国の衰退をもたらす。ウォルター・ベンヤミン（Walter Benjamin）の議論を想起すれば、「非常事態」が人間の歴史における法則である限りこうした状況は何ら驚くべきことではない。根源的に重要な点は、強大な国家が断続的に発生した国内外の周縁からの挑戦にどのように直面し、そしてこれらの挑戦への対応の日常化が国家システムの機能をどのように掘り崩し、あるいは強化するのかということである。政治的安全保障のシステム変更はこうした枠組みの下で二〇世紀に起こったのである。

図式的には、三つの主要な弁証法的契機は二〇世紀に起こった。ここでは二〇世紀を拡張して一八九〇年から二〇二五年の間の期間とする。一八九〇年はドイツ帝国の台頭の年であり、二〇二五年はおそらくアメリカの優位性がグローバル・ガバナンスに吸収されあるいは崩壊する年となるだろう。拡張された二〇世紀はまずは勢力均衡システムから始まる。一九世紀の大半を支配した勢力均衡は二つの歴史的発展に基づいていた。まず、イデオロギー的に同じ（反革命）で、人口統計学的にも似たような規模の大国間で現状維持を制度化したナポレオン戦争とウィーン条約である。次に、イギリスの制海権が多かれ少なかれ一九世紀後半まで大陸諸国によって黙認されていたことである。ドイツの人口・地理的拡大は最も注目すべきであり、ロシアと他のスラブ諸国の人口・地理的拡大も多かれ少なかれ同時期に起こった。しかしながら、最先進国であったフランスとイギリスはそうした劇的な人口・地理的拡大を経験していなかった。これは部分的には小麦やジャガイモの生産拡大の結果として、農業用地として不向きだと考えられていた隣接する北ヨーロッパへの限定された領土拡張によるものである。

勢力均衡から集団的安全保障への変容

しかし、唯一ドイツが鉄とパンを繫げる能力、つまり軍事力と経済力を繫げる力から、支配的な勢力均衡システムに対するアンチテーゼを提示したのである。ドイツは軍事力強化を通じて勢力均衡を弱体化させるためにこの能力を利用した。ドイツ以東の二つの帝国であるロシアとオーストリア＝ハンガリーは鉄とパンを結ぶことができない、すなわち鉄はイギリスやドイツと同程度には生産されていなかったのである。さらにロシアとオーストリア＝ハンガリーは、国内に民族の多様性と不和を抱えていた。端的に言えば、これら二つの帝国は適宜に自国を再編する能力や熱意が十分ではなかったのである。第二に、一九世紀後半に統一したドイツは、イギリス海軍の覇権に挑戦し、ヨーロッパで長く続いた現状維持が新たな力に直面したのである。それは工業化、ナショナリズム、植民地主義の台頭であった。工業化が国際関係のゲームのルールを変更し、国家が工業化によって国力を増進することができなければ、世界のリーダーとして認められなくなったのである。工業化が国際関係の表面的・国際的・商業的なゲームを構造的に国民経済的なゲームに変更したとすれば、ナショナリズムは国際関係の表面的で外交的なゲームを構造的に国内体制的なゲームに変更したといえよう。同様に植民地主義は、表面的でヨーロッパ域内的なゲームを純粋にグローバルなゲームに変更した。これらはすべて第一次世界大戦の前例のない大破局と残酷さをもたらし、二〇世紀における真に弁証法的な契機をもたらしたのである。

大国レベルにおける勢力均衡から集団的安全保障への変容が起こったとすれば、周縁化され搾取されている人々が現状を打開する方法を見つける試みがなされる草の根レベルでどのような変容が生じたのだろうか。覇権に対する人民の戦争、あるいはより一般的に絶望的な集団的抵抗は、国内およびグローバル・レベルにおける勢力均衡へのアンチテーゼであった。しかしながら、重武装かつ専門的に訓練された軍の圧倒的な強さを考慮すれば、人民戦争は勝利を望むべくもなかった。さらには、人々の間に隠れて常備軍に嫌がらせをする戦略は、それが外国の侵略者に対してであれ、国内の支配者に対してであれ、特定の地域と時間が有利となる場合のみ効果的である。

それゆえに、一九世紀の長い歴史の中で、三つの主要な事例のみが侵略し支配する覇権に対する頑健な武装抵抗の事例として際立っている。それはセポイの乱、太平天国の乱、ボーア戦争である。セポイの乱の参加者はイギリスのインド軍から来たため重武装していた。太平天国の乱では、その革命的な目標は清朝を打倒することにあったが、重武装しており、また深く漢民族社会に根ざしていた。ボーア戦争では、新たに進出してきたイギリスの資本家、鉱山会社および専門的に訓練を受けた部隊に対するアフリカ南部のオランダ人入植者による決然たる抵抗であった。小規模な抵抗は歴史にたいした印象を残すことなくことごとく制圧された。

しかしながら、一部の大国が資源として人々を動員する能力の限界に達した時、人民の力は最も急速に実現した。二〇世紀初頭における主要な事例はロシア、ドイツ、オーストリア＝ハンガリー、トルコの四大帝国の崩壊である。これらの帝国は、国民を最大限に活用することができず、第一次世界大戦を遂行する上での資源流出が崩壊をもたらしたのである。四つの帝国の草の根レベルでの国民動員に対する限られた注意と能力が、勢力均衡システムに対する本質的な躓きの石となったのである。

前述したように、勢力均衡に対するアンチテーゼは人民戦争であり、それは恣意的で無能な支配者によって動員されるのを人々が拒否することを含意している。言い換えれば、人民戦争は統治者の試みる動員に対する日々のサボタージュという形をとる。特権的エリートの方向性は、妨害や混乱が彼らの支配に対して重大な脅威をもたらさない限りは、植民地的無関心である。一八五七年のセポイの乱に対するイギリスの態度と、一九三〇～三一年のマハトマ・ガンディーの無抵抗・不服従運動に対するイギリスの態度を比較すれば、特権的エリートの思考がどのように残酷な抑圧から部分的な順応へシフトし、またそれと同時に政治的安全保障の考え方も勢力均衡から集団的安全保障へシフトするかはおのずと明らかとなるのである。

第二の集団的安全保障へ

第一次世界大戦の弁証法に関して最も印象的なのは、新しいテーゼである集団的安全保障は第一次世界大戦が未曾有の災難でありヨーロッパ人にとって残酷な出来事であったという、ヨーロッパないし世界の思考枠組みの反省から生まれたということである。それゆえに、思いとどまらせ説得することが不可欠であり、必要であれば法的・制度的な手段を通じて主要なアクターの間で合意されたルールや規範に違反するアクターを打ち負かすことが根源的に重要となった。一九一九年のヴェルサイユ条約に調印した主要勢力は、攻撃に対して一致団結すれば、潜在的な攻撃者が暴力的行動を取ることを抑止できると信じていた。彼らは多国間制度装置の使用と制裁としての国際的孤立の強調により反抗的な国が軍事行動を選択することを思いとどまらせられると信じていた。危機の二十年（一九一九～三九年）の間に主導国間で締結された協定、条約、憲章を遵守する意思があると宣言した多数の加盟国を胸に刻むことで、支配的な考えは軍事力の集団的利用はいかなる侵略者をも打ち負かすことができるだろうというものとなった。

二一世紀の視点から振り返るならば、集団的安全保障はおおむねヴェルサイユ条約の調印から第二次世界大戦の終結に至るまでの期間に有効であった。この断定に反対する人は間違いなく多いだろうが、第二次世界大戦は戦前の現状に挑戦した国家の敗北によって終結したという事実に変わりはない。有力な議論の一つに、戦争の勃発はシステムが正常に機能しなかったことを含意するというものがある。しかし、一九四五年以降にシステムが変容し、新しい要素によってある種の第二集団的安全保障として再登場したと考えるべきである。第一に、それはヨーロッパを超えた。アメリカとソ連の両者はイデオロギー的に新しいものであった。ウッドロー・ウィルソン（Woodrow Wilson）とウラジーミル・レーニンは、富を蓄積するための新しい方法を獲得したフォーディズムと中央計画という概念と価値の力についての新しい考え方と信念のイデオローグでありエキスパートであった。第二に、両者は戦争よりも抑止に大きく依存していた。双方の戦略核戦力による相互確証破壊の考え方は陸上で集団的に攻撃者を撃退することが支配的であった先行の第一集団的安全保障へのアンチテーゼであった。長い平和はそれゆえに冷戦の本質であった。第三に、一九四五年以降の国連の設置は第二集団的安全保障に新しい機能を授けた。すなわち、開発、環境、難民、健康、食品、子供、文化、貧困、疾病といったグローバルな問題の解決に取り組む包括的な国連や他の機関を通じて、相互依存のネットワークを保護し促進することである。冷戦はそれゆえに政治的安全保障の戦争的側面を切り離し、また国境を越えた制度を通じたコミュニケーションと相互依存関係を促進するといった政治的安全保障の非戦略的な側面へのシフトを促したのである。

したがって、第二集団的安全保障は冷戦を通じて変容したのである。第一に、究極の抑止力としての相互確証破壊をあからさまに強調することで戦略核兵器を競って開発し、その備蓄が過大な負担となった。ミハイル・ゴルバチョフ（Mikhail Gorbachev）を追い詰めて、軍備競争を放棄し改革の方向へ舵を切らせることに最終的に繋がったのは、ロナルド・レーガン（Ronald Reagan）が打ち出した宇宙防衛構想（ＳＤＩ）だった。第二に、世界金融システムの着実な統合により中央計画による閉鎖経済の実施が困難になり、それがソ連崩壊を引き起こした。第三に、相互依存の網はむしろ冷戦の対立的な安全保障アプローチよりも協調的安全保障の考え方（アメリカの軍事的優位性の下でグローバル・ガバナンスの一種へと進化する）を促進した。

軍事的優位の模索

グローバルなテロはまたもう一つの弁証法的契機をもたらした。その統合は戦争抑止から戦争能力に重点を移したアメリカの新たな優位性の模索である。アメリカの圧倒的な軍事的優位は冷戦後から明らかであった。しかし、必要であれば武力を行使するというアメリカの決定は、二〇〇一年九月一一日のアメリカ同時多発テロで初めて確認された。優位性を維持するという急速で新たな決意に向けてアメリカを動機づけている三つの主要因は、⑴他の大国が一ランク降格される中、アメリカはパワーのユニラテラルな行使により傾いている。他の大国についての認識はアメリカが優位性を持つ世界秩序の下で安住している寄生虫といったものである。⑵こうした意思の連合はアメリカが金融、技術、経済など多くの分野で緩やかな衰退を経験しており、それゆえに一貫性を欠いた帝国となっていることを念頭に置けばむしろ歓迎すべきである。したがって、言い換えるならば、アメリカはその強さが主に軍事的優位において顕著であり、比類のない精密兵器や戦争遂行システムといった巨大な軍事力を誇示する帝国である。⑶金融、産業、技術のグローバルな機能統合は、グローバル・ガバナンスと呼びうるものを招来した。アメリカは無数の協定、企業、政府機関、国際機関・多国籍機関によって作動する事実上のグローバル・ガバナンスのネットワークを、表向きはグローバルだが実際はアメリカの統治機構である知識社会に変形することでそれらを最大限に活用したいのである。

さらにどのような種類の変容が、疎外され搾取されている草の根レベルで起こったのであろうか。それは勢力均衡から集団的安全保障への変容と並行した、人民戦争から人民のパワーへの変容であった。人々は真実の力は世界を変えるのに十分であることを理解するようになり、周縁化された集合的暴力に訴えなくなったのである。ここで重要な点は自身が人民のパワーという力を持っているという大衆の自信の高まりである。この変容においてもはやそれほど重要ではないのは、特権的エリートの基本的な方向性における変化である。一八五七年のセポイの乱に示される容赦ない弾圧から、一九三〇～三一年のマハトマ・ガンディーの無抵抗・不服従運動に示される宗主国の反応に見られるような部分的順応へのシフトについては既に述べた。一つの例は植民地的無関心から人道支援への転換である。二〇世紀初頭にペルシャで勃発した内戦について、「奴らの煮汁で煮込んでしまえ」というロンドンの外務省へのペルシャ植民地からの電報に反映されている冷淡な、よそよそしい態度は植民地的無関心の指針であった。さらにもう一つの良い例は、アマルティア・センが述べているように、イギリス植民地時代に頻発した大規模な飢饉はインドの独立以降は一度も再発しなかったことである。これは植民地的無関心から同情的な準備と食糧配給へというエリートの方向性の変化を示すものである。

要約すれば、拡張された二〇世紀において二つの弁証法的契機があったとこれまで述べてきた。第一の契機は一九一四年と一九三九年の二段階で発生し、勢力均衡から集団的安全保障への弁証法的転換があった。一九一九年から一九三九年の戦間期は単なる小休止であり、同一の条件の組み合わせが再演され、修正主義者たちを最大限に駆り立てただけであった。第二の契機は二〇〇一年であり、集団的安全保障から優位性へ弁証法的に転換した。

12　優位性からグローバル・ガバナンスへの弁証法的契機

モンゴル帝国とアメリカ帝国の類似性

第一の弁証法的契機が完全に展開したので、次にわれわれは集団的安全保障から優位性へと弁証法的転換がどのようになされるのかに注意を向ける必要がある。この弁証法的な転換はまだ完全に実行されてはいないため、ここではモンゴル帝国の最盛期（一二〇六～九一年）とアメリカ帝国（一九四五～二〇二五年）の歴史的な類似性を描き出すことによって手がかりを探ってみたい。

ここで強調すべきなのは歴史的類推が類似性から投影されるものが近い将来に再現される可能性が高いことを含意するものではなく、むしろその他の歴史的状況で観察されたもっともらしい論理に従ってアメリカ帝国がどのように進展しうるかを強調するものである。ここで用いる歴史的類推は、帝国の持続可能性の軍事、経済、ソフト・パワーからなる三つの要因モデルである。このモデルにおいて軍事、経済、ソフト・パワーは帝国を維持する上でそれぞれ相互補完的な役割を果たしている（この三要因モデルはマイケル・マン（Michael Mann）の四要因モデルから導かれたものであるが、四つの要因のうちイデオロギーと社会学の二つの要因は、ここで述べる三要因モデルではソフト・パワーに統一されている）。帝国の各フェーズを検討する上で比較を容易にするために、三つの要因のうち主として軍事と経済の二つの要因に焦点を当てる。

軍事的覇権　モンゴル帝国、特にチンギス・ハーン（Čhinggis Qan）の治世は、モンゴル帝国とグローバル・ガバナンスの近接性として特徴づけられる。ユーラシア大陸の大半を支配したモンゴル帝国は、当時先進的であった技術水準を考慮に入れると、それは世界帝国に非常に近かった。軍事力の使用頻度（実際は広く仮定されているよりも少ないが）および帝国を結びつける長距離連絡手段と通貨の巧妙な管理術の洗練された使用から判断すれば、それはグローバル・ガバナンスであった。

第一に、広範囲に及ぶジェノサイドの事例は後世の歴史家が考察したよりも少なかった。だがその脅威はこれから征服する人々を威嚇し、恐怖感と無力感を与えるために最も頻繁に使用されていた。モンゴルが発明した鐙《あぶみ》は矢を発射するために全速力で走行する騎兵の両手を自由に使えるようにした。また優れた騎兵の形成によって威圧的な速度で対戦相手に突撃することができた。モンゴルの騎兵の展開は、二〇〇一年のアフガン戦争と二〇〇三年のイラク戦争でのアメリカの戦術およびその正確無比な目標撃破と軍事部門・施設の大規模破壊に匹敵するものである。第二に、速馬に基づいた連絡手段の利用は、ユーラシア大陸全体を網羅するモンゴル帝国においてライヴァルに対する決定的かつ重要な利点となった。第三に、モンゴルは一三世紀の大部分において統一通貨の使用は行わず、その代わりに軍事手形の発行を慎重に管理していた。こうした手形の発行者が平和を達成することができるという信用がなければ、それらは無価値となっただろう。モンゴルの覇権が受け入れられていたことで日々の商取引で使用されるこれらの手形に十分な信用がもたらされたのである。そうでなければその他の通貨がそれらの手形を容易に駆逐したであろう。したがって、モンゴルの軍事力と通貨の信用性はアメリカのそれに匹敵するのである。

アメリカは第二次世界大戦中に世界中に圧倒的な軍事力を見せつけた。アメリカの台頭は未曾有の悲惨をもたらした第一次世界大戦の直接の結果として出現し、第二次世界大戦中に再形成された第二集団的安全保障という集団的安全保障の仕組みに起因するものである。第二集団的安全保障によって第二次世界大戦の全ての主要な参加者が勝者として浮上することができた。アメリカは大戦中に用意された集団的安全保障の方式の成功を立証した。そのスローガンは反ファシズム、反植民地主義、自由、民主主義、独立であり、それらは包括的であった。それらの推定された達成、少なくとも一九四五年の達成の約束は、共産主義独裁と資本制民主主義の新たな分裂を増幅した。しかしながら、冷戦は冷たいままで、軍事的にヒートアップすることはなかった。アメリカの政策を形成した戦略的ドクトリンは相互確証破壊に基づく核抑止力と呼ばれた。しかし、アメリカの軍事的優位は多かれ少なかれ維持されていた。

経済的覇権

国際通貨に関しては、通貨管理におけるブレトンウッズ体制が、米ドルを金との兌換性に裏打ちされた主要な国際通貨とし、一九四五年に公式化された。アメリカは国民総生産と外国貿易においてその力の頂点にあり、その覇権を維持しうると思われた。しかしながら、「偉大な社会」を実現し、ヴェトナム戦争に勝利するという野心的な目標の中で、一九七一年にブレトンウッズ体制の核となる金ドル兌換の原則を放棄した。それ以来米ドルは金の裏付けがなくなり、「神の名において信ずる」という額面に印字された原則に従っているのみである。しかしながら、とりわけ一九七〇年代の石油危機以来、対外収支と財政収支の面でアメリカの経常赤字は続いている。アメリカが衰退し始めたかどうかという議論は非常に盛んだったので、アメリカの外交政策についての議論ではその覇権の確立を支持する論者も大国間の協調ネットワークの開始を支持する論者も、その明白で差し迫った衰退を認識したのである。こうした自己風刺のシナリオの下、パックス＝ロマーナが帝国衰退論の開始から二世紀も続いたのに対して、パックス＝アメリカーナの衰退は、その議論の開始と連動して起こり始めた可能性が高いように思われたのである。

しかしながら、ドイツや日本のような大国が米国債を購入することによって外貨準備を減らしたいと考えていた一九八五年に、プラザ合意がすべてを変えた。他の通貨によるある通貨の未曾有の購入はその額が巨額だった。一九八六年には人類史で初めて為替取引の額が商品とサービスの取引額を超え、それ以来商品とサービスの取引額の五〇～一〇〇倍で推移している。このことはそのコインの裏面として地理的終焉をもたらし、グローバルな財政統合を導くものであった。プラザ合意革命はそれゆえにパックス＝アメリカーナの命脈を明らかに引き伸ばした。それ以来アメリカ政府は世界経済における対外的・財政的状況を記載する統計方法を変更した。両者はいまや三十数年前よりも良く見える。さらに、アメリカの監視方法はいまやグローバルになってきている。言い換えれば、マネーがアメリカに流入している限り、アメリカ政府は政府部門であれ家計部門であれ、わずかな貯蓄と旺盛な消費についてそれほど心配する必要がないのである。このように、金ドル基準が不安定であることでアメリカは膨大なマネーを惹きつけることができるのである。

二〇〇一年の欧州共通通貨ユーロの誕生は、通貨フローの全体像を劇的に変えた。中国の台頭もまた全体像を変えた。中国は米国債を大量に購入し、二〇〇五年以来世界最大の外貨準備を保有している。国務副長官のロバート・ゼーリック（Robert Zoellick）は、中国がアメリカ主導のグローバル・ガバナンスの信頼できるメンバーとして振る舞い、一夜にして立場を変える単なる債券保有者として行動しないように、「責任あるステークホルダー」という言葉で中国政府を説得しようとした。

プラザ合意革命は、グローバル・ガバナンスの深化と並行して制度化された革命として存続するだろうか。パックス＝モンゴリアの全盛期は一二〇六年から約八五年間にわたり金と手形の兌換なしで持続した。金ドル兌換は一九七一年に放棄されたので、この比較のアナロジーに従えば二〇五六年にパックス＝アメリカーナは終わりを告げるのだろうかという疑問が提起されるだろう。これは愚問のように思えるかもしれないが、比較類推を行う際にはパックス＝アメリカーナの持続可能性を定義することが重要である。

アメリカの軍事的優位に関する同様の疑問は、アメリカはそれをどれくらい長く維持するだろうかというものである。軍事的優位を予測する一つの指標は、ある国が研究開発投資に費やす額の世界合計額に占める割合である。前述したようにアメリカは八五％であるが、そのようなガリバー的投資によってアメリカの軍事的優位は今後二〇～三〇年間継続しうるだろう。

ソフト・パワー

したがって、パックス＝アメリカーナの軍事的・通貨的次元に関するおおまかな分析によってそれが実際に存続するのか、あるいは少なくとも次の四半期は存続するのかを検討しうるだろう。また、帝国の存続の第三の要因は何であろうか。それはソフト・パワーの次元を導くものである。ジョセフ・ナイ（Joseph Samuel Nye, Jr）によるソフト・パワーの議論はパックス＝アメリカーナの今後の議論における鍵となりうる次元に光を当てるものである。この問題に対する判断は様々である。マイケル・マンは帝国を維持する上でのアメリカのイデオロギー的・文化的要因における役割はあまり重要ではないと論じている。彼がこの点で挙げている軍事要因とそれに対する偏った強調は帝国の持続性にさらなる疑問を投げかける鍵となる問題である。マイケル・マンデルバウム（Michael Mandelbaum）は、グローバル・ガバナンスがアメリカによって事実上運営されていると論じることでソフト・パワーにより大きな重要性を付加している。アン＝マリー・スローター（Anne-Marie Slaughter）もまた、まさにグローバル・ガバナンスがどのように実行されているのかについての詳細かつ洗練された考察によって、ソフト・パワーの問題に対して暗黙的に肯定的な評価をしている。

本章の射程をはるかに超えるが、ここから生じる自然な問いとして、今後次の弁証法的契機が優位性からグローバル・ガバナンスへどのように展開していくのかということがある。この繋がりから推測しうるシナリオのうちの一つは、アメリカの軍事的優位が次の四半期に持続しながらプラザ合意以降開始されたグローバルな統合のうねりがクライド・プレストヴィッツ（Clyde Prestowitz）の呼ぶ「グローバル化の第三の波」の局面に入るというものである（ちなみに第一の波は主に一九世紀に西ヨーロッパ主導で起こり、第二の波は主に二〇世紀にアメリカ主導で起こり、第三の波は主に二一世紀にG20によって象徴的に表現される非西洋主導で起こる）。この第三の波において優位性はグローバル・ガバナンスへの移行の過程にある。しかし現実にはまだ完全に展開していないため、実証的な証拠はまだない。

しかしながら、ありうる可能性を暗示する一つの有力な例は、国連国際原子力機関（ＩＡＥＡ）、国際エネルギー機関（ＩＥＡ）、米国エネルギー省およびサンクトペテルブルクでのＧ８首脳会議における原子力エネルギー、核不拡散、地球環境の持続可能性を制度化する国際的な取り組みである。ダニエル・デュードニーはそれを「グローバルな核共和主義」と呼ぶ。その有力な根拠として三つの条件があり、完成途上のレジームの展望を支持している。第一に、とりわけ中国、インド、その他のアジア諸国の台頭と並行したエネルギー需要の大幅な上昇は、化石エネルギーが核エネルギーを補完しなければならないことを意味する。第二に、原子力エネルギーは本質的に軍事利用と非軍事利用という二重の用途があり、それゆえ原子力エネルギーの軍事利用は厳格に制限される必要がある。第三に、原子力エネルギーは技術的な洗練と巧妙な処理を必要とし、それは究極の「鎖を解かれたプロメテウス」である。これらすべての条件はグローバルな規模で適用される。したがって、グローバルなレジームや共和主義は細心の注意を払って原子力エネルギーに対処しなければならないのである。

主導国レベルでの優位性からグローバル・ガバナンスへのシフトが生じている際に、草の根レベルではどのような変容が生じているのだろうか。この問いに答えるに際してもやはり憶測の域を越えることはできない。しかし自己表現がグローバル・テロリズムから内面世界への変容において生じるだろうとは思われない。脳内で活動的であるミラー・ニューロンと同様に、グローバル・テロリズムは脳内において発生するが、非暴力的な形で現れるかもしれない。「本物の」グローバル・ガバナンスの時代には国境は存在せず、ナショナリズムと呼ばれる偏狭な考え方は消滅する。作家のリチャード・パワーズ（Richard Powers）は、『ノルウェイの森』や『海辺のカフカ』などの作者・村上春樹の普遍性を分析し、ジャコモ・リッツォラッティ（Giacomo Rizzolatti）のような生物物理学者たちがミラー・ニューロン・メカニズムを発見した一九九〇年代以前からミラー・ニューロンの存在の明確な知識によって小説を書いてきたことを指摘している。ミラー・ニューロンとはサルの観察で発見された視覚＝運動のニューロンである。その背後にある考え方はサル自身が運動しない場合でもサルのニューロンが象徴的に人間の実験者の筋肉の動きに反応する現象である。言い換えれば、ニューロンは行動を記憶し、行動を見ることでミラー・ニューロンが反応するのである。村上春樹は作品中でこのメカニズムを使用しており、ゆえにアイデンティティが個人と国家の両方で非定型状になるというグローバル化の時代精神を表現している。定住先を持たないことで、彼は自由奔放であり、またそれゆえに本質的にポスト・ナショナリズムの作家である。しかしながら、優位性への衝動は消えていないため、移行にはまだ時間がかかるだろう。いずれにせよグローバル・テロリズムにはならない。

優位性の後にどのようにこのような移行が起こるのかという問いが自然に持ち上がるだろう。レジームの種類と特質について議論や優位性からのありうる移行についての議論があらゆる方向性と次元において登場している。アメリカ主導の優位性として現行の政治的安全保障レジームを特徴づける論者はロバート・リーバーマン（Robert Lieberman）、ケール・A・リーバー（Keil A. Lieber）、ダリル・G・プレス（Daryl G. Press）らであり、当然ながらバラク・オバマも含まれている。グローバル・ガバナンスとして特徴づける論者にはアン・マリー・スローター、ジョン・アイケンベリー（John Ikenberry）、ダニエル・デュードニー、マイケル・マンデルバウムらがいる。この問いに対する様々な議論、つまり（アメリカの）一極性、（時には長距離核ミサイルの点でアメリカとロシアで維持されている核の二極性あるいは最近より頻繁にアメリカと中国のG2を意味する）二極性、（特にG20の台頭を意味する）多極性、無極性といった議論の共存は、来るべき政治的安全保障レジームの曖昧さや不確実性を立証するものである。無極性の議論は非常に長い間その優位性を当然と見なしていたため、目下無秩序となりつつある世界に無力感を持っている主導国の告白のように聞こえる。しかしながら重要なことは、バラク・オバマ大統領が述べたように優位性を無傷で維持するという国家戦略は莫大な金と犠牲と時間がかかるが、そのような努力でさえ依然として大破局の発生を阻止できないだろうということである。主導国の圧倒的な軍事力は当面の間はその脆弱性を隠すことができるだろう。というのはすべての予想に反して軍事力がその名声と評判を維持するために使用されるからである。

以上から推測されることは、優位性からグローバル・ガバナンスへの移行である。なぜなら第一に、主導国による人道的介入と反体制派によるグローバル・テロリズムの間の相互作用は私が核軍縮プロセスの下でのミラー的な人道的介入およびミラー的なグローバル・テロリズムと呼ぶものの方向性、言い換えればより暴力的ではない方向に展開するだろうということである。第二に、主に二国間での段階的な軍縮の取り組みは唯一アメリカが世界の法と秩序を確保しうるように最小限の核兵器を維持するという状態、再び言い換えればより暴力的ではない方向性に到達するだろうということである。

コラム　政治理論の面白さ

政治学は二つの柱をもっている。一つは、こういうふうに政治が動いていると経験的な現実を説明する見方と、もう一つは、こういうふうに政治を動かすべきだと規範的な判断を議論する見方である。前者は実証政治学、後者は規範政治学と呼ばれる。

本書第Ⅲ部で詳述するように、日本の政治学は第二次世界大戦後、不思議な展開を経験した。まず、第二次世界大戦の敗北を導いた一つの原因は政治が悪かったという考えから、明治維新から大戦終結までの日本政治外交史という実証的研究が盛んになった。日本政治外交史は圧倒的に記述的で、正しい記述の上に立ってこそ正しい政治学が可能になるという考えに基づいていたようにみえる。ただ政治外交史から政治学に移行することはあまりなかった。

同時に、それほど悪い日本政治に代わる政治はどんな基準で図られるべきかという問いから、欧米の民主政治を理想化して、その秘訣をさぐる研究が盛んになった。欧米の民主主義をなかば理想化しつつ、その政治思想のどの部分を取り入れたら日本政治が良くなるのかとひそかに考えながら、思想研究がなされていたようにみえる。

こうして、実証政治学にはなりにくい日本政治外交史、そして規範政治学にはなりにくい欧米政治思想研究が、一九四五～六八年頃には圧倒的であった。私は一九四四年に生まれ、一九六六年には大学を卒業していたから、私自身の経験とちょうど重複している。本書にも書いたように、その後は日本の政治学において、実証政治学と規範政治学の区別が静かになされるようになった。

実証政治学と規範政治学に関連して、「代表制民主主義」を人々はどのように受け止め、どのように満足・不満足を表現しているかを私は実証的に分析している。そこでは、代表制民主主義のどのような側面に人々が不満足かに注目すれば、直接民主主義や共同体制民主主義や監視制民主主義など、様々な民主主義が提唱されてきたことが想起できる。例えば直接民主主義を唱える人々は、(1)政治家は選挙が終わると、国民には関心を示さない、(2)官僚や役人は、われわれ国民に耳を傾けるような様子は見せるが、実はわれわれの意見を機械的に処理してゴミ箱行きにしている、という具合である。また監視制民主主義を唱える人々は、(1)政府や国民も、お互いや自分自身を監視することに忙しくしているために、民主主義でありながら、誰も政治に関与しなくなっている、(2)未来があまりにも不確定なので、国民は現在のことを考えるだけで精一杯である、という具合である。他に、手続き的民主主義、熟慮型民主主義、地球市民制民主主義などの考えがみられる。

それぞれの民主主義に上記のような命題を二つずつ挙げて、それぞれに賛成、やや賛成、賛成でも反対でもない、やや反対、反対のどれか一つを選んでもらう。例えば全国で成人を無作為抽出で選ばれた一二〇〇人のサンプルに対し、留め置き調査（調査票を一定期間対象者に渡しておき、後日に訪問して調査票を回収する方法）を実施したところ、次のような結果が浮かび上がってきた。

(1)直接民主主義の方が好きである。代表制民主主義には不満がつきない。しかし、代表制民主主義に心底懐疑的というわけでもなく、シニカルな考えから監視制民主主義を受容しているわけでもない。

(2)直接民主主義が好きと言っておきながら、近所の人にろくに挨拶もしない人が少なくないし、ましてや共同体制民主主義のような信頼に基づいた共同行動は非常にとりにくい。

(3)民主主義の仕組みの大変更には非常な抵抗を示す。しかし、不満は常にかなり強く表現されるが、仕組みの変更というよりは、少しずつプラグマティックに扱うのが普通である。

(4)民主主義といっても領域主権国家に対する信仰といっても誇張でない執着を示す。

これらは内弁慶そのもので、Never at Home Abroad である。したがって、地球市民制民主主義とは距離が大変遠いようである。

こんなふうにみると、実証政治学と規範政治学は意外に近い。代表制民主主義に代わる様々な民主主義を政治学者はいろいろに描いてきた。直接民主主義を唱える規範政治学者の特徴を、全国世論調査で実証的に浮かび出てくる特徴と比べてみる。それは規範政治学を実証政治学の土俵で確かめる、あるいは実証政治学を規範政治学の土俵で確かめることになる。

私はこれまで実証政治学の主要な主題を得意としてきたが、規範政治学を忘れていたわけではない。とりわけ若年の頃の実証政治学分析から、次第に規範政治学評価へと段階的に移行してきている。考えてみれば、主題が政治だから、実証政治学と規範政治学の間には会話もほとんどないという状態になるはずがない。

ただ、第二次世界大戦後の四半世紀には日本政治学ではどちらも今言う政治学とは言い難かったと思う。

日本政治外交史と欧米政治思想の研究が、論理的な議論、証拠に裏付けられた分析、そしてその規範的な評価・判断といった、今となってみると政治学には普通の作業、つまり一般化や比較やモデル化などを経由していたわけではなかった。ひるがえってみれば現在は、ものの理、心の流れ、身体の旋律など、どれをとっても実証政治学と規範政治学のような二つの側面から分析評価するのがごく普通なのである。

政治学は長い間、規範政治学と運動政治学が圧倒的であったが、二〇世紀第3四半世紀から次第に均衡がよくとれるようになったと言ったら、言い過ぎであろうか。

第Ⅲ部　日本の政治学

新宿副都心のビル群越しに見える富士山（AFP＝時事）

第6章　日本政治学の展開

本章では、日本政治学の傾向を明らかにし、その範囲、テーマ領域、方法を評価する。それから日本政治学における鍵となる問題を紹介する。すなわち二〇世紀の第3四半世紀においては、⑴表面上は「啓蒙と企業家精神」のもとに、「強兵」による「富国」であった一九三〇年代と四〇年代において、日本は何を誤ったのか。⑵自由を保持することと、富を蓄える点において卓越している西側民主主義国家の秘密は何なのかが研究され、また二〇世紀の第4四半世紀においては、⑴なぜ日本の政治は官僚主義によって左右されるのか。⑵なぜその市民の投票選択は党派心が弱いのか。⑶政治と経済は、政策決定と選挙行動においてどのように絡み合っているのかを問題にしてきた。

二〇世紀の後半部の日本政治学におけるこれらの傾向を把握することで、私は今世紀の第1四半世紀に出現した三つの傾向を確認する。すなわち、⑴日本政治の規範的かつ制度的な起源の歴史化、⑵日本政治を比較の展望に置くこと、⑶データ収集と理論構築への新たな自意識の強さ、である。安定したグローバル化の潮流とアメリカ政治学の強い影響にもかかわらず、市場規模、長い伝統、そして言語能力は、日本の政治学者をより自立的に考えさせ、書かせてきたのである。

1　政治学はアメリカの社会科学か

日本政治学

日本政治というテーマは、日本にとって自国の政治のことである。そのため、おそらく大部分の日本の政治学者に最もなじみ深い。したがって、日本政治学会（ＪＰＳＡ）がその会員に、政治理論、政治過程、比較政治、公共政策、国際関係やその下位領域科目のようなリストの中から彼らの専門領域を三つ登録するように尋ねる際、多くの日本の政治学者が彼らの専門領域の一つに日本政治を示さないということが起こる。その結果、例えば日本政治学会の会員が約二〇〇〇人とすれば、現代日本政治をマークするのは約一二〇人となる。私自身の例を挙げると、私は政治理論、比較政治学（東アジア）と国際関係をマークする。日本政治はあまりになじみ深いために、日本政治の題材やデータを用いて書かれたものはほぼ何でも政治学のそれらの領域に属していなければならない。

よって日本政治学を評価するに当たって、自己申告された特別な専門知識の領域の公式の様相に基本的には頼りにくい。それは非常な誤りを導きかねない。この理由から私は、日本政治学の新たに出現した傾向に分類される最近の出版物を例示することによって傾向を明らかにし、範囲、テーマ、方法を測定するという従来の方法を採用する。これは印象論的であると批判されるかもしれない。グーグル・スカラーやそれに対応する日本のＪＳＴＯＲおよび CiNii のような指標を考慮することで、私はこの批判に注意した。

この調査がカバーする期間は、二〇〇〇年頃までの四半世紀である。非常に短い期間であるが、この選択は二つの大きな理由によって、私の意見を正当化する。第一に、日本における政治学が開花している。それはまさしく「百花斉放百家争鳴！」である。期間を特定の四半世紀に制限してさえ、適用される著名な著作は豊富にある。第二に、できるだけ遡って日本政治の規範、実践、制度を掘り起こせば、歴史的な文脈の中に入れて見直すテーマが流行したことが分かる。したがって、日本政治学のそれらの歴史的著作は、そのテーマを扱う中で、何らかの方法でカバーされるであろう。

かつてスタンレー・ホフマン（Stanley Hoffmann）は次のような質問を修辞的に行った。すなわち、「国際関係はアメリカの社会科学であるのか」。たしかに、それは少なくとも二〇世紀の後半においてはそうであった――というのがこの問題に対する標準的な答えである。そしてこれと同じ問題が政治学に尋ねられなければならない。すなわち、「政治学はアメリカ人によって支配されたか」。たしかに、それは二〇世紀の後半においてはそうであった――というのがこの問題に対する標準的な答えである。量と種類に関して――そして品質に関しても同じであるとも言われるが――、アメリカがそれ以外の世界の政治学の先頭に立ったことは否定できない。ちょうどテキサスのミッドランドがジョージ・W・ブッシュ（George W. Bush）とトミー・フランクス（Tommy R. Franks）を養成し、アメリカのイラク戦争の政策を形成したように、ミシガン大学アナーバー校は典型的なアメリカ政治学を体現し、それゆえ間違いなく形成した。それは、強固な学術的な専門職業意識、堅固な実証主義、そしてアメリカ政治学のトレードマークであった重厚な方法論的貯蔵兵器の三位一体である。

他国の政治学雑誌の状況

他国の政治学雑誌において、ちょうど一様に包括的で普遍的な引用の実践と単純で明白なスタイルの発表論文が見られることで、アメリカのパラダイムと著者の影響が蔓延していることを容易に認めることができる。コーネル大学の政治学者であるベネディクト・アンダーソン（Benedict Anderson）によれば、アメリカの学術的著作は狭く定義された職業的読者に目標が定められており、そのスタイルは他の潜在的な読者にとっては退屈極まりないと言うほどであった。

また、多くの他の国で、強固な非アメリカ的引用実践を認めることができる。その人の学術的なキャリアにおけるいわゆる引用スタイルの三段階というものが、大部分の国においていまだ強く存在する。初期の段階には、大学者になろうと熱望して、しばしばいくぶん恥知らずにも大学者を引用することでこれを表現することが普通である。中期の段階では、大学者の間で少なくとも自分自身の専門知識の領域の中で足場が確立されたと認める時には、臆せずに自身の著作を挙げることが普通である。黄昏期の段階では、あらゆるものが自明に見えるために、他者ならびに自身の著作を挙げるのを止めることが一般的となる。言い換えると、他者引用、自己引用、無引用の順序でのサイクルは、あらゆる研究者の引用実践を決定する一般的な真実に思われる。博士号を取得した後の過去三〇年間の私自身の著作を一瞥してみても、私がこの三段階のサイクルに無意識的かつ危険にも従ってきたこと、そして今や第三段階に向かっていると言うことができる。しかし、アメリカ人は例外である。ピーター・カッツェンスタイン（Peter Katzenstein）は、彼らはこの生命周期的なパターンを克服したと述べる。たしかに、より高い給料、地位と名声と関係する社会科学の引用指標の使用を加えた複数の匿名の評価制度は、様々な方法において、多くのアメリカの政治学者に対し世界の多くの研究者にとって誘惑的な三段階の引用サイクルを凌ぐ自制心を十分に持たせるようである。

たしかに、グーグルが驚くほど安定的に世界を支配しているように、学術的な世界は他の多くの国においてアメリカスタイルの著作に適応するように平準化された。それとともに、政治学の著作のテーマと内容は、他の国でも同様にゆっくりと再構築されている。次節以降で、私は二〇世紀の最終四半世紀の日本政治学の発展を辿り、政治学者が答えを探すべく突き動かされてきた鍵となる質問に焦点を当てる。そうすることで、私は彼らがどのように彼らのテーマに接近するか、そして彼らが関連するテーマにおける著作への言及において分析と議論の基礎をどのように達成するかを検証する。

2　一九七五〜二〇〇〇年の日本政治学の発展

取り組む課題の変化

アメリカが率いた連合国軍に対して日本が無条件降伏したことが政治学の準備を整えたと論じたのは、この学問分野における二〇世紀の第３四半世紀に影響を及ぼすことになった政治学者の丸山眞男であった。彼は一対の課題を提示し、最も効果的な方法で日本の未熟な政治学を形成した。それらは以下の通りであった。

(1)表面上は「啓蒙と企業家精神」の計画において前進していて、「強兵」による「富国」であった一九三〇年代と四〇年代において、日本は何を誤ったのか。

(2)自由を保持することと、富を蓄える点において卓越している西側の民主主義国家の秘密は何なのか。

これらの二つの課題に取り組むことは日本においてきわめて自然であり、多くの仲間の政治学者が群がり、一方では近代日本の歴史を検証し、他方では西洋哲学を検証した。丸山は日本の指導者たちが彼らの政治制度を計画して作り上げた方法や、彼らの政治的行動を運営した方法のいくつかが完全に誤っていたと信じており、何が誤っていたのかを解明し、よりよい政治制度を模索することを仲間の市民に促した。それらの著作のスタイルや読者は、ほとんど排他的に国内産のものであった。彼らのメッセージは、しばしば直接的な政治的意味合いを持っていた。

だが二〇世紀の第４四半世紀の間、日本の政治学者は異なる課題を出し始めた。戦争を行わない、兵士を戦闘において殺させないという平和主義的信念に加えて、民主主義の普及と富の蓄積が実現したことを受け、日本の政治学者は、彼ら自身の政治制度を詳細に観察し始めた。なぜ日本政治は官僚主義によってそれほど重度に形成されるのか。なぜ、その市民は彼らの投票選択においてそれほど党派心が弱いのか。政治と経済は、政策決定と選挙行動においてどのように絡み合っているのか。日本の政治学者は日本を西側民主主義国家の部外者だと思う傾向があったため、当初において日本を見下す傾向にあった。二〇世紀の終わり、そして冷戦の終焉に向けて、日本の政治学者は比較の展望から日本を見始めた。

この点における二つのイニシアティヴは注目に値する。村松岐夫、大嶽秀夫、蒲島郁夫、猪口孝の四人が先導して一九八七年に日本語の雑誌『レヴァイアサン』を始めたが、ここでは強固な実証主義的展望と実質上日本に焦点を当てた分析を強調した。彼ら四人が編集を始めてから約一〇年後に新世代が引き継ぎ、さらにその一〇年後に新世代が編集を引き継いでいる。当然、時代の変化につれ、最初の論調と分析方法は変化した。この雑誌に関わっている政治学者は「レヴァイアサン・グループ」とも呼ばれている。

同時期の一九八四年に、猪口孝自身の総合編集のもと「現代政治学叢書」が東京大学出版会によって着手され、一九八八年から一〇年以内に一八巻が出版され、その後残り二巻も刊行された。その論調とテーマは、強固で、実質的な鋭い論評を伴う実証主義である（叢書の各書名は、『国家と社会』『ガバナンス』『政治体制』『革命』『投票行動』『政治参加』『社会階層と政治』『イデオロギー』『公共選択』『公共政策』『政策過程』『立法過程』『政党』『利益集団』『地方自治』『企業と国家』『戦争と平和』『国際的相互依存』『世界システム』『対外政策』である）。今なおこの叢書は、日本で政治学を学ぶ者にとって標準的な参考書となっている（また一八冊が中国語に翻訳され、天安門事件直後の一九八九年から中国経済日報出版社によって出版された事実は注目に値する。日本が対等な立場の上で比較されるという点で、歴史において比較政治学が初めて確立された）。

民主化の第三の波は、二〇世紀の最終四半世紀の間に安定的に進行した。日本の政治学者はますます民主主義的な東および東南アジア諸国をより詳細に観察し始め、別の種類の対等な立場において再び共通性と差異を調べ、歴史的・文化的な背景を完全に考慮に入れた。彼らの著作のスタイルと読者はますます混ぜ合わされ、そのスタイルはよりアメリカ的になり始めた。すなわち、明白で単純で論理的で、それでいて添付されるジョークや小咄もない「退屈」なものに。平和の保持とともに富の蓄積が起こっていたという日本の実績が明白な現実となったために、たとえ彼らの著作の大部分が日本語であったとしても、日本の政治学者は次第に著作の目標を海外の読者に定めていった。言語能力に関して、日本の政治学者は、高水準の自主性（執筆に英語を使わないという）を享受した。十分に大きな国内市場は、彼らが日本に相当規模の読者を持つことを保証した。この点において日本の政治学者は、書籍市場の規模が小さい韓国やデンマークまたはオランダなどで生活している学者とは質的に異なる環境に置かれた。しかしながら、『ジャパン・アズ・ナンバーワン』（*Japan as Number One*）によって象徴されるような日本に対する関心の増大とともに、政治学者は日本政治に関する英文による著作を発表した（注目に値するものは、加藤淳子、辻中豊、河野勝、村松岐夫、そして喜志麻孝子のものが含まれる）。

この二〇世紀後半世紀の間に編集された雑誌と百科事典を見れば、この傾向は明白である。『年報政治学』（一九五五年以来の日本政治学会の雑誌）は、西洋哲学と日本史に関して最も重点的に論文を出版してきた。しかし、アメリカの政治学によってわずかに導かれるいくつかのそれらの概念や方法とともに、『レヴァイアサン』は大部分を日本政治学に、そして次第に比較政治学に焦点を当ててきた。

ケンブリッジ大学出版局によって一九九九年に英語で始まった *Japanese Journal of Political Science* は、猪口孝が創刊編集長となり、『レヴァイアサン』の第一世代を基礎とする編集委員会を持ち、新鮮で野心に満ちたものであった。東アジアに傾倒しているにもかかわらず、それは比較政治で強固な実証主義的な方針を採用した。時おり「アジア・ゲットー」と呼ばれる地域的クラブと言及されることから逃れるために、主要な編集原則を比較の展望における日本と東アジアの政治のいくらか顕著な特徴を説明することとしている。雑誌は最近学術に関する格付けを行うトムソンＩＳＩ社の承認を受け、現在、特にアメリカにおいて研究者の昇進のための価値ある出版の場として広く見なされている（二〇〇九年度の「インパクト・ファクター」（被引用指数）は〇・四四一を記録し、その数値は非英語圏の社会において上位にある）。

『選挙研究』は日本選挙学会の重要な雑誌の一つであり、日本の選挙と投票の最も堅固な経験主義的分析を行っている。

日本国際政治学会の重要な雑誌の一つである『国際政治』は、日本外交、国際関係（それ以外の世界の地域研究と国際研究）、国際関係理論という、三つの領域における論文を発表している。このうち最後の領域では、この二〇世紀後半世紀の間の日本の政治学者はアメリカの国際関係論を選択的に吸収することにおいて勤勉であった。日本国際政治学会のもう一つの重要な雑誌は *International Relations of the Asia Pacific* であり、オックスフォード大学出版会から二〇〇〇年に出版を開始した。この雑誌は本質的にアジア太平洋に焦点を当てた第一級の国際関係雑誌であることを目的としている（二〇〇九年度のインパクト・ファクターは〇・八二四を記録し、それは同じような地位にある雑誌と比べ相当の数値である）。

百科事典に目を転じると、猪口孝らによる編集のもとで一九九九年に出版された『政治学事典』（弘文堂）は、一九七五年から二〇〇〇年の期間の日本の政治学の業績を五〇〇頁もの厚さでまとめている。同じように編集された『国際政治事典』（弘文堂）も好評であった。これらの百科事典は、二冊の総合的な百科事典に先行していた。すなわち、ロバート・グッディン（Robert E. Goodin）責任編集のもとでの *The Oxford Handbooks of Political Science*（Oxford University press）と、ベルトランド・バディ（Bertrand Badie）、ダーク・バーグ＝シュロッサー（Dirk Berg-Schlosser）、そしてレオナルド・モーリノ（Leonardo Morlino）の共同編集のもとでの *The International Ency-*

clopedia of Political Science（Sage）（全八巻）である。前者はテーマと著者に関して政治学の第一級の最も包括的な百科事典の典型である。この事典は最も貢献している著者が英語圏の社会において教えたり、書いていたりする点で注目せずにはいられないにもかかわらず、古代・現代・ポストモダン、規範的・経験的、叙述的・形式的など政治学のあらゆる要素において著しく公平である。また後者は、共同編集者、そして彼らのリーダーシップのもとで働く人々から察するに、それは世界的で包括的でありながらもう少し文化的に繊細で、歴史的に気を配り、哲学的に多元的なものの典型であろう。これらの二つの百科事典と比較して、日本の二つの百科事典は独自の感覚に基づいていると特徴づけられる。項目の数は非常に多いが、各々の説明は非常に少ない。日本の百科事典は一冊の大部の本として各々出版されるが、二つの世界的な百科事典は数冊のハンドブックからなる。

韓国と中国との比較

韓国と中国における政治学と比較される時、日本の政治学は二つの大きな理由において、最も土着的であった。第一に、それは発現するのに長い歴史があり、西洋の社会科学を選択的に吸収し、それゆえすでにその多くを内在化した。第二に、特別な目的でもない限り、特権的なエリート集団は通常彼らの子供たちを海外の大学に行かせなかった。このように、海外で教育を受けたり、教えたり、著作を発表する韓国人と中国人と比較して、日本の政治学者はめったに海外で教えたり、彼らの著作を発表したりしない。また海外で学位を受けた人々は、学位後の研究をそこでは始めず、日本に帰国してから自らの研究を続けたり、教えたり、彼らの著作を発表する。帰国した多くの韓国の政治学者と同じように、ひとたび彼らが戻るならば、彼らはほとんど英語で発表はしない――郷に入っては郷に従えである（それにもかかわらず、加藤淳子、喜志麻孝子、河野勝、辻中豊、村松岐夫らは、英語で日本政治に関する著作を発表した）。

数多くの著作が日本政治以外の領域で発表されているが、例えば注目すべきものとして、白石隆（インドネシア政治）、柄谷利恵子（イギリス政治）、福田有広（政治哲学）、須藤季夫（日本の対東南アジア国際関係）、篠田英朗（国家主権）などが挙げられる。とはいえ彼らは、一九七五年から二〇〇〇年において日本の政治学を集合的かつ個人的に活性化してきたレヴァイアサン・グループにとどまっていると言えよう。

3　二〇〇〇〜二〇一五年の日本政治学の発展

二一世紀に入り、われわれは日本の政治学における新しい傾向を確認することができる。それらは以下の通りである。(1)日本政治の規範的制度的起源の歴史化、(2)日本政治を比較の展望に置く、(3)新たな自意識的なデータ収集の趨勢と理論構築、である。

日本政治の歴史化

一九四〇年代と五〇年代における日本政治学の形成段階の巨人である丸山眞男は、日本には話すべき政治学の伝統がないと一九四六年に断言した。私はこの宣言と、一九四五年以前の日本の政治学への無批評にささやかに反論する。なぜなら一九四五年以前に記された多くの著作を無視しており、それは歴史に無関心な最も深刻な感覚だからである。

一九三〇年代と四〇年代の東京帝国大学の政治学教授であり、占領当局によって公職追放された蝋山政道《ろうやままさみち》は、『日本における近代政治学の発達』という著作を出版することによって、丸山の宣言に異議を申し立てた。丸山の議論は、体制タイプと学問領域の発展を直接結びつける。一九四〇年代の彼自身の自由の抑圧に対する直接的で苦い経験でもって、丸山は断定的に宣言する。すなわち、「言論の自由がない所では、政治学はない」。蝋山は、小野塚喜平次《きへいじ》やその他によるいくつかの重要な著作を引用して、一九四五年以前であっても広範囲で活発な政治学の著作があったと主張する。蝋山がおそらく無意識的に見落としたものは、例えば早稲田大学や中央大学のような非帝国大学で教えている政治学者による政治哲学に関する一連の大量の著作であった。東京帝国大学の教授が国家学の伝統と広く調和して、憲法の役割や国家の制度的機能に焦点を当てる傾向があったのに対して、私立大学の教授は一八八〇年代と九〇年代の非政府の自由な闘士と、犬養毅《いぬかいつよし》のような大正デモクラシーのいわゆる超然内閣と闘った政治家や演説者の伝統と調和した規範的な政治理論や政治アクターや制度の経験的な研究の経路を辿る傾向があった。最も単純化していえば、帝国大学はかなりの割合で帝国政府の公僕（官僚）を供給したが、私立大学は帝国議会における反政府の野党政治家の温床であった。後者は、丸山眞男と蝋山政道の両方ともを含む帝国大学教授による著作においてほとんどの期間において見落とされた。

さらに見落とされたのは、一七世紀と一八世紀の徳川支配の間に哲学者―統治者の領域で生み出された彼らの規範的な著作である。幕藩体制は三〇〇ほどの藩からなるが、それぞれは多かれ少なかれ自治をしていた。徳川幕府は一種の連邦政府であり、藩政府は多かれ少なかれ自治州政府であった。前者は、独占的に防衛、外交、対外交易と連邦の治安を担当していた。後者は、国内政策と徳川政権から彼らに押し付けられた若干の連邦任務（例えばインフラ構築のために労働力を供給したり、連邦政府のために上級官吏または役人として働くこと）であった。徳川幕府と藩政府両方の官僚機構はすべて武士であり、全人口の三～七％を構成した。鍵となる特徴の一つは、徳川支配が外部との戦争がなく、きわめて少ない国内対立によって特徴づけられたということであった。また、徳川幕府は中国人とオランダ人の商人を除き、いかなる外国人の入国もいかなる日本人の出国も禁じた。この一般的背景において、領地政策は二つの鍵となる特徴によって特徴づけられた。すなわち金融における自治性と統治における包括性である。したがって、そこでは支配者（武士）と被支配者の間の避けられない関係を強調した政治哲学が発展した。これは武士が絶対的な発言権を持つ地位政治の権威主義的な性質によって、構造的に束縛された領地政治における初期の民主主義の未熟な形態と呼べるかもしれない。

これまで見てきたように、丸山が一九四五年以前の近現代の日本政治の非民主的な過去を誇張したことは事実であるかもしれない。むしろ、権威主義の様々な要素を調べたり、地位権威主義者と徳川支配の期間における未熟な民主主義の考えを結合した政治哲学者は多かった。

日本を比較の展望に置く

二〇世紀の最終四半世紀においては政治学の著作に焦点を当てる注目に値する日本人を目撃したのに対して、二一世紀の最初の一〇年間には数多くの比較の著作が見られる。これは大きな出発を意味する。それは西洋の政治哲学からの出発に対抗するものであり、それは二〇世紀の第3四半世紀に政治学の他の領域に明らかに押し出された。今や比較学者は、ある意味で戻ってきた。しかしながら、これらの比較学者の大部分は、哲学者でもなければ規範的な理論家でもなく、彼らは顕著な経験主義の理論家または行動科学者または制度主義者である。合理主義者または合理的選択理論がかろうじて見られる。

さらに、比較の用語は大いに変化する。むしろ鍵となる質問は彼らの追求を駆り立て、それは鍵概念で表現される。そのような概念は、市民、グローバル化、民主主義、平和、国家、官僚主義、NGO、政党、議会を含む。二〇世紀の第3四半世紀には、比較は個別の非比較と集合の比較の形式をとった。言い換えると、異なる著者が異なる哲学者に取り組み、それから集合的に読者は彼らの自発的な比較を試みた。二一世紀には、比較の用語は日本中心ではなく、より組織的である。言い換えると、個別の非比較と集合的な比較のセットの代わりに、一人の著者または一セットの共同執筆者による比較が増加している。この傾向とともに、方法論的に歴史の比較は、主に分析的比較によって置き換えられた。良い対照的な例の一つは升味準之輔の『比較政治』観であり、それは各々の国の歴史的な進化を通してアジア、アメリカ、そしてヨーロッパの政府を見事に比較し、対比する。またJ・ブロンデルと猪口孝による比較政治文化は、理想的な典型的特徴でアジア九カ国とヨーロッパ九カ国を調べ、国家横断比較の調査を使い、政治文化を慎重かつ詳細に描写している。

彼らの著作のスタイルと読者に関して、比較の著作は前世紀に観察されるものとは非常に異なっている。つまり、それらはよりアメリカ的であった。明白で、単純で、組織的で、経験的で、専門的に堅固である。それでも、日本の政治学者によってなされる多くの比較の著作がアメリカ人と異なる若干の趣きを与えるそれらの性質を含んでいることを容易に認識することができる。あまり政治学の専門用語の影響を受けず、アメリカ起源の概念とあまり関連せず、日本の政治学者は明らかに必要とされていながら、新しい洞察を示すこともせず、しばしば真の現実の追求の合図を見落とした。

彼らが関心を持っているそれらの比較のカテゴリーは、選挙システムと結果、経路依存的な政策結果、利益集団の比較、ライフスタイルの比較を含む。この精神の典型は、加藤淳子の比較公共政策、辻中豊の比較利益集団、小林良彰の比較市民文化、蒲島郁夫の比較マスメディア、猪口孝の国家に対する市民の態度の比較分析、そしてアジア・バロメーター調査のような著作である。比較主義の顕著な特徴の一つは、比較的経験的データベースを作ったり、調べたり、同様に海外の仲間の政治学者を引き込むという関与である。

若干の日本的な趣きを持つ新しい概念上の視点と方法論的な枠組みに関して、一八カ国の民主主義の調査において作られたキーポイントの一つは、「アジアの価値」議論または「善良なヨーロッパの市民」議論に対する動かぬ証拠である。つまり、地域間の差異（すなわち、アジア対ヨーロッパ）は、地域内の差異（すなわち、二つの地域の各々の内部での違い）ほど顕著ではない。同様に、東アジア調査における生活の質において作られるキーポイントの一つ――すなわち西洋の生活の質の自己申告の比較において、儒教の科学が必ずしも厳密な特徴的な儒教の趣きを示さないという発見――は、しばしば儒教の色合いのある一般的な東アジアのコミュニティに対するさらに動かぬ証拠である。

大規模データ収集と研究基盤のために最初の勢いを構築すること

情報化と国際化の世界的な傾向とともに、知識に基づく社会が着実に形成され、証拠に基づく社会的決定と議論が標準となった。この変化は、新しい経験的なデータを見つけ出し、学術的分析と政策決定において知識を共有するために、必然的に勢いを作り出す。日本政治学もこの傾向に対して例外ではない。日本政治学が古典的な規範的理論に焦点を当てていた時、データ生成と関連基盤は彼らの関心に入ってこなかった。また日本政治に焦点を当てていた時、データ生成は政府機関とマスメディア（例えば大手新聞社とテレビ放送網）によってよりしばしば行われたので、データ生成と関連基盤はたいした問題を提起しなかった。したがって比較データに焦点を当てる際、アクセスできるデータを最大限利用する必要があること、さらに自分自身が使う概念とフレームワークに応じて、そして好奇心の強さに応じて、独自のデータを生み出す必要があることにすぐに気がつくのである。

とはいえ、研究基盤の構築には実現に非常に時間がかかる。第一に、大学の研究基盤は科学、医学、技術工学に焦点が当てられ、人文科学と社会科学に関しては必ずしもそうとは限らない。結局、あらゆる科学者と大部分の人文科学者と社会科学者は、人文科学と社会科学におけるビッグプロジェクトに資金を供給するという考えに反対なのである。私の考えでは、彼らは人文科学と社会科学は紙と鉛筆があれば十分であるというますます時代遅れの考えを保持している。第二に、人文科学者と社会科学者の間で、共同の努力があまりに断片的であり、あまりに耐久性がない。断片化されたキャンパス上の学術的な境界は、学術的な学問領域を横断したそのような基盤建設の制度化の助けにはならない。耐久性がないのは、第一に、各会計年度以内に予算を組み、実施することが、例年厳しい決まりだからである。第二に、文部科学省と日本学術振興会によって実施される国の科学研究補助金競争計画において、研究プロジェクトの資金提供が通常非常に限られた期間、すなわち一年から五年までだからである。しかしながら、二〇〇〇年代に入って、プロジェクトの資金供給と実行においてわずかに厳正さが減り、より永続的に実践することが着実に受け入れられているようである。

大規模なデータ生成努力のうち、以下は特に注目に値する。アジアとヨーロッパにおける市民と国家、二九のアジア社会における価値、規範、ライフスタイル、産業民主主義における利益集団、世界の市民文化──それらのデータを非プロジェクト会員にとってアクセスしやすくするために、基盤建設の試みが達成された。例えば、社会調査・データアーカイブ研究センター（東京大学社会科学研究所）、アジア・バロメーター調査アーカイブ（東京大学東洋文化研究所と新潟県立大学）、比較利益集団アーカイブ（筑波大学）、比較市民文化アーカイブ（慶應義塾大学）である。しかしながら、アメリカや欧州連合と比較すれば、日本のデータ生成と基盤建設は非常に遅い。あらゆる魅力的なデータ生成と著作と論文出版にもかかわらず、小さく断片化され、耐久性のない基盤であるということが強調されなければならない。

4　日本政治学の本質とは

やらなくてはならないことが山積みであるが、本章において最も重要なことは、日本政治学のコミュニティが埋めこまれた政治や社会の進化している本質にしっかりと基づいている日本の政治学の本質を見ることである。日本政治学の発展において、アメリカ政治学の位置と役割は何であるのか。

アメリカ政治学の主要な役割は、概念上のものである。アメリカ政治学は、課題に答えるための最初の良い案内をする。この意味で、アメリカ政治学は先導する役割を引き受けていた。アメリカ政治学は、それ自身のまわりで進化するという点で、非常に自己中心的な政治学であった。年次大会において非アメリカ人の政治学者が組織するセッションの数はかなり拡大した。その最も顕著な結果は、おそらく非アメリカ人がアメリカの概念上のフレームワークと方法と専門的に競争的な推進力を使用して考えたり書いたりするよう誘導されるということである。アメリカの政治学はどこかで何が起きているかについて気にかけるものだと言及される必要がある。概念上の影響はしばしばその境界を越える。この意味においても、アメリカ政治学は、アメリカスタイルの民主主義を海外で進める手段であった。

彼らの著作のスタイルと読者を詳細に観察すると、明らかにアメリカ人風のグローバル化の流れが――著作のスタイル、特に参照スタイル、レフェリー・アイテムの包括性、参照の覇権的なサイクルが散見されることによって示されるように――ますます見えてくる。それでも、日本政治学におけるアメリカの優位の程度は、考えられるよりも控えめであった。市場規模、長い伝統、言語能力は、日本の政治学者を、活発により自主的に考えさせ、書かせるように導く。政治学著作のかなりの市場規模は、彼らが大部分は日本語で書くことを保証する。政治学の比較的長い伝統は、彼らをひどく自意識過剰で、内向きで、皮肉的でなく、穏やかな自己中心に導く。学術的著作において英語で自己を表現する限られた能力は、非日本語的著作や思考への彼らの露出を和らげる。

第7章　日本の政治文化

1　日本の政治文化をめぐる論争

政治文化とは、ある人々の住むコミュニティに存在する、記憶とアイデンティティ、規範と価値、信念と選好、慣行と習慣の一群として定義される。このように定義される時、政治文化は、政治についての考えに対する、あるパターン化されたアプローチである。同様に政治とは、いつ、誰が何を、どのように手に入れるかという問題として、もしくは価値の権威的な配分として定義される。このように、政治文化は共通の記憶と経験を有するある人々の一団によって形成され、共有される。

豊富な研究の中で

日本の政治文化に関する文献は豊富である。例えばルース・ベネディクト（Ruth Benedict）は、第二次世界大戦後、連合国による日本占領を見越して、日本文化をよりよく理解しようという明確な目的を持って著作をしたためたが、彼女は「罪」を重視する文化を持つ民主的で個人主義的な西洋的性質と対比して、「恥」を重視する文化を持つ権威的で集団主義的な日本人の性質を強調している。また中根千枝《ちえ》はチベット、インド、中国の社会組織を研究している人類学者であるが、彼女は日本社会をタテ社会と特徴づけ、この階層性を封建制の強い遺産であるとして批判している。さらに医師である土《ど》居《い》健《たけ》郎《お》は、日本の子供たちは幼児期に親に過度に甘やかされているため、それが後の人生で過ちを犯した際、子供が母親から許してもらうことを期待するのと同じように、寛容を期待するというかたちで現れてくると論じていた。

この問題を扱う文献に関して、杉本良夫とロス・マオア（Ross Mauer）が行った最良の調査と批評によれば、日本文化に関する大多数の著作は次の三つの特徴を描いているという。それは、個人主義の弱さ、集団主義の強さ、そして同意・協調・統合の尊重、である。この比較は、日本文化として描かれる特質を批判するために、日本人と西洋人の間でよくなされる。そしてそのような文献では、日本人は強い内的自我を持たないとか、日本人は付和雷同するとか、日本人は自発性や競争を蔑む一方、協調や同意を敬うなどと論じられる。これは明確に、一方的で誤った日本文化の特徴づけである。時を経て、地域を越えて、あらゆる集団の間で、かなりの変化が存在する。

変化と差異

以下ではまず、変化と差異という点で日本の政治文化に焦点を当てる。主要なテーマに含まれているのは、社会関係資本、平和主義、権威主義、ポストモダニズム、そして政治的イデオロギーである。変化の説明に用いる社会学的属性に含まれるのは、地域、世代、階級、そして不確実性である。そして次に、個人主義的かつ集団主義的な方向性という点で何人かの著名な芸術家に焦点を当てながら、中世後期以来の日本政治文化の変化について、長期的な見方から概説する。ここで政治変動の議論に加えたのは、徳川期の日本とエリザベス期のイギリスである。この議論を行うことで劇的に明らかになるのは、明治時代以来の文化変遷である。集団主義が近現代日本の政治文化における主要な要素と見なされているので、日本社会における集団主義を歴史的文脈に位置づけることはかなり重要な課題である。

さらに、アジア・バロメーターとアジア・ヨーロッパ・バロメーターの調査データを用いながら、日本と他国、特に東・東南アジアと西ヨーロッパの政治文化を比較する。近現代日本の政治文化に関する研究はしばしば、日本の自然、歴史、社会、経済、政治の様々な特徴について総体的に行われるか、西洋の著者たちが西洋の政治文化と見なしているものと暗に比較することによって行われる。私は、日本から近かろうが遠かろうが、日本以外の国の政治文化との体系的な比較の中に現代日本の政治文化を置くことは、とても重要であると考えている。これらの比較調査に関するテーマごとの焦点は、国家に対する市民のアイデンティティ・信頼・満足、日常生活における市民の信頼・幸福、そして家族の価値である。

2　日本の政治文化の変動と差異

地域的変動

日本社会は、文化的にかなり均質であるとよくいわれる。部分的に方法論的な困難があるために、容易に見出されないような大きな変化は、しばしば見落とされがちである。社会関係資本ないし対人関係における信頼の地域的な変化は、例えば県ごとにも市ごとにも見られるものの、十分調査されているとはいえない。大規模調査は、その調査結果を県ごとに分析・説明する必要があるため費用がかかるという予算的制約から行われていないからである。しかし、この種の調査はまた、調査データの分析によって、犯罪多発地域、民族的少数派のコミュニティ、差別を被っているコミュニティなど、ある種のコミュニティが確認されることもあるが、それでもなお重要なのである。そのような調査が純粋に学術目的であるとしても、そのような地区やコミュニティを不用意に確認することは政治的に正しくはない。

地域における社会関係資本に関しては大阪が好例である。近年「オレオレ詐欺」という電話を通じて金銭を振り込ませる詐欺が社会問題化している。例えば、相手が電話口で、あなたの子供が車で人をはねたと伝え、自分は事故の被害者の代理であると言い、そして子供の親に対して、事件を解決するために指定の銀行口座に一定額のお金をすぐに振り込むよう伝えるものである。そしてこの詐欺が日本で最も起こりにくい地域が大阪なのである。大阪の人々の傾向として明らかに、最も用心深くかつ疑い深く、「おおよそ人は信じることができる」という態度よりはむしろ、「人に対しては用心するに越したことはない」という格言を信じている。このような電話詐欺の系統だった発見が、方法論的な問題をいくつか示してくれる。別の例も見てみよう。大阪、兵庫、奈良、京都の多くの私立高校は、優秀な生徒に上位の有名大学の入学試験を複数受けさせるために試験料を肩代わりすることで、その高校の大学入試ランキングを意図的に上昇させていた。これは合法的な行為であるが、道徳的に問題があると広くみなされている。他のいずれの県でも、このような事態は見出されなかった。

しかし、大阪、兵庫、奈良、京都の社会関係資本が低いと言うにはまだ早い。なぜなら、根拠のある経験的な調査データがサンプルの規模で不十分であり、それゆえに、統計的に有意な検証が実行されていないからである。しかし、かつて日本の権力の中心地であった関西地域では、京都に居を構える天皇が名目上の統治を行い、天皇の名の下に権力獲得をもくろむ人々が頻繁にその権力を奪い合ってきた。このような歴史があったので、ここ数世紀に発展した比較的新しい地域である関東よりも関西のほうが、社会関係資本がやや低くなっているのかもしれない。ロバート・パットナム（Robert Putnam）が行ったイタリアの南部と北中部との間の社会資本と公共政策成果間の関係に関する国内比較（『哲学する民主主義』（*Making Democracy Work*））は、日本の関西と関東の両地域間でも行われよう。さらに、大阪人は国民平均よりも平均余命がわずかに短い。大阪の事例以外でも、低い信頼と短い平均余命の関係は、サンプルの規模が十分に大きい場合、経験的にかなり確実に立証されている。

このことすべてが意味しているのは、たんに体系的な経験的検証によって、国家規模で集権化され標準化された社会だと長い間みなされてきたという点から、地域的変動を強調することの困難さをいくらか明らかにしているということである。国家規模のサンプルが十分大きくはない時、地域ごとの観察数は統計的に有意な変動を検証するには十分ではないだろう。地域の変動は大体の場合、劇的なものではない。

世代間の変化

世代間の変動は大きいとよくいわれる。一九四五年以前とそれ以後に教育を受けた人は、考え方やライフスタイルがかなり異なるといわれる。前者の世代は、平和主義と反権威主義への強い選好を維持している。二〇世紀の終わりまでに、第二次世界大戦を経験しなかった世代が過半数を占めていた。安倍晋三首相の第一次政権のスローガンは「戦後レジームからの脱却」であり、これは彼が過剰な平和主義と反権威主義とみなすものを克服するという目的があった（これらの世代間相違は、文部省統計数理研究所の国民性調査（一九五〇年代初頭〜二〇〇〇年代）にて裏づけられている）。学校教育に関しても、一九四五年直後に生まれた、人口的に最も密度の高い集団である「団塊の世代」は、活動において強いエネルギーと熱狂を示しているが、それに対してその後に生まれた世代は弱々しく冷静である。一九四五年から六五年までに生まれた世代の小学校ではクラスに平均で六〇人ほどいたが、現在ではクラスに平均で三〇〜四〇人しかいない。前者の状況では、食べ物や友人をめぐっての競争は学童の間でも激しく、試験や運動にまでその競争が拡大された。そして平和主義と反権威主義への選好の違いはあらゆる種類の変動の中で、最も際立っている二つの分野である。

世代格差がほとんど目立たない領域の一つは、脱物質主義（post-materialism）である。脱物質主義は、個人の自由、男女平等、環境との調和、社会的セーフティネット、社会的公正のような価値を強調する生活様式として定義される。物質主義から脱物質主義への転換はゆっくりで安定的である。綿貫譲治《わたぬきじょうじ》は、平和主義と反権威主義への選好と比較して、脱物質主義に関する世代の違いは不明瞭であると報告している。言い換えれば、脱物質主義の生活様式が日本に浸透している度合いは、世代的に大きな違いを示してはいない。

階級間の変動

階級間の変動は同様に注目に値する。一九四五年から七五年までの時期に問題となったのは、階級の違いであった。すなわちイデオロギーの左右軸を見れば、教育水準が高い人々、労働組合に属する人々、農村部の人々が左派につく傾向があり、反対に教育水準が低い人々、自らの土地や農地、商店や工場を所有する人々、都市部以外に住む人々が右派につく傾向があった。イデオロギー的左派は平和主義、組合の権利、反安保、反愛国主義を表しているが、イデオロギー的右派は自衛、自由企業、親安保、愛国主義を示している。連合軍の占領と改革は、右派政党の拡大をもたらしたが、それらの政党はのちに合併し、農家、商店主、工場主を支持基盤とする自由民主党になった。また、左派政党の拡大ももたらされたが、それらは組合や戦後平和主義を代表している。

こうしたパターンは一九七五年から二〇〇五年までの時期に幾分変化した。組合員数は急激に減少した。土地所有者、稲作農家、商店主、工場主の数もまた劇的に減少した。加えて、一人あたりの所得水準はかなり上昇した。このような構造によって、一九七五年から九〇年までは包括的な中間大衆現象と呼ばれる状態が生み出された。これらの要因のすべてと他の要因のいくつかによって、政治において、そして投票やそれ以外の政治参加における政治的支持という点で、左右の違いが目立たなくなってきた。そして、新中間大衆と呼ばれるものの階層化がますます進んだ。左右の違いにおいて階級の変動という点ではそれほど特徴的ではないけれども、一方では集団主義的・権威主義的価値が、他方では社会的・経済的ネットワークが、それぞれ政党支持のパターンを決める二つの主要な要因として残っていた。

一九九〇年から二〇〇五年にかけてみられた貧富の格差を生み出したグローバル化の波と相前後して、収入格差がかなり増大し、格差の大きさを示すジニ係数はＯＥＣＤ諸国の中で最高の部類にまで上昇した。「ワーキングプア」と呼ばれる新階級が出現し、彼らは健康と富の両方を喪失しつつある。さらに、安定した拡大傾向にあるようにみえるのが、「政治の個人化」と呼ばれる現象である。これは、(1)政治家の個人アピールの重要性が増大していること、(2)マスメディアやインターネットによって広まった、人気のあるキャッチフレーズやスローガンへの協調が拡大していること、(3)動員勢力や政治の焦点としての政党の重みが低下していること、そして(4)国家官僚の存在

料金受取人払郵便

山科局承認

128

差出有効期間
平成28年1月
20日まで

郵便はがき

6 0 7 - 8 7 9 0

(受　取　人)
京都市山科区
日ノ岡堤谷町1番地

ミネルヴァ書房
読者アンケート係 行

◆ 以下のアンケートにお答え下さい。

お求めの
書店名＿＿＿＿＿＿＿＿＿市区町村＿＿＿＿＿＿＿＿＿＿＿＿＿＿＿＿書店

＊ この本をどのようにしてお知りになりましたか？ 以下の中から選び、3つまで○をお付け下さい。

A.広告（　　　　　）を見て　B.店頭で見て　C.知人·友人の薦め
D.著者ファン　E.図書館で借りて　F.教科書として
G.ミネルヴァ書房図書目録　H.ミネルヴァ通信
I.書評（　　　　　）をみて　J.講演会など　K.テレビ·ラジオ
L.出版ダイジェスト　M.これから出る本　N.他の本を読んで
O.DM　P.ホームページ（　　　　　　　　　　）をみて
Q.書店の案内で　R.その他（　　　　　　　　　　）

書名 お買上の本のタイトルをご記入下さい。

◆上記の本に関するご感想、またはご意見・ご希望などをお書き下さい。
文章を採用させていただいた方には図書カードを贈呈いたします。

◆よく読む分野（ご専門）について、3つまで○をお付け下さい。
1. 哲学・思想　2. 世界史　3. 日本史　4. 政治・法律
5. 経済　6. 経営　7. 心理　8. 教育　9. 保育　10. 社会福祉
11. 社会　12. 自然科学　13. 文学・言語　14. 評論・評伝
15. 児童書　16. 資格・実用　17. その他（　　　　）

〒
ご住所

Tel（　　）

お名前《ふりがな》　年齢　歳　性別　男・女

ご職業・学校名
（所属・専門）

Eメール

感が低下していること、を特徴としている。これらは不確実性が鍵となる変数であるように思われる。有権者には、一方で、わずかな楽観主義しかなく不確実性とリスクに直面している人々と、他方で、前進することにためらう人々の二種類が存在する。古い社会的・経済的ネットワークと集団主義的な権威主義的価値への選好はまさに重要なままであるが、徐々にそうではなくなりつつある。この現象は日本に限定されず、地球規模でみられる。例えばイギリスのトニー・ブレア（Tony Blair）やイタリアのシルヴィオ・ベルルスコーニ（Silvio Berlusconi）だけでなく、タイのシナワトラ・タクシン（Shinawatra Thaksin）や日本の小泉純一郎の活躍もまた、政治の個人化の現れである。それと相前後して、政治文化が変容している。

3　明治時代以来の文化変化

四人の芸術家

明治時代以来の日本文化の変化を説明する前に、まずは中世後期以来の文化がどう変わってきたかを簡潔に言及しておかなければならない。なぜなら、それにより、時を経たこの要因の重要性が劇的に明らかになるからである。個人主義と集団主義は日本の政治文化をめぐる論争の中でしばしば取り上げられるテーマだが、それに関して日本の代表的芸術家と彼らに通底する方向性として私が考えているものを垣間見ることによって、この点を例証する。ここで取り上げる芸術家は、一休宗純、近松門左衛門、夏目漱石、村上春樹の四人である。

一人目の一休宗純は一六世紀の仏教僧であり、詩人であった。彼の詩のテーマの多くは、尼僧に対する恋を取り上げている。彼の感情や嗜好は詩の中で雄弁に表現されており、そのいずれにおいても集団主義の手がかりを示すものはない。彼は個人主義の時代に執筆を行っていた。中世と戦国時代は個人主義の時代であり、武士にとって重要なことは、「名誉型個人主義」（池上英子）であった。京都の芸術家にとって重要だったのは、芸術によって試されたシヴィリティ（市民的礼節）である。名誉型個人主義は、自尊心を判断する時に重視し、そして自立ないし自らがこの方向性を守る能力を強調する、精神的文化的方向性の一類型である。芸術によって試されたシヴィリティは、自己の努力に基づいた高度な芸術的素養を指摘する、精神的文化的方向性の一形態である。この時代の離婚を見ても、とても頻繁に起こっており、妻から切り出すこともよくあった。

二人目の近松門左衛門は大衆小説家であり、一八世紀初頭までに富を蓄え、その地位を固めた。日本の近世社会は、中世社会に似た分権化と近代社会に似た集権化の混合であり、徳川幕府の最盛期にも防衛、外交、対外貿易の領域を除いて、三〇〇あまりの藩に自立に近い状態が認められていた。しかし、社会的地位の違いを超えた厳しい統制形態をとる集権化の波が、徐々に徳川社会にも押し寄せていた。このような点に、近松の小説の主要なモチーフがあった。つまり、その主人公は、社会的義務と人間感情の間で引き裂かれ、社会的義務への動機は人間感情をしばしば乗り越えた。そしてジレンマを避ける唯一の方法は「心中」であった。

三人目の夏目漱石は一九世紀後半から二〇世紀初頭にかけての小説家であり、元は英語教師でもあった。彼はロンドンで学究生活を送る間、自分の英語が上達しなかったことで意気消沈した。帰国した彼は明治国家が自由を抑圧していると感じ、断続的に精神を病んだ。彼は主に、内なる自己に関する私的小説を書いた。彼は内なる自己について書いている時のみ、安らぎを感じていた。徐々に集権的国家が拡大していく中で広く浸透した小説の多くは、「私小説」と呼ばれた。漱石は私的な内なる自己の中に浸った、国家に抑圧された個人主義者と呼ばれうるだろう。

四人目の村上春樹は二〇世紀第４四半世紀から二一世紀初頭にかけての小説家であり、内なる宇宙について執筆している。彼の小説に登場する人物たちは、居心地の良い環境の中で他人に出会うことを楽しんでいる。他人の記憶の活発な動きとそれと結び付いた感情が、主要なテーマである。彼の小説の主題は、「猿まね（monkey-see, monkey-do)」理論（猿が人間の被験者の動きを見て、その記憶が活性化し、そしてその筋肉が動き始めるとする）という神経科学の発見を先どりしている。彼の描く登場人物たちはみな、ずば抜けて個人主義的である。彼らは内的自我に関心があるが、同時にオープンであり、他人との付き合いもある。それが、村上春樹の小説が世界中でベストセラーになる理由の一つであろう。

変化した日本文化

したがって、文化は固定的な事柄ではない。ある意味で、人々の記憶と習慣の複雑で活発な集積体である。数世紀以上かけて人々は変化する。例えば集団主義は近現代の日本政治文化研究において主要な特徴だとかなり強く見なされているので、非常に長い期間にわたってこれを理解することはとても重要である。さらに集団主義は、（権威主義とともに）近現代日本の政治文化の主要な要素であるので、日本社会の政治変動における重要性とそれを理解する必要性が強調されすぎることはないだろう。

次に日本文化がこの数世紀でどのように変化したのかをもっと明確に知るために、徳川期の日本とエリザベス期のイギリスの比較を行ってみよう。日本の中世後期である戦国時代は、極端な個人主義の時代であった。なぜなら、先祖からの地位や階級は、競争が激しさを増した時、しばしば無に帰したからである。重要なことは強さであり、近代初期には秩序と集権化の波がもたらされた。しかし、徳川期の日本はエリザベス治世下のテューダー朝イギリスとは異なっていた。当時の日本は高度に集権化されていた。当時のイギリスでは少なくとも絶対主義、つまり最も高い水準の集権化、もしくは権力の集中が始まっていた。徳川時代の日本では、徳川家が三〇〇藩に対して、かなりの程度の自立を認めていた。それは、徳川家によって防衛、外交、対外貿易が担われる連邦制に少し似ている。領地はすべて、藩内政治に関する限り自立的であった。他方、テューダー朝期イギリスの絶対主義は、後継のスチュアート朝下でも維持されていたが、君主制は議会や他の社会勢力からの挑戦に次第に直面することとなった。これらの挑戦によって絶対主義は、それから数世紀かけて自由主義とデモクラシーの方向へと姿を変えることを余儀なくされた。日本では、西洋文明が本格的に到来するまで、徳川幕府が擬似連邦システムを強化していた。

しかし、西洋文明に対する日本人の反応が、天皇への極端な権力集中に帰着することはなかった。明治維新が起こった時、士農工商という階級は廃止された。ほとんどの武士は職を失い、政府の国家公務を担うようになった。職を失った人々の中には、政治家、実業家、ジャーナリストになる者もいた。ただ官僚への登用について、明治政府は擬似連邦システムを再建するやり方をとった。すなわち、各省庁はしばしば藩を基礎にして官僚を登用した。政府が発足し、各省庁が大臣を選んだ時点で、その大臣たちはその後、志を同じくする旧武士を自藩から登用した。自らの権力を強化するために、官僚機構はそれぞれ擬似自立的であった。したがって、例えば陸軍は長州藩出身者、海軍は薩摩藩出身者、警察は肥後藩出身者と会津若松藩出身者、会計局は肥前藩出身者が多く集められた。徳川時代の平和によって達成されたこと、すなわち、体制内の分権化した権力の封じ込めと保持を、明治維新は繰り返したのだった。そして、明治憲法によって内閣の決定すべてに対する拒否権が各閣僚に認められ、それにより各官僚機構に莫大な権力が与えられることになった。首相は「同輩中の首席」をほんの少し上回るくらいの存在であった。しかし、国家社会関係は極端に集権化されていた。官僚機構はそれぞれ、政策実施を通じて地方組織を有した。したがって、近代日本の相貌は複雑であった。中央政府の頂点では権力はばらばらで分権化されていたが、それぞれの官僚機構は、下まで徹底的に集権化された権力を維持したのだった。

この種の体制下で、集団主義が進展した。国家権力は目に見えるほど具体的であった。したがって、文化変化は一六世紀後半における個人主義から、中央による統制が徐々に定着していた一八世紀初頭の穏健な集団主義へ、さらには二〇世紀中頃に頂点に達するような明治期から昭和期のさらに近代的な集団主義へ、そして一九九一年に頂点に達するような昭和後期の新憲法下での新しい集団主義へ、最後には平成期の漸進的な個人主義へ、という流れである。ある意味で、日本文化はスポンジのようなものであり、環境の外生的な刺激を吸収し、結果として刺激そのものを変えてしまう。個人主義から多種多様な集団主義へ、そしてある種の集団主義から漸進的な個人主義へという上記のような変化はこの過程の好例である。

日英比較から見えるもの

近代日本の政治文化研究の中に新たな考えをさらに組み込むために、ここで日英間の比較をしてみる。二つの例は、日本とイギリスの政治文化の明確な比較を例証するために用いられる。二〇〇七年九月、安倍晋三首相は辞職を発表したあとすぐ入院した。彼はその後二週間、後任の首相を指名することもなく、そこにとどまった。これを受けて『フィナンシャル・タイムズ』は、日本は首相不在で統治されるおそれがあると論評した。後任の福田康夫首相は、参議院の多数党である野党第一党・民主党に対して控えめな姿勢をとった。アフガニスタンの対テロ戦争に従事するアメリカ、イギリス、パキスタンの戦闘機に対して給油を認める法律（それまでは「テロ対策特別措置法」、新たな法律は「補給支援特別措置法」）が二〇〇七年一〇月三一日に失効することになっていたが、これを復活させるために、福田は憲法に規定されているように、修正法案を提出することができた。ちなみに、この法案は、自民党が安定多数を誇る衆議院で二度通過するまでに、期限が引き延ばされていた。だが福田はそれをやらず、その代わり自民党と民主党の大連立を小沢一郎に提案している間、約二カ月待った。小沢が自党の幹部たち七人に大連立を反対されたあと、福田は修正法案を参議院で否決されてすぐ、衆議院でこの法案の二度目の可決を行った。この法律は、日本政府が同盟国アメリカに対して強い決意を示すために至急可決が必要であったにもかかわらず、福田は首相就任後すぐに修正法案を提出しなかった。この二つの例から、日本において絶対主義の遺産が失われている事実を垣間見ることができる。

他方イギリスでは、絶対主義が定着していた。挑戦も受けたが、絶対主義の傘の下であろうと、議会の傘の下であろうと、国家権力は定着し続けた（マイケル・マン『ソーシャル・パワー』（*The Sources of Social Power*）でいきいきと描かれている）。日本では、最初の絶対主義の試みにもがき苦しんだ経験によって、驚くほどの長きにわたる体制の状態が決定されたようにみえる。徳川体制は幕府が対外的機能を独占する擬似連邦制であったが、約三〇〇もの藩に限定的な自治を認めていた。明治体制は権力を集中していたが、国家権力はばらばらで分権的でありながら、各省庁が自立性を得ていた。一九四五年以降の戦後体制では、社会に対する中央政府の統制や、政府上層部での権力の分散と共有という全体的な構図は変化しなかった。市場の導入を拡大し、自由化とグローバル化の影響に適応することにより、国家への権力集中は徐々に緩和されたが、この傾向は特に平成期にみられた。擬似連邦制が継続して存在してきたことにより、日本の政治の世界にとって、体制変動はそれほど劇的なものにならなかった。

日本では、中世後期から近代初期にかけての転換、近代初期から現代にかけての転換、現代からポストモダンにかけての転換は、それほど劇的でも重大なものでもなかった。したがって、日本における絶対主義の欠如が日本の文化変化に、より多くの継続性を与えていると述べることは、それほど特異なものとは思われない（絶対主義はヨーロッパ以外では生まれなかったが、植民地主義によって世界中へ移植された）。日本の政治文化を一九三〇年代から五〇年代にかけてみられたように描くことや、それを権威的で普遍的な文化であるとレッテルを貼ることは、少し行き過ぎである。＊ある人が示したように、政治文化研究はしばしば、この期間に下された見解（柳田國男から、ルース・ベネディクト、丸山眞男、中根千枝まで）を選択的に固定化したものに由来しているように思える。

＊柳田國男は意図なしでこの目的を使用している。特に、丸山眞男、川島武宜、神島二郎と京極純一がそのような日本政治文化像を提起している。

4　日本の政治文化の国際的比較

本章だけで政治文化に関する諸説を整理することは大変な課題である。ここでは、かなりの観察数によって体系的かつ経験的に検証されてきた諸命題にほぼ限定してみたい。近現代の日本政治文化に関する研究は、命題の体系的かつ経験的な検証に必ずしも基づいてはいない。私はこの傾向が「日本人論」（日本人と日本文化の主要な特徴に関する議論）と呼ばれるものへの発展をもたらしたとみなしているので、近現代の日本政治文化に関する多数の命題についての「真偽の確認」を正確に行おう。さらに、市民と国家に関連する諸命題に限定する。結局、この章で扱うのは「政治」文化である。

市民アイデンティティ

人はどのように国民ないし国家と関連するのかという問いは、政治文化に内在する主要な問題の一つである。個々の市民が一義的に考えているアイデンティティは何であるか。もしくは、言い換えれば、人々が自分について考える時、彼らを自分が真に自分であると考えさせているものは何か。彼らが自分と特によく共鳴すると考えているものは何か。

アジア・ヨーロッパ調査で、約二〇％の回答者が「分からない」のカテゴリーを選んだことが分かっても、驚くべきことではない。なぜか。おそらく、日本人は具体的な文脈的情報を含んでいない質問に答えるのをためらうからである（残念なことに、この言語方法論的な質問は、組織的に、そして経験的に検証されなかった）。しかし、アジア九カ国とヨーロッパ九カ国の計一八カ国のうち、日本の回答者が自国の日本にアイデンティティを感じている割合が最も低いということが分かったのは、少し驚きである。日本人は本質的に自分の国家ないし国民にアイデンティティを感じることをためらっているのであろう。

理由は人それぞれ異なるが、おそらく強い平和主義が一因となっているのは明らかである。戦争で自国の市民に犠牲と屈辱を強いた国家は、容易に許しを得られないのである。例えば、前述のようにアフガン戦争に際して、インド洋上のアメリカ、イギリス、パキスタンの戦闘機に対して日本の海上自衛隊が給油することになったが、その政策決定は必ずしも積極的ではなかった。この給油は、アフガン戦争において日本がなしうる、最も安全かつ費用効率の良い協調であったにもかかわらずである。

さらに、日本人が国家にそれほど信頼を寄せたくないもう一つの理由がある。首相は消費税率引き上げの可能性を示唆した時にいつも、市民がこの問題に関しては断固として譲ろうとしないがために、ほとんど一〇〇％に近い辞職の可能性に直面してきた。＊そして少なくとも、一九七八年から二〇〇七年の間ではそうであった。結局、国家は一九四五年までに政府公債をすべてなくした。より最近では、国家、より明確にいうと社会保険庁（二〇〇九年に廃止された）は、保険者の保険料の一部を自らの財源に充てていた。国家への不信が非常に高い場合、市民が国家ないし国民に強いアイデンティティを感じると予想することはできないだろう。彼らはこの点でためらいを感じたままである。

＊消費増税に関連した首相の辞任は、大平正芳、宮澤喜一と細川護熙が含まれる。多くの首相が増税に関係する政策の選択を避けてきた。例えば小泉純一郎は、政権を握っていた五年の在任期間で、増税から逃れることに目を見張るほど成功した。その結果、多くの政権は税収を上昇させることなく膨大な量の国債を発行し、三〇年間にわたり文字通り天文学的な額の政府赤字が累積してきた。

他にアイデンティティを感じるものは何か。アジアのアイデンティティは、提起すべき明らかに面白い質問である。国民のアイデンティティと同様、アジアのアイデンティティはフィリピンやタイ、韓国のような他のアジア諸国と比較して、日本ではそれほど強くない。日本人はアジアについて曖昧な感情を抱いている。イギリスは自国をヨーロッパ大陸と同じ水準に置くことに困難があるという点で、幾分似ている。極端なことをいえば、「ヨーロッパとの間を隔てる海峡を覆う霧」というような表現は、イギリスで広く受け入れられている。日本人は有史以来のアジア大陸に対する文明的な恩義を認めている。しかし、距離を置いた関係のままでいることが最善であり、とるべき最も安全なアプローチであると感じている。

日本がアジアのアイデンティティについて抱くこの両義性に深く関連して、日本が世界でどのような立場をとるのかという問題に関して、一部で対立する二つの考え方が存在する。海洋や商業を重視する学派は、日本にとって、太平洋やそれ以外の地域において海洋国家連合の一部であることが最善であると論じる。その理由として、日本の生存は自由海域と自由貿易の防衛にかかっているからだとする。また大陸と近隣諸国を重視する学派は、日本はアジアの要諦であり、この国の生存は防衛上・商業上の理由によりアジアと離れることはできないと論じる。この問題について行われた調査では、「分からない」とそれ以外の解答を除いた場合、回答者の六〇％が前者の見方を支持し、四〇％が後者を支持していた。*

＊質問によって言葉は異なるが、これらの数字は私が長年にわたってそのような質問を読むことに基づくものである。

インドネシアやマレーシアのようなイスラム諸国は、イスラムのアイデンティティとアジアのアイデンティティの間で引き裂かれている。通常は、イスラムのアイデンティティは、国民のアイデンティティとアジアのアイデンティティが来たあと三番目に選択される。台湾や香港のような中国社会は、文化的な中国人意識がアイデンティティの序列で一位か二位にくるかどうかについて両義的な態度を示している。シンガポール人は、大部分が文化的な中国人意識を有しているため、それほど苦悩はない。いずれにせよ、「文化的中国性」やイスラムアイデンティティが存在しないアジア諸国のうち、日本はアジアアイデンティティのカテゴリーでは最も低い割合を示している。

市民の信頼

次に、信用ないし信頼の問題へと移ろう。日本人は国家についてどのように感じているのか。彼らは国家やその制度に信用を置いているのだろうか。この質問に対する答えについては、国家への日本人の信用は高くない。相対的に低い信用を説明する二つの主な理由は、すでに触れたところである。すなわち、戦争が屈辱と災難をもたらしたこと、そして戦争が彼らの生活を破壊したこと、である。日本人の大多数は、二度と戦争に関わりたくないと考えている。それが、ブッシュ大統領が勝利を宣言するまでは、日本人がイラクに派兵しなかった理由であり、主要野党がインド洋上の米英の航空機への給油に関する法律に反対したことの裏にあった理由である。国家による課税は、それが所得税であろうと、消費税であろうと、地方住民税であろうと、法人税であろうと、明らかに嫌われている。日本の市民は政府の増税提案に対しておおよそ一〇〇％の確率で拒み続けてきたので、政府は天文学的な赤字額を蓄積させてきた。しかし、国家に対する日本人の「不信」は特に高いわけではない。日本人は国家が使用する彼らの金銭を「全額」賭けることにためらいを覚えているけれども、世界最大の貯蓄額を誇る郵便貯金に預金し続けることを必ずしもためらっているわけではない。また、日本政府の公債を大挙して購入することをためらっているわけでもない。

統治制度に対する日本の大衆の信用についてはどうであろうか。統治制度に対する信用のパターンはアジアの市民とも、ついでにいえば、ヨーロッパの市民ともそれほど異なってはいない。これらの国々の大衆は、警察と軍隊に対して高いレベルの信用を示している（アジアでは警察、軍隊の順で、ヨーロッパでは軍隊、警察の順）。信用に関しては、公的機関がそのあとに続くが、そこは実力主義であり、割り当てられる業務は技術主義的である。これらの制度は法・裁判システムや政府機関を体現している。日本人が信用の度合いに関して低い順位に置いているのは、民主的諸制度、つまり政党と議会である。このような信用のパターンは、程度の差はあるが普遍的である。マスメディア、大企業、国際制度については、国ごとの差異が大きく、それは日本も例外ではない。日本人の国家に対する不信は非常に高いがために、例えば二〇〇七年九月に安倍晋三首相が長引く病気を理由に辞任した時にも、明らかに政財界のトップリーダーたちはなんら不安に駆られることはなかった、と言われることもある。

市民の満足

国家に対する市民の満足についてはどうであろうか。彼らは国家のパフォーマンスに満足しているのだろうか。日本の市民がそれほど満足していないことは、驚くべきことではない。ただし、日本の国家が、戦闘によって亡くなった兵士の不在や、荒廃して灰にまみれた国から経済大国への上昇、戦時中の軍隊主導の権威主義からその後六〇年間の成熟した民主制への奇跡的な変容といったような大きな業績を誇っていることからすると、小さな驚きを感じる人もいるかもしれない。

日本人が満足しているかどうかに関する質問に対して、一つの強力な答えに値しそうなのが脱物質主義的な回答である。市民は、生存があらゆる事柄をしのぐような物質主義の段階を超え、生活様式が満足の鍵となるような脱物質主義の段階へと移動した。生活様式は人それぞれ異なっているために満足の度合いは無数の要因に依存するのだが、そのうち最も重要なのは彼らが自分の居場所と感じる環境である。例えばシニアゴルフクラブの大会における結果に最も関心がある人がいるかもしれない。あるいは遠方から来る孫に会うことに幸せを感じる人もいるかもしれない。いずれにせよ、彼らは韓国、台湾、ルクセンブルクのような、経済的に豊かでありながら満たされていないと感じる人々と同じグループに属している。

可能性のあるもう一つの答えは、グループ間の対立である。集団の競争と動員に関する社会学のある仮説が示しているのは、貧富の差が、不況の間に拡大し、好況の間に狭まるということと、貧者は不況の時、明々白々な理由から満たされることはないが、好況の時には所得水準がゆっくりではあるが目に見えるかたちで増大するのに合わせて、相争う集団精神が刺激されるということである。言い換えれば、貧者は、過去の悲惨な出来事と、現在の（十分早いわけではないが）貧富の差の縮小について、不満を作り出す。競争的な精神が政治的に動員される時、貧者は不満を過度なまでに公にすることによって、資源配分に対する発言権を手に入れることになる。この理論の問題点は、グループを貧富の間で区別することが必ずしも容易ではないということである。一九世紀と二〇世紀のかなりの時期におけるヨーロッパの状況のように、長期にわたって相争う区別可能な社会階級が存在するなら、議論はもっと簡単になるだろう。

国家のパフォーマンスに対する全体的な満足とは別に、市民は自身の満足については分野ごとに特有である。予想外のことでもないが、国内政策、特に社会政策に魅力を感じる人も多い。彼らは年金、医療保険、福祉、都市・農村の所得格差、男女平等のような国家の政策にはそれほど満足してはいない。また、彼らは教育、犯罪、汚職についても満足してはいない。海外派兵について積極的な人も、そうでない人もいるという点で、外交政策については日本人の中で意見が分かれている。同様のことは、憲法改正の問題についてもいえる。

家族の価値

家族の価値は現代日本の政治文化において主要な要素の一つとなっているが、その理由は、それらの価値が政治的権威主義と密接に関連しているからである。日本人の家族の価値には多くの流れが存在する。

より伝統的な価値に含まれるのが、孝行、誠実、勤勉、調和、つつましさ、手柄、正直、謙虚のような信念である。この話は、例えばルース・ベネディクトによって誇張されている。彼女の著書の題名である『菊と刀』は、君主、サムライ精神、そして忠誠や従順といったそれらが有する家族の価値の一つを思い起こさせてくれる。権威主義が、この種の家族の価値に加わることもある。したがって、権威主義によって作り出された同意に対するやみくもな遵守と、集団間の罪への過剰な礼賛とが、日本の伝統的価値や美徳の訾であり、家族の中で教え込まれているといわれることもある。

最近現れた日本の家族の価値や美徳は、かなりの程度で、伝統的な価値とは異なっているようにみえる。両親が家庭で養育しようとする特性の中で最も強調されているのが、注意深さ（「思いやり」や「優しさ」）である。これは寛容、慈善、思慮深さ、配慮といった言葉で翻訳されうるだろう。「思いやり」は、日本人の六〇％もの回答者が他のすべての特性よりも上位に置いている言葉である。この回答があるために、日本人は東アジアの回答者の間で独特である。中国、韓国、台湾、ヴェトナム、シンガポール、香港の回答者たちは、程度の差こそあれ一様に、家庭で優先すべきこととして、自己の強さ（自立）、勤勉、誠実の三つの特性を描いている。これら三つの特性はすべて自己に関することであり、社会的性質ではない。人は生き、自立しなければならない。反対に、日本の回答者は注意深さ、ないし「思いやり」を選び出す。この性質は、社会ではそれ以外のものに関わる。日本人はより脱物質主義的であるが、他方で、その他の東アジアの人々は、生きていくことが主要な美徳であるという点で、物質主義の性質を根強く残していることを示しているのかもしれない。さらに、日本を除く東アジアの人々の中には、多くの異なる回答が存在している。自己の強さ、勤勉、誠実という東アジアの三本柱に加え、韓国の回答者は他国よりも年長者への尊敬を重視している。ヴェトナムでは、回答者が他国よりも従順さに重きを置いている。台湾、シンガポール、香港の回答者も他国と異なる面があることを示している。

家族の価値と関連するのが、教室内における児童の権威主義である。日本の児童は従順で、素直で、合意的であり、丁重であるというような印象を描きがちである。だがメリー・ホワイトが学校教室の比較研究で非常にいきいきと明らかにしていることは、日本の子供たちの特徴は、一方で協調と同意、他方で競争と介入とをうまく組み合わせている、という事実である。後者はやはり重要である。指導が与えられると、児童はしばしば良いイニシアティヴを発揮する。教室運営の形式や教育の方法はまた、この種の文化的差異を考慮に入れているのかもしれない。

良い例として挙げられるのは、アメリカ式の英語教育であろう（例えば、教師からテーマが与えられ、程度の差はあれ自由に議論が行われる）。この手法は時に東アジアの学生を当惑させることもある。彼らの多くは必ずしも質問をしない。そして彼らの多くは必ずしも教師の質問に進んで答えない。彼らが期待しているのは、教師が答えの作り方について、まず注意深く、かついろいろと指導してくれることである。もしこのようなレベルの教育がなされれば、児童は非常に多くのことを成し遂げる。この見識が当てはまる例の一つが、東アジアの親が自分の子供に英語を学ばせるために、彼らをアメリカではなくシンガポールに送り出すという事実と、中国ではシンガポール製の英語教育に人気があるという事実である。シンガポールの児童は従順と競争を結び付けるという点で、日本の児童に似ている。

5　政治文化を考える際の注意点

日本の政治文化は豊かである。本章だけではとても紹介しきれない。最後に、これまで述べてきたことを要約する代わりに、政治文化研究に関連する二つの重要なテーマについて、短い注釈を付け加えておきたいと思う。

第一に、日本の政治文化は間違いなく、かなりの程度、適応性を持っていることである。個人主義や集団主義を過度に強調することもなければ、競争や従属に対して一心に焦点を当てることもなく、日本の政治文化は内在的・外在的変化によって、その姿を変えている。「変われば変わるほど、同じままである」と皮肉にも論じる人がいる。言い換えれば、同じままでいるために変わらなければならないということである。したがって、国民文化的単位としばしば呼ばれるある所与の単位において、文化がまるで生活する人のＤＮＡであるかのように捉えて、文化研究、特に政治文化研究は行われるべきではない。

第二に、政治文化の研究では、言語が重要な役割を担うことである。言語は文化の一部である。政治文化をよりよく理解するために、可能な限り言語を知っておいた方がよい。さらに、政治文化を研究する際、調査研究が持つ、本質的に押し付けがましく差し出がましいインタビューの性質が、改善される必要がある。文化に少し気配りを持ち、言語の理解を徹底することによって、政治文化の把握が望めるのである。

アメリカの社会学者・政治学者、シーモア・マーティン・リプセット（Seymor Martin Lipset）は、「ひとつの国しか理解しない人、ひとつの文化しか見ようとしない人は、ひとつの国も、ひとつの文化も知ってはいない」と半世紀前に言っている。政治文化は長い眼で見るとダイナミックであり、他の国、他の文化に対しても強い関心を持って初めて自分の国家、自分の文化についても理解ができる。外国や外国文化を知るには言語の習得も不可欠である。言語習得は文化理解を一般に深める。それなくして、政治文化の理解はたいして深まらないのである。

第8章　グローバリゼーションと文化的ナショナリズム

1　グローバリゼーションとは何か

本章では、重要ではあるがしばしばその定義が曖昧な二つの概念、すなわちグローバリゼーションと文化的ナショナリズムとの関係について検証する。しばしば、「グローバリゼーション」という用語は国境を越えて拡大する力を意味し、他方「文化的ナショナリズム」が指し示すのは、国境内部における集合的なアイデンティティ――均質的なものであれ、混合的なものであれ――を強調する力を指し示す。グローバリゼーションと文化的ナショナリズム双方のダイナミズムは、両者が永久に相反するものであり続けることはできないことを意味している。それらはお互いに影響を与え、反応し合い、さらなる影響を及ぼす。

グローバリゼーションの定義

グローバリゼーションの特徴は、世界規模での均質化をもたらす影響力であり、国境を越えて土着化させる影響力である。それは地球を平らにし、地球を掘り下げもする。それゆえしばしば抵抗を呼ぶこともあるが、抵抗それ自体を地域集団に土着化させることによって、その抵抗を克服する。つまり、グローバリゼーションはコスモポリタニズムを促進し、文化的ナショナリストからの反応を引き出すのである。同じように文化的ナショナリズムは、偏狭な地域主義とトランスナショナルな普遍主義の双方をもたらす影響力を内包している。その性質は、内向きの例外主義と外向きの超越性にある。文化的ナショナリズムは、二〇世紀におけるその歴史の多様性ゆえに、怒りに身を任せて自らの記憶やアイデンティティを振り返るだけでなく、同じような状態に置かれた同志たちへの深い同情を持ちながら、国境を越えた視線を前に向けているのである。グローバリゼーションと文化的ナショナリズムの双方は、相互に検証する価値がある。

グローバリゼーションという概念を明確にするのは容易なことではない。ここでの議論のために、それは選択的・差別的なやり方での、時間と空間の不均質な圧縮かつ拡大と定義づけよう。コミュニケーション技術と輸送技術の進歩は、グローバリゼーションを下支えする重要な推進力である。リチャード・オブライエン（Richard O'Brien）は、「地理の終焉」という言葉を使い、グローバリゼーションを通じて時間と空間が大規模に圧縮され、距離という暴虐が終わったことを説明した。コンピュータ技術の発達を通じて、金融サービスは速く、容易に、かつ費用効率が高くなっていった。一九八五年から八六年の間に、人類史上初めて、通貨の交換の総額が、品物・サービスの貿易の総額を上回った。そして一九八六年以降、全世界で、通貨交換の総額は品物とサービスの貿易総額の五〇倍から一〇〇倍に及んでいる。

トマス・フリードマン（Thomas Friedman）は、グローバリゼーションは地球を平らにする力と定義している。例えばマクドナルドとスターバックスはどこにでもある。ホテルで提供される朝食の味は、どこでも一様になりつつある。しかしそれと同時に、非常に大きな差別的な力でもある。それは、競争を重要視する。利益になること、効率の良いことが圧倒的に好まれ、利益にならない、効率的でない事業は淘汰される。これはあらゆる点において平等であり、英語やコンピュータの能力が高くない者は稼ぎが少ないことになる。多くの取引先を持ち、サービスの良い空港に直接アクセスできる企業は、そうでない企業よりも多くのことをなしうる。財務の専門家が組織を形成しているところはどこでも、ビジネスは繁栄する。

グローバリゼーションの日本社会への影響

グローバリゼーションの重要な側面は、もてはやされすぎる傾向のある有機的な国民的統合にとって破壊分子だという点である。ある意味、グローバリゼーションは自己完結的統合や国民国家存立を脅かしている。それはまた、長い時間の経過によって正当性を得た国境という枠組みの中で、何らかの物品を入手する伝統的な方法・手段を破壊する。文化的ナショナリズムが喚起されるのは、国境や国民的統合が、グローバリゼーションの浸透と、それによる破壊のどちらか、あるいはその両方に直面している状況においてである。文化的ナショナリズムは、残されたもの、単純に言えば国家的記憶やアイデンティティを、防衛的かつ攻撃的に利用することでそれに反応する。これが、ジャン＝マリ・ゲエノ（Jean-Marie Guéhenno）にとって、グローバリゼーションが「民主主義の終着点」(*la fin de la democratie*)を意味した理由である。

グローバリゼーションは市民を解体し、国境内における民主主義を弱体化させる。資本が、ただささらなる利益を得るためだけに、国境の「無意味さ」に対して払われるべき考慮が払われることなしに、世界中を速やかかつ大規模に飛び回る時、これは特に深刻である。グローバリゼーションは国家経済を解体するのである。街中を走っているトヨタの自動車は、その多くが名古屋で設計されている。しかし、部品は日本、中国、ブラジルで作られ、ハノイやメンフィス、リオデジャネイロで組み立てられ、世界中で販売されている。日本の自動車産業が、多くの理由から、日本国内での製造が維持されねばならないと考えていたのは、わずか二〇年前のことである。日本の国家産業の基盤——電力、輸送力、通信、部品——は非常に良く機能した。日本国内の熟練労働者の質は高く、高賃金でもあった。ひとたび組立工場が、例えばインドのチェンナイなどに置かれると、言語が日本人にとって大きな壁となった。

国内での労働力不足ゆえに、日本の指導者はずっと、たとえその民族的・文化的出自が多様であろうとも、高度に専門化された集団が日本の労働市場に参入してもよいと考えてきた。彼らはすぐに、日系ブラジル人が組立工場にとって良質な労働力を提供するかもしれないと考えた。それゆえに、多くの日系ブラジル人が、例えば群馬県太田市や静岡県浜松市へと移住してきたのである。しかしそれは需要を十分に満たすものではなく、今では一万人以上のインド人が、ＩＴや金融サービスの分野の専門家として、東京で働いている。彼らの多くが住む街の一つが、東京駅から三〇分ほどの距離にある西葛西である。毎朝西葛西ではインド人通勤者がプラットフォームに溢れているので、この街に来た人は、自分がどこの国にいるのか分からなくなるかもしれない。

日本人は、最も長生きする国民の一つである。日本人の高齢者の多くは、医者や看護師、心理療法士のケアが受けられる集合住宅に住んでいる。そういった施設での人員不足は、前述した労働者不足と同様の問題である。近年制定された法律は、その訓練を受けたフィリピン人看護師がこうした施設に雇われることを認めている。政府開発援助計画（ＯＤＡ）の定めるレートに基づいて、彼らフィリピン人労働者への賃金が支払われている。こうした労働者は、フィリピンで職業と語学に関する訓練を受けた後、専門職用ビザを取得し、基本的には循環的に（三年から五年）日本にやってくる。その訓練において日本語能力の取得が強調される理由は、第一に高齢者介護にとって日本語を話せることが決定的に重要であるため、第二に日本看護協会が、日比二国間協定の中に、自らの専門家としての利益に反する何かを見出したためであろう。そのため日本看護協会は、日本に来る前に日本語能力取得の必要性を強調することが必須と考えている。そのため、彼らが持っている能力で、別の国で同等の収入が期待できたため、彼らはしばしば、英語があまり普及していない日本よりも、英語が使われている湾岸諸国へと向かっている。

東アジア諸国では、日々のグローバリゼーションの経験が、規範的な文化的価値を変容させてきた。食糧の多くがもはや国内で生産されていないことは、今ではなんの驚きもない。例えば蕎麦は、日本人にとって伝統文化の象徴としても一般的だが、その多くは現在中国で生産されている。また別の象徴的な日本料理であるエビの天麩羅に使われるエビはインドネシア産で、刻み海苔は韓国産で、ワサビは静岡の伊豆産で、醬油を作るために必要な大豆はアメリカ産である。もし人間が食べているもので形成されると考えたら、最も良き日本人の身体は、国際的に生産されている食べ物を日々消費することを通じて、いまやますますグローバル化しているだろう。グローバリゼーションの定義を説明し、その日本社会への影響を概観したところで、本章の主題である、グローバリゼーションと文化的ナショナリズムの関係に目を向けることとしたい。

四つの比較の視点

以下では、初めに三つの英語表現――「globalization」、「the Asian financial crisis」、「the Taliban」――が、日本、韓国、中国においてどのように用いられているかを検証する。言語は文化的ナショナリズムの源である。この分析では、グローバルに拡散した外国語が、どの程度これら三カ国の言語の中で適応したかを考察する。日本語は外国語への適応性が高く、「グローバリゼーション」などカタカナ言葉を使えるが、だからといって必ずしもその外国語の概念が日本社会に浸透していることを意味するわけではない。この三つの例の比較を通じて、われわれは、日本の文脈においてグローバリゼーションと文化的ナショナリズムとの有意な関連性を見るであろう。

次に、言語から文化的事物に目を向ける。つまり、イギリスの綿織物、立憲君主制、株式に基づく資本主義――これらはすべて、新しい技術や制度がグローバルに拡散した象徴的事例である――が、日本社会で適応する過程において、いかにねじれや転回を経験したかを検証する。ここでは、グローバリゼーションのプロセスに文化的ナショナリズムが介在する可能性がある。

さらにここで、近年東アジアの国際関係に見られている文化的ナショナリズムに目を向け、東アジアの三カ国の政治指導者（日本・韓国・中国）が、容赦のないグローバリゼーションの波と、それが国際関係に与える影響に対処するために、いかに文化的ナショナリズムを丸め込み、なだめすかし、あるいは抑圧しているかに焦点を当てる。

最後に、アジア・バロメーター二〇〇六を用いて、グローバリゼーションに対する姿勢とその経験は、信頼、人的つながり、思いやりといった日本の三つの文化的価値を侵食したかどうかを検証する。そして分析の結果、信頼や思いやりは日々のグローバリゼーションの経験と負の相関をなす傾向がある一方で、人的つながりは正の相関関係をなした。

以上四つの比較的アプローチから結論が導き出される。

2　グローバリゼーションと文化的ナショナリズム

その範囲と類型

グローバリゼーションは多くの側面を有している。それは、地域格差の不均衡な拡大に貢献するような様々な現象を引き起こす。グローバリゼーションを批判する人々は、その経済的側面と金融的側面との分離、そしてそれが気候や環境にグローバルな規模で与える影響を指摘する。文化的ナショナリズムは、グローバリゼーションをとりまく議論において、同じように目立っている。人間の生活の多くの要素が、次々と、着実かつ一見不可逆的にグローバル化されているため、文化的ナショナリズムは、反グローバリゼーションの最後の砦のように見えるのである。文化的ナショナリズムは、「想像の共同体」への思慕を内包している。

グローバリゼーションの力が現在の生活を危うくするように見えた時、文化的ナショナリズムは、集団の運命を自己規定的に構成するような共有の記憶や構造という意味において、共感、団結、連帯という要素を内包しているのである。まさに国民国家が想像の共同体の建設から始めたのと同じように、国民国家は、想像の共同体の維持を断固として支持することで国民国家自体を守らねばならない。国民国家の物質的基盤が、グローバリゼーションによって日々掘り崩されているように思われた時、その存在の思想的・感情的基盤はなんとしても守られねばならない、といった主張がある。こうした意味において文化的ナショナリズムは、その目的においては防衛的である一方で、その発露においては攻撃的である。グローバリゼーションそれ自体は、新たな技術や考え方の速度や拡散に応じて、勢いを増したりも減じたりもするため、文化的ナショナリズムが指し示す範囲やその類型は、場合によって様々に異なる。こうした問題を避けるために、三つの例について検証してみたい。

「グローバリゼーション」という用語

グローバリゼーション（globalization）という用語は様々に翻訳されている。日本語での「グローバリゼーション」は、その意味についてさらに説明することなく、単純に発音に基づいて翻訳されている。「グローバリゼーション」あるいは「グローバル化」が日本語訳であることは驚くことではない。日本人は外国語を、字訳や解釈なしに用いる傾向があるからである。しかし、非英語圏での使い方をより厳密かつ比較して見ると、文化的ナショナリズムが――この文脈において――言語を通していかに明瞭に示されているかが理解できる。

中国ではグローバリゼーションは「quanqiuhua」と訳される。これはグローバリゼーションの直訳である。「quan」は全体（the whole）を意味し、「qiu」は球（a ball）を意味する。つまり「quanquihua」は、地球を一つの球体に変容させることを意味するのである。

また韓国では「segyehwa」と訳されるが、これは全世界化（mondialization）を意味する。一九八〇年代から九〇年代、国家間の関係がより密になっていく状況を指すのに国際化（kugjehwa）がしばしば用いられていた。研究者やジャーナリストの間で、韓国で生じていることの正確な翻訳に関する論争が、一九九〇年代に起きた。つまり、グローバル化は国際化に包含されうるのか否か、という問題である。議論の結果、「segyehwa」を「kugjehwa」と区別し、グローバリゼーションを意味する韓国語とした。中国語では、当初から国際化とグローバリゼーションは区別されていた。中国語で国際化は「guojihua」と翻訳されるが、これは国際化を直接表音的に訳したものではない。

以上のことから、東アジアの三つの言語の中でも、日本語が、少なくとも現在までのところ、グローバリゼーションの表音的翻訳を最も受け入れているように思われる。このことは、日本人が韓国人や中国人よりも文化的ナショナリストの傾向が強いことを意味しないかもしれない。それは単に、日本語が様々な外国語を吸収するという点において英語に似ている、ということを示しているだけではないだろうか。日本語話者は、歴史的に見て、外国の思想、制度や技術の吸収においてきわめて選択的であった点に留意しておくべきだろう。隋・唐時代の中国の法的・政治的制度を部分的かつ選択的に採用したことが、一つの好例である。もう一つの例として、一八六八年の明治憲法制定以降、西洋の思想・制度・技術を大規模に取り入れたことを挙げてもいいだろう。それには、日本の風土に合わせた熱心な土着化を伴っていた。

「アジア金融危機」という用語

二つ目の事例について検討しよう。一九九七年から九八年にかけてアジア金融危機（the Asian financial crisis）と呼ばれるものが東・東南アジアを席巻し、タイ、インドネシア、韓国の経済を麻痺させ、さらに多くの国々に影響を及ぼした。中国語でこれは「yazhou jinxiong weiji」と呼ばれたが、文字通り非表音的な翻訳である。日本語では「アジア金融危機」と訳され、同様に非表音的である。

しかし韓国においては、やや驚くべきことに、それは「IMF wigi」（金融危機によってＩＭＦに韓国経済が管理された危機）と呼ばれている。それはまるで、出来事全体の意味をねじまげているように聞こえる。もしそれが「アジア金融危機」であれば、それは、アジアの金融システムが危機的状況にあることを意味する。しかし、「IMF wigi」は、韓国の金融システム、したがって韓国経済全体が国際通貨基金（ＩＭＦ）によって危機に陥れられたことを指しているように見える。ＩＭＦは悪役になった。韓国経済がＩＭＦの管理下に置かれた時、多くの金融機関が保有していた株式は外国資本によって買われたが、それは、危機の只中にあって、株価が一夜にして急激に下がったからであった。その結果韓国の銀行の多くは、膨大な外国資本を手にした。「IMF wigi」という呼び方が単純に示唆するのは、植民地支配と超大国の介入に満ちた歴史を持つ人々の心理ではないだろうか。

「タリバン」という用語

三つ目の事例は「タリバン」（the Taliban）についてである。これは一九八九年にソ連がアフガニスタンから撤退したのち、同地を支配した宗教的軍事組織である。二〇〇一年一二月、アメリカはテロ攻撃に対する報復の名の下にアフガニスタンのタリバン政権を攻撃した。

それではタリバンという用語は、東アジアの言語でどのように翻訳されたのだろうか。日本語ではそれは表音的に「タリバン」と翻訳され、タリバンが何であるかを指し示すものは何もない。韓国語でも同様である。

しかし中国語では異なっていた。中国ではタリバンは表音的に「Ta-li-ban」と訳されていた。台湾ではタリバンは非表音的に「shenxueshi」と翻訳されるのだが、ここで問題が持ち上がる。本来のアラブ的な意味では、それは「神学生」――コーランから学んだ学生――である。なぜ中国人と台湾人の間で、タリバンの翻訳に違いが生じるのだろうか。

中国人は、「神学生」という用語の翻訳が悪影響を持つことをいくらか懸念しているのではないか。なぜなら、その言葉遣いが、イスラム教原理主義者、すなわち反中国共産党的テロリストと結び付けられうるテロリストたちにとって聞こえが良すぎる可能性があるからである。あるいはもっと単純に、非表音的に翻訳しないことで、中国当局がより政治性を薄め、近代化したといえるのかもしれない。ではなぜ台湾では「神学生」なのだろうか。ここでも、二つの解釈の可能性がある。台湾語は中国語の表意文字を多く使っており、外国語を非表音的に翻訳するのが困難だという解釈である。もう一つの解釈が、タリバンを「神学生／shenxueshi」と翻訳することの悪影響に、さほど危機意識を持っていないことにある。北京では、タリバンを表音的に「Ta-li-ban」と翻訳することの背景には、社会の近代化と政治的考慮が相互に影響しているのであろう。台北では、タリバンを「shenxueshi」と翻訳することに関して、中国の表意文字を使用する伝統的な傾向と政治的考慮の欠如が、相互に影響しているのであろう。タリバンを「Ta-li-ban」と翻訳する中国の決定がたとえ政治的なものだとしても、それが広い意味で文化的なものだと見なすこともできる。タリバンを「shenxueshi」と翻訳することが、北京に対する一連の抵抗活動となり、文化的ナショナリズムや、地域住民がムスリムやトルコ系である新疆ウイグル自治区における分離主義を導くかもしれないのと、それは同様である。

これらの例について、違いを強調しすぎているという主張もあるかもしれない。しかし、この問題についてだけでなく、様々な面における違いに、一見些細なものだとしても、グローバリゼーションの勢いに対して、東アジアの言語的反応に国家的な特有さが見られることが、重要な点である。

3　日本における文化的ナショナリズムの事例

われわれは、中国の表意文字の使用、あるいはそれに由来する言葉の使用を特徴とする、東アジア社会における三つの翻訳の事例を概観してきた。そこで次に日本に焦点を当て、外国の文化や技術の借用・整理・利用を、そうした思想や日本国民の感情と対立させることなくこなす、独特な作法に注目する。日本は、外来の思想・制度・技術を手本とすることや適応させることについて、独特の作法を維持してきた。なぜ日本国民は自身のアイデンティティを、近代以降経験してきた激動にもかかわらず、ほぼ損なうことなく維持してきたかは、十分考慮に値する問題である。三つの具体的な事例が、この問題の検証に有用である。その三つとは、(1)一八五八年の通商条約によるイギリス産綿織物の大量流入にもかかわらず、日本の伝統的な綿織物が生き延びたこと、(2)一八六八年の明治維新にもかかわらず、近代的な日本政府の高いレベルにおいて権力が脱中心化され、徳川幕府時代からの継続性が見られたこと、(3)人間中心で市民中心の資本主義の国民主義的な影、である。

イギリス産綿織物が日本に初めてやってきたのは、一八五八年に修好通商条約が結ばれてからである。この条約は関税自主権を日本に与えておらず、そして他の西洋列強との通商条約もそうだったため、日本はきわめて不利な状況に置かれていた。関税自主権は、一九一一年になってようやく西洋列強によって認められた。一八五八年から一九一一年の間、日本は輸入製品に対して何の関税も課さなかった。それではなぜ日本は、優良な西洋産製品の大量流入に直面してもなお、その産業基盤を失わずにいられたのか、そして自身の産業基盤をさらに強化することができたのだろうか。日本に入ってきたイギリス製綿織物は機械製で画一的であり、値段も安かった。日本製綿織物は、機械製ではなく手作りであるために画一性はなく、また、ほとんど品質管理されることなく家庭内で製造されるものだったため、必ずしも安価ではなかった。しかしながら、イギリスと同様の貿易協定によって駆逐されたインド産綿織物とは違って、日本産綿織物は国内市場から消えることはなかった。ガンディーは、地域的な産業基盤こそが独立を可能にするという事実認識のもと、インドの伝統的な織機による手織りを唱導した。無関税のイギリス産綿織物が大量に輸入されるという状況にあっても、国内産業基盤があったからこそ、日本の産業化が可能だったのである。

生き残った綿織物業

なぜこうしたことが起きたのかについて、きわめて広く受け入れられている見方は、日本人は伝統的な綿織物に慣れていたので、イギリス製を買うことがなかった、というものである。日本人は、雨に濡れてもなお強さを維持し、木の板で強く擦って洗濯しても大丈夫な厚手の綿織物を好んだのである。こうした社会的事実は、文化的ナショナリズムの典型といえるだろうか。おそらく、インドはイギリスの植民地であり、他方で日本は植民地になったことがないため、日本とインドの比較は必ずしも妥当でないかもしれない。日本の国内消費については、トヨタ自動車の経営者の祖先が綿織物業を営んでいたことを想起すると、さらにその正しさが裏づけられる。豊田家はイギリス製品の輸入に直面し、その生産を手工業から機械工業へと移行させた。そして一九五〇年代から六〇年代に国内の綿織物業が経済的でなくなると、トヨタ社はその主力製品を綿織物から自動車へと移した。それ以来、トヨタはグローバルな大成功を収めてきたのである。

第二に、一八六八年の明治維新は、地方分権的な徳川幕府を廃止させ、集権化された政府と描かれてきた。しかし、政府の最高レベルにおいて、官僚制は断片化され、断片化された機関に付着している権力を社会に対して、そしてお互いに対して行使した。一八六八年の明治維新は、西洋を模倣した制度を日本に導入した。明治維新は徳川幕府から権力を奪取し、天皇が主権を行使する帝国的体制を確立させた。五箇条の御誓文は、あらゆる公共の問題は公表され、公の議論を通じて解決されねばならないと宣言した。こうして、国家的な立憲君主制が採用されたのである。

分権的であった明治政府

こうした構造的変化の二つの重要な特徴が、日本の立憲君主制を国際的に見て独特なものにした。日本の各省庁は、あたかもお互いが競争関係にあるかのような、独立的なビジネスモデルを採用した。日本の警視庁は、フランスの組織モデルを採用した。帝国海軍はイギリスの、帝国陸軍はドイツのモデルを採用した。帝国議会はイギリスのモデルを採用した。選挙による衆議院と、任命による参議院という二つの議院が並立し、それによって本会議に重みが与えられ、委員会には大した重要性が与えられなかった。徳川時代の三〇〇あまりの藩は各行政機関が引き継いだ。日本の伝統的な階級区分、つまり士農工商が維新の後に撤廃されたため、特権階級だった武士のほとんどすべてがその職を失った。三〇年後に実力主義的な公務員試験が実施されるまで、各省庁は便宜や縁故に基づいて、同じ階級的背景を持つ人を好んで採用した。最初期の官僚機構における西洋モデルの採用は、その雇用モデルと合わさって、きわめて分権的な中央政府のシステムをまとめあげたのである。強い中央政府が意図されたが、実際はばらばらに断片化されており、中央官僚は直接天皇に奉職するものであるが、競合する組織と激しく争っていた。明治体制は、中央政府の最高レベルにおいて権力が分散していたという意味において、徳川体制と大差なかった。

それは、日本の独立が辿った道のりの強固さを示している。その意味において、それは文化的ナショナリズムの自己主張と解釈できるかもしれない。

人本主義・市民主義の伝統

日本に独特な文化的ナショナリズムの第三の形は、地域的・反グローバリゼーション的なあれやこれやの抵抗が、新古典主義あるいは市場原理主義を批判してきたところから生じている。抵抗する人々の根本的な教義は、資本主義経済の、特に株式会社の中心には人間が置かれるべき、というものである。人本主義（「資本主義経営において人間が根本的に重要だと考えるべきこと」を意味する）あるいは市民主義（「市民が第一だ」とする考え方）が、彼らの重要なスローガンである。企業の指導者や経営者、あるいは株式所有者のいずれも、資本家や株式会社の運営を支配することはできない。企業経営において、排他的に支配的役割を市場に与えるべきではない。

こうした人本主義や市民主義が、文化的ナショナリズムと容易に解釈しうるものに染まるかもしれないことの理由を理解するのは、そこまで困難ではない。グローバリゼーションが日本にもたらす利益とコストをめぐっては、主に企業経営者の観点から議論されてきた。彼らは、企業を主に国内における十分な利害関係者として成り立たせしめる、株式所有者や被雇用者に大きな関心を払っている。ナショナリズムは連帯・統一・有機的全体性を呼びかける。文化は、以前の有機的統一が弱められている時、そのつながりを強化するために用いられる、きわめて重要な構成要素である。例えば日本の株式の三分の一が、現在「外国人」に所有されている事実に気づいた時、文化的ナショナリズムのトーンは強められる。

4　東アジアと文化的ナショナリズム

日本のナショナリズムについての議論なしに、日本の文化的ナショナリズムについて議論するのは不十分であろう。力や思想がある形態をとると、しばしばそれは近隣諸国に対する反感を生み出す。結局のところ、あらゆる国際関係の中でも、近隣諸国への反感を抑えることは、しばしば最も困難である。

日本の民主化の流れ

近年の日本の文化的ナショナリズムの表明は、中国や韓国、そして潜在的にアメリカに対して向けられてきた。これは、日本のアイデンティティや近代性の歴史的構築の枠内において、深く反響している。一八五三年、アメリカ海軍による強制的な開国・開港は、明らかに歴史的な起点だった。長い間堅持してきた鎖国政策を継続するのではなく、徳川幕府は世界に対して開港し、近代化することを決定した。このことは、主要な西洋諸国と外交関係を樹立することにつながり、その後一八五八年に貿易・関税体制が築き上げられたのである。

この日本の「開国」において、日本は二つの重要な要因に対応しなければならなかった。それは、国内で激しく議論されたが、最終的にいくらか苦々しげにではあるが受け入れられた要因、治外法権と関税自主権放棄である。治外法権への反対は、条約締結後すぐの時期に西洋人外交官の暗殺という結果をもたらした。また関税自主権は一九一一年になってようやく回復された。

日本は、産業化の最も初期の段階の間、半世紀にも及ぶ自由貿易体制を経験したのである。国家経済と政治的主権の侵食の激しさは、啓蒙と革新、富、そして強い軍隊のために軽視された。当時は、西洋に追いつくことが最優先された。徳川時代には、栄養、公衆衛生、灌漑、識字能力の改善が国全体で見られたが、それらは、明治時代の指導者の近代国家建築をさらに促進させるための道を整えた。自由貿易体制が課されていたため、日本は外部との競争にさらされており、その結果として、第一次世界大戦前夜までに、最初期の離陸レベルへと産業化した。立憲君主制という目標が掲げられた一八六八年の明治維新のおかげで、日本はこの間、徐々にかつ確実に民主化への道を歩んでいくこともできた。一八八〇年代と九〇年代に、政党が初めて誕生し、地方議会選挙が初めて行われ、帝国憲法が初めて発布され、衆議院選挙が初めて行われた。それに続いて帝国議会が開催された。一九一〇年代と二〇年代に、議会制民主主義が、二大政党制と男子普通選挙によってさらに強化された。一九三〇年代には、衆議院における社会民主主義派の議席獲得が達成された。日本があたかも西洋化の道を正しく歩んでいるように、そして初めての、非西洋国家による国民国家となったかのように見えた。

しかし一九三〇年代から四〇年代に暗雲がたちこめた。日本は突如として民主化の道から逸脱したのである。第二次世界大戦の結果、日本とその近隣諸国に大惨事をもたらした軍閥は解体された。一九五二年までには、独立国家として日本は、民主化と産業化の道に復帰した。それ以来日本は、非西洋世界において、きわめて平和的で、発展した民主主義的な道を歩んできた。それゆえ、現在国内において文化的ナショナリズムの言説が流布するのである。これは日本近代史における主流的見解であり、ウォルト・W・ロストウ（W. W. Rostow）やケネディ政権における重要な政策立案者であったエドウィン・ライシャワー（Edwin Reishauer）ら、アメリカの近代理論家らの見解ともおおよそ軌を一にする。

ナショナリズムの激化

戦後、暗雲が再びたちこめた。それは外国――韓国と中国から――であったが、次第に日本国内からもやってきた。一九五三年以後、解放後の朝鮮半島は、アメリカが占領した南部と、ソ連が占領した北部で、それぞれ全く別の道のりを歩んでいった。それぞれ独立を達成した後、大韓民国と朝鮮民主主義人民共和国は、困難な発展の道を歩んだ。韓国は市場提携的経済発展路線と呼ばれる道を進み、北朝鮮は自主的経済発展路線と呼ばれる道を進んだ。前者は、日本との緊密な財政的、技術的、経済的、政治的つながりを、よりグローバルなアメリカの覇権の下で結ぶものである。これは時として、韓国国内でイデオロギー的不快感を生み出した。

韓国人にとって日本は二つの否定的なシンボルを象徴するものになっていた。一つは、以前の帝国的植民地主義者である。少なくとも韓国人エリートにとって、日本は東アジアにおいて中国的儒教思想の梯子の下位に位置づけられるものである。その中では、女真族に支配された清国は、朝鮮よりも下位に置かれ、さらに徳川幕府の日本は最下層に位置づけられていた。彼らの考えでは、女真族も日本人も十分に儒教化されておらず、したがって文明化されていない国家だった。さらに、韓国の軍事指導者はしばしばきわめて親日的だと見なされた。そのため彼らは、必要以上に反日的に行動せねばならなかった。韓国の民主化と開発の達成は、国内におけるさらなる反日ナショナリズムの種をまいた。その後、民主化によって左翼勢力が権力を得た。開発の成功は、日本との緊密な関係を築かせた。アジア金融危機は一時的に韓国を国際通貨基金（ＩＭＦ）の管理下に置き、それによって韓国経済における外国資本はさらに増大した。これら全てが、断続的な反日感情を生み出してきたのである。

中国は、海外の列強に侮辱され、搾取され、無礼に振る舞われた歴史を持つ。一八四二年のアヘン戦争以降、イギリスに率いられた西洋諸国は清国や中華民国に、港、市場、さらに国全体を西洋との貿易や文化に対して開くよう圧力をかけた。それは、中国を半植民地化するものだった。あらゆる種類の物、知識を有していた文明国家としての中国のプライドは粉砕され、中国は自らの大地と運命を左右する存在ではなくなった。日本は主要な侵略国の一つだった。日本による占領と国民党支配からの解放の後、中国はアメリカに対抗する一面的な政策方針を選択した。このことと、非常に自主的な開発政策方針とが合わさって、中国は、一九七〇年代後半まで実質的に世界経済から締め出された。

鄧小平が一九七八年に権力中枢に上り詰めたことは、日中関係における複雑な力学を誘発した。世界的に見ても未開発であった状態から、中国の開発は爆発的に進んだ。第一に、外国の資本と技術に大きく依存するようになった。中国人労働者の賃金は全体として低く抑えられたが、それは、中国の輸出にとってきわめて望ましい人民元と米ドルとの為替レートで、大量生産された品々を外国に輸出する政策方針が維持されたためであった。国内の金融サービスや産業的・社会的インフラに対する熱心な改善が見られない中、そして社会政策や社会的セーフティネットのレベルが着実に改善されないまま、中国社会は近年、恒常的な分裂・混乱状態にある。このことは、国内の反グローバル的抵抗にとっての豊富な土壌になる。第二に、独裁主義体制になって、反共産党や反政府的な声があまり聞かれない、あったとしても、一時的かつ隠れたものである。行動の合図が生まれる時、不満が噴出する傾向がある。これが、地方役人の不正から生じるのか、地位の高い指導者の過ちから生じるのかは、ほとんど重要ではない。さらに、不平不満は反共産党や反グローバリゼーションなど、様々な方面において利用され、動員される。第三に、開発が進むにつれ、中国と日本の関係が強まっている。というのも、中国はインフラ技術や製品の中身について、日本に大きく依存し、日本は安価で豊富な労働力と、その良好な関係について、中国と相互に依存しているからである。この相互依存の深化は、天安門事件後の中国への経済制裁が一九九一年から九二年に解除されて、グローバル大国への進化を促進して以降、不可逆的である。毛沢東的思想の言語において、中国国内の矛盾の深化は、指導者がしばしばそうした不満の関心を反外国、反日本的な方向へと逸らすことを促進した。とくにそれは、日本の不満が中国や韓国における不満の増大と共にある時、そうである。

一九九一年以降の二〇年間に及ぶ日本の停滞は、中国の経済的再生と軌を一にしていた。このため日本の多くの企業は、生産拠点を中国へ移行していった。この行動はトランスナショナルな現象の影響を増大させてきた。日本国内で大規模な構造転換とリストラに直面した時、日本人の多くは中国の興隆に懸念を抱き、不平不満が日本国内であふれた。二〇〇一年九月一一日のテロの後、日本政府は、アメリカが主導するいわゆる「テロとの戦い」を支持することを決定した。そしてそれ以降しばらくの間、東京市場はアメリカ長期国債購入のための資金を経由させた（ちなみに、購入者は大部分が非政府であり、中国の国債購入者が日本のそれをはるかに上回っていた）。アフガニスタンでの初期の戦闘において、日本の自衛隊はインド洋に艦隊を派遣し、米英軍へ洋上補給を行った。また、アメリカによる勝利宣言の後、戦後復興を支援するために日本は自衛隊をイラクのサマワに派遣した。サマワからの撤退後、日本の航空機がクウェートに駐留し、物資、車、食糧、薬をバグダッドに運び込んだ。

テロとの戦いの明らかな残虐性、アフガニスタンとイラクにおける勝利の困難さゆえに、多くの日本人が日米同盟の性質を再考することになった。しかし同時に彼らは、日米同盟に容易に引き離すことのできない運命のようなものも感じていた。このことは、多くの日本人の間に、アンビバレントな反米主義を生み出してきた。さらなる反米主義の促進を止めるため、小泉純一郎首相の動きは素早かった。靖国神社に、いちおう一人の私人として、戦死者の魂を慰めるためだけに訪れたのである。この行動はおそらく、ますます声を強める国内の極右勢力――アメリカとの関係に傾きすぎ、かつ中国と韓国に対して強硬でないとして日本政府を批判していた――をなだめるためのものであった。

しかしこれが、中国と韓国において裏目に出た。二〇〇五年に中韓両国において大規模な反日デモが起き、両政府とも日本政府を厳しく非難する声明を出した。小泉首相はそうした非難を全て退け、いついかなる時でも中韓の指導者たちと会合する用意がある、しかし中韓両国の国内問題がそれを邪魔しているのはよろしくないと述べた。こうしたやりとりはこの問題における行き詰まりをもたらし、その後、後継の安倍晋三が首相に就任した二〇〇六年一〇月に、中国と韓国を訪問することで初めて解決した。

ここで述べた期間は、今までのところ、グローバリゼーションと文化的ナショナリズムのダイナミックな相互作用について多くの好例を含んでいる。グローバリゼーションは東アジアにおいて、その経済が大いに活性化するにつれて、急速に根づいた。国内経済は急速に地域と密接な関係を築くようになり、さらに世界全体との関係も密になっている。ヨーロッパ全体で、地域内貿易額が六〇％になるのに五〇年以上かかったのに対し、東アジアの経済はわずか一五年で五〇％を超えた。同時に、国内における分裂もより激化してきた。これは、アメリカ主導の反テロ戦争のうねりの中で生じた。東アジアの指導者は、国内の不満や政府への反対意見になんとか対処できる時にのみ、地域経済の強化を欲するのが普通だった。そうでなければ彼らは、国内の反対意見をなだめ、すかし、そして抑圧しなければならない。文化的ナショナリズムは、こうした状況における最後の手段である。つまり、国民に対し、侮辱、怒り、プライド、自尊心の歴史的記憶を思い起こさせることで、指導者に対する他の側面での国民の反対をなだめ、すかそうとするのである。

5　グローバリゼーションと文化的価値観

われわれは文化的ナショナリズムを、グローバリゼーションの波に対抗するものと見なしてきた。しかし、日常生活において、文化的価値観におけるより日常的な変化の方が目に見えやすい。人々は、グローバリゼーションという均質化する力か、文化という異化する力のどちらかと関連するかもしれない文化的価値観を支持する。日常的なグローバリゼーションの経験が、そうした文化的変化にどのように影響を与えてきたかを知るために、われわれが東アジアの文化的価値観について行った調査を考慮に入れつつ、この調査が、グローバリゼーションと文化的価値観における変容の関係を検証する、数少ない試みの一つを代表するものであるために、暫定的なものであることを強調せねばならない。

私は、次の三つの価値観を、過去の東アジアの文化的価値観を代表するものとして選択した。

(1)基本的に、人間は信用できる。

(2)政府の許可を必要としている人が「我慢して待て」と言われたら、彼らは、その許可を得るためにあえて人脈を利用する。

(3)思いやりは、子供たちには家庭で教えられた方がよい重要な素養である。

ここでは、猪口孝とその研究班が二〇〇三年以降毎年実施したアジア・バロメーター調査を用い、一般的な人々の日常生活に焦点を当てる。この調査では、二段階ロジット回帰モデルを用いて、日常のグローバリゼーションの経験を通じてこれらの価値観が関係している度合いを明らかにした。

調査に参加した東アジアの人々の回答は、そうした価値観と日常のグローバリゼーションの経験が正にも負にも関係することを明らかにした。日常のグローバリゼーションの経験は、四つの変数を持つ。(1)グローバリゼーションの支持、(2)国境を越えたデジタルでのつながり、(3)国境を越えた個人的な接触、(4)英語、である。グローバリゼーションの支持が示すのは、グローバリゼーションの利点と欠点の言葉での表現である。そうした日常的経験以外に、日本社会の人口学的統計やマクロな特質に関して回答者がどうであるかが、前記三つの価値観へと回帰される。グローバリゼーションへの姿勢、そしてその経験と、われわれが検証している東アジアでの文化的価値観との間に関係があるとする理由は次の通りである。

(1)グローバリゼーションへの姿勢は、こうした文化的価値観と、正にも負にも関係する。

(2)グローバリゼーションは様々な文化との接触をもたらす。このことは、少なくとも短期間に、不信や疑念、不和を増進させることになろう。したがって、日常的なグローバリゼーションの経験は、「人間は信用できる」という文化的価値観とは相反するものである。

(3)グローバリゼーションは幅広いつながりを求めるものであり、偏狭なつながりに価値を持たなくする。したがって、日々のグローバル化された経験の増加は、例えば「許可を得るために人脈を利用する」などの文化的価値観には負に作用する。

(4)グローバリゼーションは、つながりや交渉、文化を超えた往来とともに、競争や強さ、持続可能性を促進する。日々のグローバル化された経験の増大は、「他人に思いやりを持て」といった文化的価値観には負に作用する。

初めの検証結果は次のことを示していた。第一に、グローバリゼーションの潮流について言葉で示された、親グローバリゼーションの姿勢は、前記に示した三つの文化的価値観と相反するものであった。第二に、デジタルな接触は三つの文化的価値観を支持していた。要するに、あらゆる種類の接触は、デジタルに介されたものであろうとなかろうと調和的なのかもしれない。第三に、外国人との個人的な接触は、三つの文化的価値観と相反するものである。第四に、英語は三つのうち二つの文化的価値観、すなわち信頼や思いやりと相反するものである。政府からの許可を模索している時、人的つながりを利用するのは、おそらくそれが必要なところにおいては有用なのである。

概して、デジタルな接触と英語を除き（双方とも、個人的なつながりを利用する、という価値観と反対の態度を示した）、日常的なグローバリゼーションの経験は、全体的に、選択された文化的価値観の維持に反しているように見える。

6　グローバリゼーションと文化的ナショナリズムの相互作用

グローバリゼーションと文化的ナショナリズムは対照的なものに見える。しかし、本章においてわれわれは、グローバリゼーションと文化的ナショナリズムが、二つの正反対の方向を進む力を内包していることを見てきた。

グローバリゼーションは、地域集団の同質化と自己肯定的な土着化を可能にする。グローバリゼーションが地域に浸透するためには、地域の力や構造と妥協する必要がある。同様に、文化的ナショナリズムは内向きの抵抗と外向きの超越性を可能にする。地域の一体性にとって、文化的ナショナリズムの力は、国境を越えた、より広範で不変的な大義、例えば正義や平和、平等、共感などを訴えていく、自己超越性からもたらされる。さらに、特定の局面において、日本の文化的ナショナリズムが、外国の思想、制度、技術のグローバルな拡散の選択的受容を軽快かつ冷淡に認めつつ、それらが社会に簡単に普及させないことをわれわれは見てきた。

日本文化の深い伝統は、基本的に、グローバリゼーションが浸透するプロセスに立ちはだかっている。東アジアにおいては、グローバリゼーションによる急速な相互依存が、しばしば近隣諸国との衝突をもたらしている。文化的ナショナリズムは、ますます速度を上げるグローバリゼーションの、あらゆる歴史的・文化的・政治的な力が、地域間のダイナミクスにおいて作用する時、顕著になるのである。

第9章　日本における国際関係論——より国際的な学問を目指して

1　アメリカとの比較

アメリカの国際関係論

近年の先駆的研究において、オーレ・ウィーバー（Ole Waever）は、国際関係論の分野で実施される科学社会学的研究がほとんどないことを指摘した。それは、国際的文脈と国際関係論の発展の間の、複雑な相互作用を示唆する、思想や論争の形成に関する社会学的観察である。この種の見方は、従来の分析にはほとんど見られない。その基本的な前提は、しばしば認識されていない多くの要因が、われわれの世界観を構築するのに寄与している、というものである。

そうした要因には、以下のものが含まれる。国際舞台における特殊な状況の役割と、それへの関心。その社会の教育文化。社会が採用している社会科学の定義。社会が社会科学全体に、とりわけ国際関係論に付与している地位。国内の高等教育市場の規模と構造。この国の社会科学関係の学会と、他の国の社会科学関係学会との関係などである。

本章で論じるように、日本の国際関係論には、分散化傾向があることと、大学における安定した個別の制度的基盤が欠落しているがゆえに、その発展は停滞してきた。こうした要因に、言語という大きな障害が合わさって、日本人研究者と海外の研究者たちとの対話が、深刻なまでに阻害されてきたのである。

ウィーバーは、科学社会学的アプローチの観点から見た時、アメリカにおける国際関係論へのアプローチに興味深い光を投げかけることができると考えている。彼は、アメリカ的感覚や手法が、アメリカ以外の地域に野放図に拡大し、それらの国々に存在している様々なアプローチを呑み込んでいく可能性に関心を持っている。ウィーバーはヨーロッパ人であり、国際関係論へのヨーロッパ的アプローチをとりわけ提唱する人物であるが、世界の様々な地域で、その地域独自の議論が数多く行われれば、国際関係論がより実りあるものになると考える多元主義者でもある。

そのため、ウィーバーは二つの課題を引き受ける。第一に、アメリカの社会科学的アプローチに科学社会学を適用することで、彼はそれを、国際関係を研究する唯一妥当な手法というよりも、アメリカの歴史に特有な諸要因による、偶然の産物と見なせるのではないかと考えている。第二に、社会学的手法を用いて、アメリカ以外の学会では国際関係論がそれとは別のやり方で研究される理由を説明することで、アメリカ的社会科学の侵食から今後も免れると彼が信じている、国家的・地域的構造、信条、歴史的感性を明らかにしたいと考えている。このことは、ウィーバーがアメリカ的社会科学アプローチの批判者であることを意味するのではなく、むしろ、国際関係論へのアプローチが様々にあることの妥当性を認識する、方法論的多元主義への彼のコミットメントを示していよう。ウィーバーが示した手本と動機に触発され、われわれは、彼の研究の方向性を拡げ、国際関係論に対する日米のアプローチ間の関連性について考察する。後で論ずるように、日本の国際関係論は独特で際立った特徴を有しているが、当然のことながら他方で、アメリカにおける諸学会で生み出された研究成果と共通する特徴も有するのである。

「理論」と「非西洋」

本章で取り上げる問題のキーワードは、「理論」と「非西洋」である。問題そのものに取り組む前に、これらのキーワードの定義づけをしなければならない。それらを定義しなければ、問題に対する私の答えが肯定あるいは否定のどちらにでもなる可能性がある。理論とは、広義には命題、パラダイム、物の見方、イズム（主義）の混合物のことである。私が言う命題とは、実験的に検証できる一連の仮説や命題のことである。パラダイムとは、研究のために一連の重要な問いかけをする自己完結型の研究プログラムのことである。物の見方とは、関係する現象に目を向ける際に拠って立つところの見地のことである。イズムとは、世界全体を見る時に使用されるべき政治的、宗教的、イデオロギー的なレンズのことである。非西洋とは、一九世紀および二〇世紀前半の近代性によって重大な影響を受けていない地域のことである。近代性とは、世俗主義と合理主義、およびそれらと結びつく個人主義と産業主義の組み合わせのことである。

ごく手短にではあるが、ここでこの課題に取り組むのは、アメリカで用いられる国際関係論が、前記のもの、すなわち、命題、パラダイム、物の見方、イズムのほとんどすべてを網羅しているからである。したがって、イデオロギー的信念や宗教的信条にほぼ等しいいくつかの矛盾するパラダイムを検証するために、きわめて厳格に運用される実証的検査がしばしば実施される。この種の課題を策定するのは容易いけれども難しい。また、ここでこの課題に取り組むのは、グローバル化の時代を迎え、問題に付随する地理文化的必要条件を無条件に受け入れるのが少々難しいからでもある。ジェームズ・ローズノウ（James N. Rosenau）が適切に形容しているように、今の時代は断片化の時代である。分裂と統合の両方が、同時かつ偏在的に生起する。それは、地理文化的実在物がしっかりと、単独で立っており、互いにぶつかり合うという意味で、サミュエル・ハンチントン（Samuel Huntington）の世界ではない。すべての社会がばらばらになり、社会のすべての構成要素が地球規模で再統合されている。それは、フラットな世界である。西洋は、その文化的浸透において遍在する。文化の融合も同様である。それゆえ私は、多少の留保と躊躇をもって、なぜ日本の国際関係論が存在しないのかと問いかける。

この問いに対しては、日本の国際関係論が、実証主義理論の場合には「雁行型」地域統合論のように中距離型であり、規範理論の場合には「プロト構成主義的」アイデンティティ形成論のように哲学的思索型であり、安全保障コミュニティ形成論の場合には超越的国家主権が至上命令的であるという意味で、条件付きのイエスと言えよう。これは、日本が過去に地域覇権国たりえなかったこと、ならびに現在の日本が世界第三位の経済大国であることと関係している。大国は、しばしば国際関係論を生み出す。しかし日本は、この点においてやや曖昧な立場をとっている。過去において日本は、地域秩序への挑戦者として一敗地にまみれた。現在、日本は、唯一の超大国によって運営されるグローバル・ガバナンス・システムに広く組み込まれている。そのうえ、実証主義的な仮説検証の伝統が比較的弱く、詳細に説明する伝統が比較的強いため、実証的検査に基づく重要理論の誕生が阻まれる傾向があった。

本章では最初に、明治維新から現在までの日本における国際関係研究の発展の概略を紹介する。そこでの主な知的潮流は、国家学、歴史主義、マルクス主義、実証主義の四つで、いずれも特色あるものだった。私が言う国家学とは、国家中心の観点から国を支配する方法を研究する学問のことである。東京帝国大学の小野塚喜平次による本邦初の政治学テキストの中にその影響を認めることができる。歴史主義とは、あらゆるものは検証可能な文書と資料に基づいて歴史的に研究されなければならないとする方法論のことである。この伝統を受け継いでいるベストセラーの一つが、徳富蘇峰の『近世日本国民史』である。マルクス主義とは、生産的な力と関係、ならびにその政治的現れについての弁証法に焦点を合わせて現象に目を向け、調査する政治的・知的な原理のことである。この伝統を受け継ぐ最も有名な著作の一つは、遠山茂樹が書いた明治維新に関する著作である。実証主義とは、あらゆるものは実験的に調査され、検証されなければならないとするイデオロギー的原理のことである。この伝統を受け継ぐベストセラーの一つは、皮肉にも福澤諭吉の『学問のすゝめ』である。日本では、第二次世界大戦後、国際関係アカデミーが発展を遂げたにもかかわらず、アメリカ式の実証主義が日本の国際関係学の土壌に積極的に、あるいはもっと正確に言えば、過剰に移植されることはなかった。そのことを明らかにするうえで、本章のこの部分の必要度は高い。

二番目に、一九四五年以前の時代に活躍した三名の学者、すなわち西田幾多郎、田畑茂二郎、平野義太郎に焦点を合わせて、日本では戦前に理論的発展の萌芽が見られたと主張する。戦争と抑圧という環境的制約があったにもかかわらず、彼らは、（広い意味で）きわめて堅固な理論を明示したと思う。

三番目に、日本の国際関係アカデミーの先行する経験的観察を踏まえて、そして、その研究手法と方向づけ、ならびに西田、田畑、平野の三つの特色ある理論的著作に注目したうえで、私は、「日本的特徴を持つ構成主義者」フーゴ・グロティウス的国家主権論より、サムエル・フォン・プーフェンドルフ的国民主権論を重視する規範的国際法の理論家、さらには社会民主主義的な国際主義者と正統に見なしうる、先進的で精力的な理論家が存在したと主張する。国際関係に対するアメリカ式の実証主義的アプローチは、国際関係コミュニティの規模が示唆するほど発達していないとの所見は、それがそのまま機械的に、日本の国際関係論なるものが存在しないことを示唆するわけではないので、慎重に受け止められるべきである。それどころか、両大戦間の時代や戦時中でさえ、おそらく一九四五年以降の日本の国際関係研究の重要な基盤を構成したと思われる理論的発展が見られた。

2　四つの大論争——英米の国際関係論に関する概説史

第一・第二の大論争——現実主義的社会科学に向けて

まず英米の国際関係論をみておこう。その際三つの大論争という観点から国際関係論の学説史を振り返るのは、慣習的なやり方である。三つの大論争とは、理想主義対現実主義（リアリズム）、行動論（実証主義）対伝統主義（古典的アプローチ）、相互依存理論対ネオマルクス主義である。

しかしこれだけでは十分ではない。ロバート・O・コヘイン（Robert O. Keohane）とウィーバーに従って、われわれは、四つ目の大論争があったと主張する。それは、一九八〇年代後半に顕在化してから現在まで続くものであり、合理主義対省察主義（リフレクティヴィズム）と呼びうるものである。さらに、われわれは現在第四の論争の後の段階、また、アメリカ的社会科学が優勢だった時代の後の段階に入り、省察主義的理論アプローチへの回帰の背後に、ある勢いが結集していることも示したい。この議論は、後に提起する主張の文脈を整理するために必要でもある。われわれは後で、ウィーバーの科学社会学的手法をある程度詳細に用いることになろう。このため、本章の目的に照らして、大論争に関する彼の類型化・特徴づけを採用することは、論理的に妥当であるように思われる。

しばしば、一九二〇年代と三〇年代は、現実主義者（リアリスト）と理想主義者による大論争の時代と特徴づけられる、と主張される。ウィーバーは、これはいくぶん誇張が過ぎると論じる。実際に起きたことは、自称現実主義者たちが、振り返ってみてそのようなものであったと考えていた、ということだという。エドワード・H・カー（Edward Hallett Carr）による『危機の二十年』（*The Twenty Years' Crisis*）は、こうした言葉遣いの流行において重要な役割を果たし、その議論は、現実主義と理想主義を正しいと論じることの、相対的な妥当性に関する考察を中心に構築されていた。したがって現実主義者は、理想主義者が優勢を占めた論争の時代はあったものの、その後三〇年間における政治的出来事が、いかに彼らが誤っていたかをはっきりと証明したと主張することができたのである。ウィーバーの主張によれば、実際は現実主義が一貫性を持っていたという、当初の主な主張は、その反対の性質を備えていた。つまり、理想主義の誤りに反駁するものだったのである。したがって、大論争とは現実主義の理論的ヘゲモニー樹立における、重要な動きだったと位置づけられる。これは、現実主義者は多くの点において主張を異にしていたが、彼らが共有していた、進歩の可能性の否定という一つの信念のゆえである。そのためウィーバーにとって、「現実主義とは、それを論争の土台となる理想のコンテクストに位置づけた時に初めて理解されえるのである」。

第二の大論争は主に認識論に焦点を当てており、一九五〇年から六〇年代にかけて、伝統主義者と行為論者の間に起きた論争である。その頃までに、はっきりとした現実主義者的コンセンサスが存在した。しかしこのコンセンサスはそれまで、外交史や哲学、法律の中に根づいていたのである。当時アメリカでは、社会科学は人文科学に比べて「客観的」とみなされていた。そして、アメリカ国際関係論学会の内外から、このような哲学、歴史、宗教的一般化を反証可能な仮説の中に根づかせるべきという政治的趨勢があった。そうした科学主義は、必ずしも政治的でないとはいえ、例えばヘドリー・ブル（Hedley Bull）のような、より伝統主義的アプローチを唱導する人々の結論とは、明白な認識論的対照をなすものであった。

ブルは古典的アプローチを、社会科学的アプローチとは明確に区別される、「哲学や歴史、法律から導き出される理論化へのアプローチ」として、非常に力強く推奨した。ダンが言うところによれば、ブルの主張は、「科学的規範を、人文科学にとって実現可能ないし行う価値のある目標としては、明確に拒絶したこと」にその根本がある。科学的規範によってブルは、「論理的ないし数値的証拠のいずれかに基づいた、あるいは厳密に経験的な立証の手続きに基づいた」主張の系統化に言及している。以下の主張が重要である。

科学的アプローチが国際関係理論にもたらす貢献は、きわめて小さいものだろう。そして、それが古典的アプローチを侵食し、最終的には駆逐する意図を持っているのだとしたら、それははっきり言って有害である。

ブルは、科学的アプローチに対する、以下に挙げるいくつかの批判的見解を述べる。方法論に着目することで、科学理論家は、国際関係の中心的問題をつかみ損ねる。科学の地位は、判断の必要性を無にするものにはなりえない。国際政治に関するモデルを構築するというやり方は、それが理論家を現実世界から引き離すがゆえに、有害で不適切である。「厳正・厳密」という、いわゆる科学の財産は、古典的伝統にもすでに備わっている。最後に、科学的アプローチの実践者は、「自分自身を歴史や哲学から切り離すことによって、自己批判の方法を自分たちの手から奪ってきた」。

ブルの反論の力強さにもかかわらず、伝統的アプローチに対する科学の挑戦は、国際関係論における認識論的方法に大きな影響を与えていた。リベラルな国際主義者と伝統主義者にとって、この応酬は最悪の結果をもたらした。社会科学的手法がアメリカの学会に浸透したが、それは一九七〇年代、八〇年代を通じて支配的であり、今日まで、優勢なアメリカ的アプローチであり続けている。つまり、方法論をめぐる第二の大論争は、国際関係論という学問分野が、アメリカにおいて、社会科学として専門化していくプロセスに貢献したのである。この社会科学的アプローチは、一九七〇年代に、他のパラダイムによる現実主義者的思考のヘゲモニーに対する異議申し立てを、生きながらえさせることになった。

パラダイム間論争

パラダイム間の論争は、一九七〇年代中頃から後半にかけて起きた。ロバート・O・コヘインとジョセフ・S・ナイ（Joseph Samuel Nye, Jr）が著した『パワーと相互依存』（*Power and Interdependence*）は最も影響力のあるテキストになり、マルクス主義的な従属論が、この論争の第三極として受け入れられていった。一九七〇年代を通じて、現実主義（リアリズム）に対する多元主義からの批判は勢いを得、この間、現実主義の基本的前提は継続的な批判にさらされることになった。ピーター・J・カッツェンスタイン（Peter J. Katzenstein）、ロバート・O・コヘイン、スティーブン・D・クラズナー（Stephen D. Krasner）は、現実主義のとりわけ重要な四つの特徴を次のように整理した。すなわち、(1)国際政治における主要なアクターは国家である。(2)国家は、自己の国益に基づいて行動する同質的単位と見なすことができる。(3)国家は、あたかも合理的であるかのように行動するとの前提の上で分析が進められる。(4)国際的なアナーキー状態――国際システムにおける、何らかの正当な権威の不在――において、自己の国益に縛られた国家間の衝突は、戦争の危険や抑圧の可能性を伴うことを意味する。ただ彼らが指摘するように、国家を同質的とする前提は、国内機構や官僚政治の研究者から、合理的存在とする前提は認知心理学や集団意思決定の分析家から、そして国際的なアナーキーの前提は国際社会や国際制度の理論家から批判を受けた。

こうした批判は妥当なものであるが、現実主義が弾力性のある理論であることが明らかになった。また、現実主義者（リアリスト）、多元主義者、マルクス主義者は、異なった社会的現実を扱っているのではないか、つまり、様々に異なる要因を、かなりの程度顕著なものと見なす諸理論の正しさを証明したり反証したりすることは困難なのではないかという疑問が生じた。社会科学の要点とは、比較可能なデータの集まりを前提とした仮説を検証、比較し、あるいはその正しさを証明・反証することで理論を構築していくからである。パラダイムは、同じ社会科学的モデルに基づいている一方で、それぞれのパラダイムが提示するデータが比較不可能なものだと疑われる。どこかで袋小路に入ってしまったのである。

国際関係論学者が、この比較不可能性を正当化し、権威づけ、それによって社会科学的アプローチの正しさを証明するために科学哲学の研究を借用し始めたのは、こうした岐路においてであった。トマス・クーン（Thomas Samuel Kuhn）のパラダイム論によれば、異なる基礎単位や概念を扱っている一般理論が相対的な真理を主張していることを判断するための中立的なメタ言語はない。このことは、異なる基準を用い、異なる実験の構築を意識しながら、異なるデータを確認することへとつながる。そのようにして、国際関係の実質について競合するナラティブを構築するパラダイムが比較不可能であることが分かる。現実主義者は国家に焦点を当てる。リベラルは個人や集団に焦点を当てる。マルクス主義者は階級や経済構造に焦点を当てる。現実主義者は国家間関係の衝突を中心に扱い、リベラルはこうした関係が国境を越えた経済・社会関係によって変容されうると考え、マルクス主義者や急進主義者（ラディカル）は、紛争に関しては現実主義者的関心を共有するものの、その最も重要な要因は、経済や階級に基づいていると考えている。

この伝統的な三分法は、一九七〇年代と八〇年代の国際関係論の状況に関する、社会学的に正確な描写である。しかし、本章の前提は、理論は世界の出来事を反映し、世界が変化するにつれ、理論もまた、それを把握するように変化する、というものである。そのため、三つのパラダイムで話を進めるのは、誤解を招くことになろう。つまり、国際関係に関する古典的思考の本質はうまく抽出され、普遍的な合理主義的社会科学に許容されるフィルターに濾過されてきたという印象を残すことがありえる。むしろ必要なことは、同時代の国際関係学者間における最も顕著な争点や対立点を確認すること、つまり、社会科学的手法の利点の議論へと回帰することであろう。

パラダイムを超えて
――合理主義的統合

本項で整理する主題の一つは、ウィーバー後、第三と第四の論争についてわれわれが提示する、明確な区別についてである。ケネス・ウォルツ（Kenneth Waltz）の『国際政治の理論』（*Theory of International Politics*）は、ある段階から次の段階への変化を突然もたらしたことを示した重要なテキストである。ウォルツは、パラダイム間論争における注目すべき要素のいくつかを、説得力ある新しい全体のものへと統合することができた。ウォルツは社会科学の理論的単純化を容認し、「大きく、重要な数少ない物事」のみの確認を追求した。彼は、国際システムが「トップダウン」方式で構築されており、本質的にアナーキーな国際システムは、思慮深く合理的な選択が必要とされる安全保障のジレンマに国家を陥らせると主張する。これによって彼は、国家が軍事的安全保障を優先することになり、そうすることにおいて国際システムの構造的論理を永続化させると考えた。社会学的に言うと、ウォルツの研究は国際関係論にとってきわめて重要なものであった。なぜなら彼は、パラダイム間論争による分散化の後の国際関係論に改めて焦点を当てたからである。

諸社会間の関係における進歩的変化の可能性についての悲観主義が、現実主義者の思考に浸透している。現実主義的理論によれば、国際的なパワーの追求は、国家における国内的特徴に影響されるのではない。あらゆる国家において、安全保障のジレンマに対する反応は同じであるためである。問題は、どのようなタイプの国家が侵略主義的になる可能性が高いかではなく、国際システムにおいてパワーバランスが適切になされるかどうかなのである。国際システムにおける国家間のパワーの配分は、戦争と平和に関する唯一の最重要決定因子なのである。

ウォルツによれば、国民国家の国内的特徴は、国際政治における行動の考慮する要素として不適当である。ウォルツが国際政治を説明する際、国際システムを構成する個々の国家の国内的特徴を考慮せずに、国際システムの構造レベルに焦点を当てる。通常の語用を反転させ、彼は、国際政治を考慮に入れた諸理論を、彼のシステム理論と対照をなす還元主義理論と呼ぶ。ウォルツにとって還元主義は誤りである。なぜなら国際システムを構成する単位が変わった時でさえ、国際システムにおけるパターンは繰り返されるためである。繰り返されるパターンは、システムそのものの産物であり、変容するサブ・システムのゆえではない。

システム理論と還元主義理論の相違に加え、ウォルツはまた、アナーキー的システムと階層的システムを区別することが重要だと考える。階層的システムは、明確な権威の配列のもとで組織される様々な諸単位で構成される。アナーキー的システムにおいて、その潜在的性質が著しく異なる場合でも、本質的に同質の諸単位の間で、関係が築かれる。ウォルツは、現行のシステムは明らかに階層的であり、中世後期からそうであり、本質的な変容を経験したように見えず、したがって階層的なものになった、と主張する。ブラウン（Chris Brown）が示唆するように、ウォルツは多元主義者の研究を穏やかに見守ることができる。なぜなら、システムそれ自体ではなく、システムの構成単位の性質を焦点化することで、彼らは還元主義の罪を犯しており、表層をなでているだけだからである。ウォルツが最も言いたいことは、国家システムの性質は、複雑な相互依存の議論にもかかわらず、本質的に同一ということである。ウォルツは国際関係論を統合しているが、それは奇妙なほどに孤立的な方法によってである。彼のやり方は、不断の繰り返しと社会科学的方法論が交差する、きわめて無駄を省くものである。

ウォルツの議論は、われわれを第三のパラダイム間論争を超えたところへと連れてゆく。彼の研究の政治的影響は、アナーキーという基本的前提と、国家の合理的独善性が、顕在化しつつあった新たなアメリカの国際関係論において、所与のものと捉えられるようになった、というものであった。一九七〇年代の多元主義論者は、八〇年代から九〇年代にはネオリベラル的な制度論者になり、ネオリアリズムという用語が、ウォルツの研究によって始まった新しい性質の現実主義理論を説明するために作り出された。このようにしてウォルツは、現実主義を新たに活気づけ、トランス・ナショナリズム的批判の勢いを大きく削ぎ、新しい第四の論争を開始することができたのである。ウィーバーは、ネオリアリズムとネオリベラリズムという、競合しているとされる研究プログラムが、うまく同化していき、そうしたことが彼らに共有された前提であったと主張する。双方のアプローチとも、検証可能な仮説へと整理されうる、より限定的で、精密で、公理のような議論を求めていた。双方に内在する合理主義的・社会科学的で、本質的なものを求めようという志向は、両者をますます調和可能なものにしたのであった。

ウィーバーはこの展開を、「支配的なネオ・ネオ統合」と呼ぶ。そして彼は、これら二つのアプローチは、パラダイム間論争とは逆に、もはや比較不可能ではなくなったと論ずる。実際両者は共同して、国家の合理性を前提とした調査プログラムを形成しているのである。これを、科学の概念の共有、アナーキーという条件下における合理主義的独善性という、最も重要な前提から出発した研究者間で協同する意思の共有、この出発点から国家間協調の可能性と制度の重要性を検証する意思の共有、と見なすことができよう。そのゲームの新しい呼び名が、アナーキー的システムにおいても合理的独善主義者が協調する可能性を論証することになった。こうして多元主義者は、一九七〇年代のトランス・ナショナリストによる現実主義批判をもってして獲得した研究の土台の多くを譲り渡すことになった、と見ることができる。社会学的な問題として、ウォルツがシステム理論と還元主義的理論を、そしてアナーキー的システムと階層的システムを区別したことは、ネオリベラルによるこの譲歩に、そして、顕在化しつつあるネオ・ネオ研究プログラムの基本的事項として、アナーキー的前提を受け入れるという彼らの黙従に大きく関係している。

省察主義の挑戦——第四の論争とその後

しかしながら、この合理主義的ネオ・ネオ統合は、第四の論争における一つの極を形成するに過ぎない。もう一方の極は、省察主義者（リフレクティヴィスト）と呼ばれてきた諸種の学者集団である。合理主義と省察主義（リフレクティヴィズム）というこの区別が、コヘインによって示されたのは有名である。省察主義者には、英国学派や英米の政治理論、フランスのポストモダニズム、ドイツの解釈学、社会構成主義に影響を受けた人々が含まれる。このアプローチの中心的要素は、解釈である。アクター、規範、レジーム、制度は、プロセスと構造によって構成される。ここでは、存在論的観点からすると何よりも先行する個体として存在する国家その他アクターの学術的研究というよりも、間主観的構造に目が向けられている。これは壮大な専門用語論である。その行き着く先は、われわれがアナーキー的システムにおける国家の合理的独善性を出発点とするネオ・ネオ的前提に対する一連の批判である。

第四の論争において、本質に迫ろうとする趨勢に押さえ込まれていた多くの著述家が、存在として国家は国際関係に先立つものではなく、国家は何度も大きく変容しうる国際関係によってかなりの程度構成されている、ということを示そうとした。省察主義的転回は、アメリカのネオ・ネオ論争の基本的前提に疑問を呈する試みと解釈できよう。われわれは、第三と第四の論争の違いについて、そして合理主義派と省察主義派の違いについてある程度の長さを持って考察してきた。こうした区別は、われわれが以下で議論する、現在の研究動向のウィーバーによる区別の成果を明らかにするものである。

3　日米におけるメタ理論的方向性の比較

日米における学術雑誌の傾向

科学社会学的アプローチは、多くの要因が、様々な社会において国際関係論が学ばれる、その様々な手法を説明する一助となりうることを示す。われわれがこのアプローチを採用するのは、それは日本人があるやり方において国際関係を構想する理由に関する重要な洞察を提供し、異なる特徴を持つ諸外国において、国際関係論がいかに発展していったかに関する手がかりを与えてくれるからである。

国際関係論における出版の類型を検証しようとして、ウィーバーは、学術雑誌の分析が研究動向に関する最も正確なバロメータであると結論を下す。彼は、多くの伝統的な科学社会学が、学術雑誌を近代科学の決定的な制度と見なしていることを指摘する。彼の研究では主に、ヨーロッパとアメリカの国際関係における差異に関心が払われている。われわれはここで、日米の比較にとって妥当で、一般化を可能にするようなデータを紹介したい。

学術論文の著者の多くが、個々の大学に所属しているという点において、日本のパターンはアメリカと同じように見える。アメリカ的力学は市場競争であり、確固として確立し、容赦なく実践される匿名の査読システムがそれに伴っている。対照的に日本の大学は、研究グループによる会合を好む。そこでは、友好的ではあるが率直な批判が相互に行われる。そうしたものであるので、非日本語話者の研究者にとって、言語が大きな壁として立ちはだかってきた。日本のパターンを排他的と呼ぶのは、おそらく正しくない。というのも、日本の学術誌は、毎年三〜八%の割合で、海外からの論文を断続的に受け入れているからである。同様に、北米で刊行されている四つの学術誌全てに関して、ウィーバーが検証した一定期間において、北米の執筆者が三分の二以下であることはなく、平均すると八八・一%に上った。

しかしながら、これらの特徴にもかかわらず類似しているのは、両国の出版において、それぞれアメリカ人、日本人が圧倒的な割合を占めていることである。アメリカの学術誌が、より門戸を広げているようには見えない。しかし、アメリカの社会科学雑誌のうち自国の著者が八〇％を超えているのは、国際関係論だけではないことは指摘しておくべきであろう。この不均衡の理由の一つは、アメリカの社会科学アカデミーの規模の大きさである。さらに具体的に言うと、学会の構成員、年次大会における出席者、国際関係に関する職に関して、アメリカは最も大きな国際関係論のコミュニティを形成しているのである。

主要な雑誌の傾向

しかし、どういった類の研究が刊行されているのだろうか。ウィーバーは、前節で議論した合理主義者対省察主義者の論争という観点から、六つの主要な表題で諸論文を分類している。それは、⑴定式化された合理的選択論、ゲーム理論、モデル化、⑵定量的研究、⑶定式化されていない合理的選択論、あるいは「ソフトな合理的選択論」、⑷ポストモダン的でない構成主義、⑸ポスト構造主義、マルクス主義、フェミニズムを含む「ラディカル」、⑹その他である。これは、理論を一切含まない、純粋に歴史や政治に関係する論文、著作者に関する論文、あるいは他分野から援用した理論に関する論文について述べている。それと同様に、一九八八年から九八年にかけて日本の学術雑誌『国際政治』（*IR*）に掲載された三七八本の論文を類型化するために、ウィーバーによる分類を採用して調査し、アメリカで「権威ある」国際関係論の雑誌二誌に関するウィーバーの調査結果と並べてみよう（表9-1）。

定式化された合理的選択論に関する議論は、アメリカの *International Organization*（*IO*）では全体の一六・七％、*International Studies Quarterly*（*ISQ*）では二一・一％であり、日本の *IR* では一％であった。また三つの合理主義理論（定量的研究、定式化された合理的選択論と定式化されていない合理的選択論）の合計は、*ISQ* では七八・〇％、*IO* では六三・九％で、日本の *IR* では一三・五％であった。省察主義的な二つの議論については、*ISQ* では

表９－１　主要学術雑誌とメタ理論的傾向：日本とアメリカ

メタ理論的立場	学術雑誌		
	IR	*IO*	*ISQ*
定式化された合理的選択論	1.0	16.7	22.1
定量的研究	0.8	11.1	36.4
定式化されていない合理的選択論（ソフトな合理的選択論）	11.7	36.1	19.5
ポストモダン的でない構成主義	24.6	20.8	5.2
ポスト構造主義，マルクス主義，フェミニズム	0.8	4.2	2.6
その他	61.1	11.1	14.3

七・八％、*IO*では二五％で、日本の*IR*では二五・四％だった。そして「その他」のカテゴリーは、*IR*では全体の六一・一％を占め、*IO*と*ISQ*ではそれぞれ一一・一％、一四・三％であった。

　これらの調査から二つの点が浮かび上がってくる。第一に、『国際政治』は *International Organization* に比べ、わずかに構成主義的研究を多く掲載している。『国際政治』上に掲載されているソフトな合理的選択論に関する論文の数もまた、徐々に増えている。実際、一九九八年に『国際政治』に掲載された三七本のうち一九本が、ソフトな合理的選択論に関する論文であった。第二に、日本では「その他」のカテゴリーが明らかに他を圧倒している。ここからわれわれは、日本の研究がアメリカに比べ、きわめて多様でまとまりのないものだと主張できる。太平洋を横断した出版が少ないという意味において、交流もあまり多くない。理論的傾向においては明白な違いがある。アメリカ人研究者は、三種類の合理的選択論により関心を持ち、日本人研究者は、ポストモダン的でない構成主義により関心を持っている。また日本人の場合、合理主義と定義することが難しいような研究成果を様々に上梓している。

　これについては、日本人が合理的選択論の利点をまだ理解していないが、早晩理解するようになる、と説明できよう。近年、『国際政治』に掲載されるソフトな合理的選択論に関する論文の数が増えてきていることから、これは裏づけられ得る。しかしながら、これが今後実際にそうなるかどうかを疑問視するのに十分な理由がある。国際関係論への科学社会学的アプローチが、こうした現在の日米間の差異の理由を説明しうるのだとすれば、以下で述べるように、日本的アプローチが、合理的選択論に侵食されることのない、確立された価値観、物事の優先順位、諸種の実践を前提にしているという可能性がありそうである。

4　日本の国際関係論における四つの伝統――一八六八～二〇〇〇年

他の専門分野と同様に、日本の国際関係論の分野も社会科学の主な潮流に大きく影響されてきた。それらは以下のように説明することができるかもしれない。

第一の国家学の伝統は、戦前の軍事と植民地に関する研究に多大な影響を及ぼし、一九四五年以降も姿を変えて引き続き優勢を保ったが、その特徴は、内容が充実した詳細な説明に重点を置き、あらゆる種類の複雑さを解明するところにある。歴史的・制度的背景を十分に伝えることと、どのような状況でどのような出来事が起き、どのような人物がどのような行動をとり、どういった結果が生じたかを詳細に説明することが最優先された。こうしたアプローチは、日本の外交関係に影響を及ぼす可能性のある国際的な変化のトレンドを分析する際に重視された。しかし、一九四五年以降でさえ、地域研究の大半は、国家学の伝統を踏襲し続けた（とりわけ、政府系シンクタンクによって地域研究が行われる場合）。

政府後援の研究においてこうした伝統が顕著に現れていたのとは際立って対照的に、学究的世界で行われる地域研究のほとんどは、社会科学に関係しているとか、政府の政策に役立つというよりも、むしろ若干過剰なほど人間主義的であった。日本の国際関係研究において地域研究が大きく突出していることは、ナブニータ・ベヘラ（Navnita Behera）において特徴づけられているように、インドの状況と似ていなくもない。このことは、優勢な国家学の伝統に対する研究者の反応をいくぶん反映している。こうした強力な国家学の伝統がもたらす必然的帰結の一つは、政治学や社会学ではなく、法学と経済学が重視されることである。日本には法学部や経済学部はあるのに、政治学や社会学の学部は数少なく、政治学や社会学が法学部や文学部の添え物である可能性が最も高いという状況が一世紀以上続いている。二一世紀の初めにおいてさえ、日本は、アジアの中で独立した政治学部を持たない数少ない国の一つなのである。

二番目の伝統は、一九二〇年代から六〇年代まで隆盛を誇ったマルクス主義である。この伝統は、抵抗の科学としての社会科学という概念と結びついている。あたかも国家学の伝統に対抗するかのように、精力的に活動するマルクス学派の存在が一九二〇年代から六〇年代まではっきりと認められた。政治分析のマルクス主義カテゴリーは、政治的出来事の観察に批判性を加え、また、オブザーバーのイデオロギー的偏向を認識させることになった。一九二〇年代に社会科学という用語が初めて日本で使われるようになった時、しばしばそれはマルクス主義を意味し、事実上マルクス主義の同義語となった。一九三〇年代までに、日本の社会科学は文字どおりマルクス主義化された。一九二五年に治安維持法が制定されなかったならば、マルクス主義の影響はさらに広範囲に及んだものと思われるが、それでもなお、一九四五年の終戦直後から一九六〇年代まで、社会科学――経済学、政治学、社会学――は、マルクス主義者やマルクス主義研究者によって主導されることが多かった。国際関係論も例外ではなかった。マルクス主義はたいへん影響力が強く、広く行き渡っていたため、その他多くの社会科学理論、とりわけ非マルクス主義の理論は文字通り締め出された。マルクス主義の枠組みの中で、「逆第二イメージ論」や「覇権安定論」といった国際関係理論が提唱された。国家学の伝統が強かったことと、一九五〇年代半ば以降、半世紀近くにわたって一党支配がほとんど切れ目なく続いてきたことを考慮すれば、学者とジャーナリストの双方が、政府の行動に批判的なある種の対抗勢力を形成するのが当然であるか、もしくは望ましいと考えられた。冷戦終結後、ほとんどのマルクス主義者がポスト・マルクス主義者となったが、多くは政府の政策に対する批判的な見方をそのまま持ち続けた。一部は、冷戦後および九・一一以後の時代に、ポストモダニスト、急進的フェミニスト、非共産主義の立場を取る急進論者に変身した。だが、日本の学者は、一九七〇年代までに事実上脱マルクス化されたと言って差し支えない。

第三は歴史主義の伝統である。この潮流は非常に強く、結果的に国際関係の学問研究の大半が歴史研究に類似し、それゆえ、国際関係論は、社会科学というよりも、むしろ人文科学の一部門となっている。国家学の伝統とは対照的に、歴史主義者は政策の妥当性にはたいした関心を払わず、扱うテーマは、一九四五年以前の出来事と人物を含む傾向がある。国際関係論の多くを導きがちな精神は、「事実に明白に主張させよ」というランケ的な歴史概念と似ていることが多い。同時にこの伝統は、その主目的が個人および国家の心情と衝動、熱意と情熱、記憶と心理史を徹底的に調べることだという意味で、一部の歴史学者を擬似構成主義の方向に向かわせる。アメリカ人が構成主義を「発明」する以前から、国際関係を研究する日本の多くの歴史学者たちは、自分がずっと構成主義者だったと感じていた。

戦後の国際関係論の第四の伝統は、最近導入されたアメリカの政治学の視点と方法論によって情報提供されてきた。戦前は、マックス・ウェーバー（Max Weber）、エミール・デュルケーム（Émile Durkheim）、レオン・ワルラス（Marie Esprit Léon Walras）の著作を通じてヨーロッパの社会科学の思想を吸収することが、社会科学において強かったマルクス主義の影響力への対抗手段となっていた。一九四五年以降は、アメリカの社会科学が同様の役割を果たした。アメリカ式の国際関係論には多くの構成要素があるが、そのうち二つが最も有力である――理論形成を好むことと、精力的な実証的検査を好むことである。この知的伝統が一九七〇年代から二〇〇〇年代にかけていっそう強まった。

日本の国際関係研究には今なおこれら四つの異なる潮流がはっきり認められ、統合に向けた努力が盛んに払われることはなく、それらがかなり友好的に共存している点を注記しておくことが重要である。年次総会の会議の組み立てや紀要のページ配分といった学会関連の作業のほとんどは、四つのブロック、すなわち歴史、地域研究、理論、重要問題の各ブロックからおおむね平等に選ばれた代表によって決定される。分野統合なき多様性――組織の統合がなされないわけではないにしても――が日本の学界の特徴の一つとなっているのは、一つには、国づくり、経済発展、戦争、その後の平和という一世紀半の経験から生まれた社会科学の四大伝統がそれぞれ強く残っているからである。

日本の国際関係論コミュニティに組み込まれている四つの伝統が非常に根強いため、より土着的な日本の研究者の一部にとっては、韓国、台湾、中国など、アメリカの影響をもっとはるかに強く受けている（おそらく新植民地主義的な）東アジアの隣人と討論することが難しい場合がある。しかし、周囲の世界から隔絶しがちな学界から日本の研究者を解放しようとする様々な努力が、彼らの長期にわたる学問的業績の蓄積を踏まえて進められてきた。

こうした試みのうち最も精力的に行われているのが、新たな英文学術誌、*International Relations of the Asia-Pacific*（オックスフォード大学出版局より年二回刊行）の刊行である。この雑誌では、原稿で取り上げられるテーマの専門性に応じて、世界各地の専門家にレフェリー（査読者）が割り当てられる。レフェリーのおおむね五〇％が北米出身者であり、約三〇％が日本とオーストラリアを含むアジアの出身者である。投稿者もほぼ同様な地理的分布を示しているこの学術誌の刊行により、日本の国際関係論コミュニティが、思想と見識の地球規模の創出と伝達に以前よりはるかに熱い関心を寄せる実体へと、少しずつではあるが根本的に変わってきたことは注目に値する。日本の研究者による英語での著作発表は着実に増えてきた。二〇〇〇人あまりの会員のうち、英文の自著を刊行したことがある会員は約一〇〇人、英文で執筆した論文を発表したことがある会員は三〇〇人以上いる。アメリカで博士号を取得した研究者の数は、例えば、韓国（韓国国際政治学会では、会員の六〇％がアメリカで博士号を取得）など、東アジアの隣人と比べて著しく少なく、日本国際政治学会の全会員の約六％しかいないので、グローバル・コミュニティへの進出を図る彼らの努力は賞賛に値する。それと並行して、グローバルな国際関係論コミュニティの日本の国際関係論コミュニティに対する認識がゆっくりと変化しつつあるようだ。

5　戦後日本の国際関係論——歴史的文脈の解釈

三つの問いかけ

日本における国際関係研究の中身をより詳しく見るために、ここで、この分野の知的アジェンダを促進してきた、枠組み作りのための重要な問いの観点から、過去半世紀にわたる日本の国際関係論の発展に目を向けることにする。

最初に、日本ではアメリカで行われたような四大討論が再現されなかった点を注記しておくことがたいへん重要である。日本の国際関係研究者たちは、東アジアの隣人たちよりも、自らの歴史的土壌にはるかに深く根を下ろしてきた。そのうえ、前述した四つの伝統と、それらが日本の国際関係に及ぼす影響は、多かれ少なかれ相互に細分化されており、自立的であった。

しかし問題は、国際関係論を日本化することではなく、アメリカの国際関係論の一部を歴史化し、日本の文脈に当てはめることであり、歴史的・文化的な複雑さに対してもっとはるかに敏感に反応する見識や命題を生み出すことだった。日本では、経済学や社会学といった他の社会科学分野の研究が、第二次世界大戦のかなり前から行われていたが、国際関係論は比較的新しい分野で、多くの場所においてと同様に、戦後になって初めて導入された。一九四五年以降の国際関係論という研究分野の発展において特定される可能性のある三つの重要な問いかけは、以下のとおりである。

(1)日本の国際関係を悪化させた要因は何か。
(2)どのようなタイプの国際的取り決めが、最もよく平和を保障するか。
(3)日本外交に、多くの点において不十分な側面があるのはなぜか。

これら三つの問いはどれも、相互に関連している。しかし、時の経過とともに、問1から問2を経て、問3へという変化が起きたと注記しておくことがたいへん重要である。

一番目の問いは、日本の国際関係が戦争とそれに続く敗戦、さらには国家の占領という事態を招いた時代にまで遡るわけだが、今なお、国際関係研究における枠組みを決定する重要な問いの一つである。それは、日本の国際関係研究者を歴史――外交史ならびに、経済学、社会学、政治学という関連分野における日本近代史のその他の側面――の研究に向かわせた。すべての問いがこの重要な問いから生じたかのようだ。経済学の視点は、その歪曲が日本を長期にわたる誤った戦争へと駆り立てたと言われる日本経済の生産能力と生産関係に焦点を合わせる。社会学の視点は、戦争を支え、維持するためにやがて国家によって操作され、動員されたとされる封建的社会関係ならびに国家主導の社会的動員の研究に焦点を合わせる。政治学は、痛ましいほど不十分だったと言われる民主的な取り決めと機関――帝国議会、政党、官僚機構、選挙制度、軍隊――の研究に時間を費やした。

二〇世紀の第3四半世紀の最も重要な戦後研究のほとんどは、第一の重要な問いかけを中心に展開された。戦後日本の代表的な政治学者・丸山眞男は、『現代政治の思想と行動』においてこの問題を取り上げた。二〇世紀後半の日本の社会科学コミュニティで、枠組みを決定する重要な問いを一つだけ選ばなければならないとしたら、誰もが「何が間違っていたのか」を選ぶ。この意味で、しばしば繰り返される「過去を忘れるな」という一斉に湧き上がる声とは無関係に、日本の社会科学コミュニティは、第二次世界大戦が落とす長い影に隠れて生きてきたのであ国際関係の研究において、研究者たちを引きつけた枠組み作りのための重要な問題は、海外の強国との外交上の相互作用であった。当時新たに立ち上げられた日本国際政治学会は、一九五〇年代と六〇年代にこの分野で活躍していたほとんどすべての学者と外交史家を動員して、日本が辿った「太平洋戦争への道」に関する八巻からなる著作を編纂した。同学会が採用したアプローチは、分析的とか理論的というよりも、むしろ圧倒的に記述的で、他の研究分野の学会が同様の問題を取り上げようとする際に導入した、マルクス主義と文化主義がない交ぜになったアプローチとは際立って対照的であった。

太平洋戦争に関するこの画期的研究は、何がまずかったのかという重要な問いかけをするとともに、日本の対外関係の外交的・政治的力学のたいへん興味深い詳細をたどり、検証する作業に多くの章を費やしている。この著作は、主として最近公開された外務省公文書の研究に基づいているので、新たに明かされた戦争の詳細な原因が満載されている。ほとんどのアクターが自分の持ち場で任務を正しく遂行した様子が描かれている。問題は、彼らの忠実さと勤勉さが、全体としては、世界のその他の国々との戦争を回避するのにまったく役に立たなかったことだ。それどころか、個々のアクターの忠実さと勤勉さが途方もない規模の集団的大惨事を招いた。日本国際政治学会の歴代理事長には、この大がかりな研究に関与するとともに、編纂作業が終わって、書籍が刊行されたあとも引き続きこの分野のリーダーであった人たちが多数含まれている。その意味でも、枠組み作りの鍵となる問いは、この研究分野全体に非常に強い影響を及ぼした。過去半世紀にわたり、外交史は日本国際政治学会において強いプレゼンスを示していた。

ジャーナリズムをめぐる課題

太平洋戦争に関する日本国際政治学会のプロジェクトと併行して、新聞・雑誌が国際関係学の学問的アジェンダの枠組み作りに重要な役割を果たした。報道機関にとって、枠組み作りの鍵となる問いは、二番目のもの、すなわち、平和を保障するための取り決めとして最もよいものは何か、であった。連合国との講和をテーマとする議論が展開された。サンフランシスコ講和条約は調印されるべきものだったのだろうか。冷戦という状況の中で、どうするのが正しい選択なのか。西側諸国との部分講和か、それともすべての連合国を含む全面講和か。政治哲学者の南原繁《なんばらしげる》東京大学総長は後者の立場を取り、全面講和論を唱えた。

前者の立場は現実主義（リアリズム）と呼ばれ、後者は理想主義と呼ばれた。一九六〇年代と七〇年代には、現実主義か理想主義かをめぐる大論争が展開された。一見、それはアメリカで起きた理想主義と現実主義をめぐる最初の大論争と似ていた。しかし、アメリカの場合と違って、日本では、理想主義に対する現実主義の勝利がやや不完全だった。*最も広く読まれている新聞や大衆雑誌でこの論争が非常に大きく取り上げられたため、議論の主戦場は学究的世界ではなく、ジャーナリズムの世界となり、ジャーナリスティックな議論に関与した個人の名前がこの分野で最もよく知られるようになった。

＊補足すると、伝統主義と科学学派の間の二番目の大論争も行われなかった。日本の国際関係論コミュニティでは、行動革命は起きなかった。新現実主義と新自由主義の間の三番目の大論争も、日本では行われなかった。合理主義と省察主義（リフレクティヴィズム）の間の四番目の大論争も行われていない。日本の多くの研究者は、どちらかと言うと、アメリカ人が省察主義を説く前から、長きにわたって省察主義を実践してきたと感じている。ただし、彼らはアメリカ人ほどはっきりと発言しないし、方法論に関してもさほど洗練されていない。

議論そのものには何らまずいところはない。メディアで正々堂々と意見を述べる有識者たちは、過去六〇年間を通じてきわめて重要な役割を果たしてきた。問題は、国際関係論コミュニティの専門家たちがその学問研究において他の社会科学分野を専門とする学者ほど厳密ではなくなってしまったことだ。枠組み作りの鍵となる二番目の問いは、基本的には政策に関する問いだったが、日本の社会がどう組織されるかを考えれば、学究的世界のメンバーが政策の専門家としてのキャリアを積んだり、政策がらみの問題に精通したり、政策立案サークルに有力なコネを持ったりできる可能性はほとんどない。部門間の労働移動が非常に限られているため、政策をめぐるジャーナリスティックな議論に積極的に参加している研究者でさえ、自分のキャリアの一部として政策立案サークルに積極的に関与することは現実には望めない。したがって、政策論争のように見えたものは、実際にはその大部分が幻想にすぎなかった。結局のところ、ジャーナリスト学者が学究的世界の内部で特別な種を構成するようになった。こうした日本の状況は、過去半世紀にわたって専門化が大いに進行し、研究者が自立し、かつ信頼できる専門科学的ダイナミズムによって地位を確立したアメリカの実態とは著しい相違を示している。

実証的研究への傾向

枠組み作りの鍵となる三番目の問いは、もっと最近のものである。それは、ある意味で二番目の問いに似ているけれども、何が実行されるべきかについての理論的調査ではなく、実証的調査へとつながった。この意味で、枠組み作りの鍵となる三番目の問いは、研究者たちに、精細なものであることの多い実証的研究を行うよう促した。こうした傾向は、一九八〇年代と九〇年代に顕著になった。

例えば草野厚は、農業市場の自由化と大規模小売店舗の出店規制の緩和をめぐる日米の政策論争をテーマとする著作を、入念な調査に基づいて執筆し、刊行した。草野は、それ以後テレビ番組などにおいて、政策と政治についてかなり積極的に論評している。田所昌幸も、米ドルと日本円の国際的な政治経済学に関する、よく概念化された著作を刊行した。田所は、自身が共編者を務める月刊誌に政策コラムを定期的に寄稿するなど、積極的に活動している。

しかし、アメリカにおける実証的研究とは違って、日本の実証的研究では、大げさで、時にはほとんど杓子定規になることもある理論的枠組みの中で調査を行わざるをえないとは必ずしも知られていない。こうした傾向は、逆境に直面しているにもかかわらず、日本の国際関係研究者の専門化が進行していることをいくぶん反映している。

日本国際政治学会の会員数が二〇〇〇名以上に増加するに伴い、国際関係研究者の間での競争が若干激化した。

こうした記述は、日本の発展が国際関係論という学問分野に直接的な影響を及ぼしたとの印象を与えるかもしれない。外交史、疑似政策論争、実証的分析は、戦後の日本が発展を遂げていった各時代において優勢となった、顕著ではあるが移ろいやすい研究ジャンルとして描かれる。一九四〇年代から二〇〇〇年代にかけて、枠組み作りの鍵となる問いが変わるにつれて、日本の対外関係の様々な側面についての実証的分析が有力な研究ジャンルとなった。

大学組織の課題

ここで当然行うべき問いかけは、日本の四つの伝統の間で活発な論議が行われてきたかどうかである。一九四五年以降、長年にわたって、最初の二つの伝統、すなわち国家学とマルクス主義の影響力は徐々に弱まりつつあるようだ。その代わり、あとの二つ、すなわち歴史志向の研究とアメリカの社会科学の影響を受けた研究は、ずっと隆盛を極めていた。しかし、多年にわたりこれら四つの伝統が基本的に根強かったことが、教員任用と予算編成の点で――そして、学問の一分野という点でも――自立した政治学部と国際関係学部が大学に設置されていないことと大いに関係している。

補足すると、制度化された政治学部がないことは、一九世紀に法律教育を通じてエリート官僚候補を養成する制度が設けられたことと、「政治学」教育を受けた若手エリートが職に就けなければ、「体制」の転覆を企てかねないとして、そうしたエリートの大量養成が不安視されたことと大いに関係がある。したがって、これら四つの伝統の盛衰は、それらの間での活発な論議よりも、むしろ日本社会の発展、すなわち、急速な工業化、高所得社会の実現、国家の影響力の相対的低下と大いに関係している。(1)二〇世紀の第3四半世紀の「理想主義」は、ヴェトナム戦争後の時代に「現実主義」に取って代わられる運命にあった。(2)二〇世紀の第4四半世紀の「現実主義」は、構成主義、制度尊重主義、フェミニズムなど、盛んになった他の思潮によって取って代わられる運命にあった。ここで言う理想主義とは、憲法第九条に従って平和主義を重視するとともに、日米安全保障条約に基づいて日本に割り当てられる役割を軽視する傾向のことである。また現実主義とは、アメリカとの同盟を最優先するとともに、憲法草案によって想定されていた役割を軽視する傾向のことである。

以上、簡単にではあるが、両大戦間、戦時中、戦後（そして、その中で、ヴェトナム戦争後、冷戦後、九・一一後）の時代における日本の国際関係を検証したので、今度は、日本の国際関係の理論化に積極的に関与した学者に注目してみたい。

6　日本とアメリカの国際関係論──社会学的所見

アメリカでは国際関係論は政治学の一種と見なされていた。そして、社会科学に付与された名声は、人文科学のそれよりも高かった。新しい学問分野を専門化しようというプレッシャーもあった。したがって、活気のある活動をしている学術共同体の存在を印象づけるための論争の舞台を設定する必要があった。第二の大論争とその影響は、アメリカにおける国際関係論の専門化に大きく寄与した。これは一つには、大きな論争が、ある学問分野が成熟し、その発展が顕著であることを示すと考えられたためである。しかしまた、当時のアメリカにおいて、専門化が科学主義と同義であったためでもある。さらに、ウィーバーは、アメリカ人が大きな論争をする傾向を他の理由によっても説明できると主張する。もう少し詳細な説明が必要であろう。

この傾向は、かなりの程度、アメリカのアカデミックな市場の規模と性格の、社会学的機能である。大家になったり、名声を確立させたりしたいのであれば、理論家にならなければならない。なぜなら、最もよく引用される著者の全てが、理論家だからである。実際、アメリカの大学において最高レベルの地位を得ることと、最高レベルの学術誌に掲載されている頻度との間には、明白な相関関係がある。アメリカのアカデミックなヒエラルキーにおける成功には、例えば *International Organization* や *International Studies Quarterly* などの一流の学術誌で、理論的論文の掲載が必要である。前述したように、これら学術誌は、多くの要因の結果として、合理主義的アプローチを好む。その要因とは以下のようなものである。アメリカ的アプローチは、アメリカの対外政策を現実主義的に正当化する必要性が交差するものとして説明できる。第一に科学主義が圧倒的な権威を持つこと、第二に国際関係論が比較的新しい学問であること、第三にアメリカの国際関係論の構造と性質、である。これらすべての要素が、戦後アメリカのコンテクストにおいて、関連し合い、相互に強め合っている。

アメリカの国際関係論の構造は階層的である。アメリカの卓越性の結果として生じがちなのは、アメリカの社会科学の先端が、グローバルなレベルでの社会科学の先端とも言えることである。この結果が、国際関係論の二層化である。その中で、国際関係論のサブフィールドが、最も権威ある雑誌や地位のトップへ上り詰めるために競い合っている。アメリカ外の国際関係学会は、おおよそ、アメリカのサブフィールドと同程度の権威を享受している。

比較してみると、過去日本の国際関係学会は非競合的かつ分散的な傾向にあり、貢献した期間の長さ、学会の同僚や指導者に対する忠誠に基づく、報奨の階層構造を持つ。しかしながら、中心化された競合的階層が明白に欠如していることもまた、これまで議論してきた他の要因と合わさって、日本の国際関係論に関する研究成果の多様性を助長してきた。さらに、大学の学部との関係性について言うと、日本の国際関係論学者は、例えば外国語、国際学、リベラル・アーツ(教養学)、法学、経済学、経営学など様々な学部や学科と結びついている。政治学や国際関係論に関する独立した学部は、ほとんど存在しない。ここでいう「独立した」とは、人事や予算に関して独立した決定を下せる権限を持つことを意味する。こうした制限は、日本において国際関係論が個別の中心化した学問分野として台頭することの深刻な妨げとなってきた。

しかし、日本国際政治学会の加入者数の増加（現在は二〇〇〇名以上）とともに、競争が幾分激しくなってきたことも指摘しておくべきだろう。さらに、シンクタンクでの研究やジャーナリズムにおいて活躍する研究者の数が増えてきており、そうした人々は今や、学会会員の一〇％以上を占めている。これまでわれわれが確認してきた日本の国際関係論における傾向の多くが、過去五〇年間にわたって、国際関係論の学会を厳格に専門化してきたアメリカ的パターンと明確な対照をなすことを、はっきりさせておくべきであろう。

日本国際政治学会の会員名簿を見ると、日本の国際関係論のいくつかの特徴がさらに見えてくる。一つ目に、先ほど行ったメタ理論的傾向の分析を補足するために、会員名簿は、一九八八年から八九年にかけて刊行された著作や論文の主題に基づいて、会員の専門領域を確認するために用いられた。学会の会員名簿は、「理論」「地域研究」「外交・国際政治史」という三つの専門領域を確認している。これら三つの専門領域は、十分平等に扱われている。こうしたことから、日本のパターンは、アメリカよりもフランスのパターンに似ていると言える。

国際法学会が刊行する『国際法外交雑誌』もまた、国際関係論に関係する出版についての情報を包含している。この主要文献目録は有用である。そこでは著作や論文を、「全般」「日本」「アジア・アフリカ」「アメリカ大陸・ヨーロッパ」という四つの領域のいずれかに分類している。「全般」の領域には、理論家や、地理的に特定の領域に分類するのが困難な研究者が含まれる。このリストの中で最もはっきりと認識できる傾向は、「全般」と「日本」領域が急速に増えてきているのに対し、「アジア・アフリカ」と「アメリカ大陸・ヨーロッパ」領域が劇的に減少している点である。日本の行動や政策オプションにより焦点を当てたものと同じように、よりアカデミックで分析的な研究の刊行が増加傾向にあるように見える。一九九七年の著作、論文の出版について言うと、「日本」領域が最も人気があった。一九九七年の著作の出版について言うと、「全般」領域が僅差で二位だった。

首都圏の会員と他地域の会員では、研究の傾向に明確な相違が見られる。純粋に数について言えば、前者が後者よりも多い。日本の全大学の半分が首都圏にあるからである。地域的特徴として顕著なのは、首都圏の会員には国際関係論を専門とする者が多く、他地域の会員は地域研究や外交史を専門とする者が多い。前者はアメリカの学術的研究実践により影響を受け、他方で後者はより伝統的であると主張することができるだろう。

世代的な特徴として際立っているのが、若手研究者が、理論一般の研究の増加に関係していることである。若手研究者は、より年配の研究者によく見られるような、理論と地域研究ないし理論と外交史の組み合わせよりも、国際関係論のみを専門としている。概して、若い研究者ほどアメリカのパターンに近い。近年のアメリカの研究との接触が、国際関係論における日本人研究者の著作物の中に、きわめて頻繁に見られるようになったことは強調しておくべきであろう。これは参考文献形式での言及にとどまらず、彼らの分析が適応している点にも見られる。この傾向は、若手研究者たちによる、アメリカその他の国における学術雑誌への積極的な寄稿、学術研究の出版が増加していることからも明らかである。

ここには危険とチャンスがある。こうした流れについて、若手日本人研究者が今後三つの合理主義の拡大を促進する、そしてこのプロセスは止めようがない、という解釈がありうる。この主張は、上述したように、日本の『国際政治』においてソフトな合理主義論と構成主義に関する論文の数が近年増えていることによって論証されうる。しかしながら、国内の他の学会における、ソフトな合理主義論者と構成主義者の数の多さが、実りある共同研究や議論の土台を明示していると主張することもできよう。

本節では、アメリカと日本の国際関係論へのアプローチにおける一連の相違点と接点を明らかにすると主張した。まず、国際関係論に関するアメリカの研究史を構成する大論争の展開について概観した。そして、日本についてアメリカで刊行されている研究の類型を確認し分類するために、ウィーバーによる科学社会学的アプローチを援用した。そして、これらの相違点と類似点を説明しうるいくつかの解釈を提示した。われわれは、独特の学術的伝統と問題枠組みが日本に存在すること、それだけでなく、こうした伝統が、多くの文化的・社会学的要因——そのうちいくつかは日本の学術的世界に特有なものである——を参照することで説明できうるとも主張した。以上のこと全てが示唆するのは、アメリカの社会学的な国際関係論の、健全なカウンターパートは確かに存在しており、日本的なアプローチは、独特ではあるが、それにもかかわらず確固とした基盤の上に成り立っているということである。こうした基盤は、実りある共同研究や、国際関係の概念や研究に対する特定のアプローチの涵養にとっての基礎となりうるだろう。

7　日本の国際関係論の実例としての三名の理論家

民主主義が深化する一方で、ファシズムが台頭した一九三〇年代に理論的発展の萌芽が見られたことを例証するために、次の三名の思想家を取り上げる。彼らは、それぞれ哲学、国際法、経済学の分野で、当時最も著名な学者の一人に数えられ、第二次世界大戦後の日本の国際関係をめぐる思考ならびに実践とも共鳴する考え方を精力的に発表したのである。

本質的構成主義者・西田幾多郎

アイデンティティは、国際関係研究における重要な概念の一つである。だが、この重要な概念を、「アングロサクソン系アメリカ人の実証主義的手法のみで十分に理解」することは容易ではない。西田幾多郎は、日本が東と西の間でどっちつかずの状態にあった時に、国際関係における日本人のアイデンティティという厄介な問題を解決しようとした。問題は、「規範的劣等感と認識されるものが、自らを知的、文化的、道徳的によりすぐれているとみなす西洋文明によって引き起こされる」環境において、いかにして日本人の歴史意識を復活させるかである。アイデンティティについての彼の考え方の要点をまとめると、次のようになる。

西田は、デカルト的論理を拒絶し、弁証法を取り入れる。だが、彼の弁証法はよりヘーゲル的で、テーゼ（命題）とアンチテーゼ（反命題）がジンテーゼ（統合命題）を形成することなく共存する。矛盾は具体的な形で現れ、本質的な自己矛盾のない新たなジンテーゼの方向へは必ずしも向かわない。「むしろ、それは、脱文脈化された物事を拒絶する――物事を適切な文脈で見ようとする」。彼は、東洋と西洋という正反対のものの共存を通じて日本人のアイデンティティが現れると次のように主張した。

「簡単に言えば、もしも実在するあらゆる事物が具体的で、確定しているとしたら、それはより大きな現実が具体化することの現れだからであり、このより大きな現実が普遍的だからである。個人のアイデンティティ、その自決は、同時に、個人を通じた普遍的決定そのものについての自己認識の発現である。」

西田哲学に関して特筆すべきは、彼が日本人のアイデンティティ構造を、偏狭なものではなく、普遍的に理解されるものにしようと構想している点である。西田の方向性は、日本文化は独特かつ例外的で、それゆえ偏狭であると主張する一九八〇年代と一九九〇年代の日本人論関連の著作とは質的に異なっている。彼自身の言葉を用いれば、「日本人の特殊性は、地域的価値しか持たない――その核心が抽出され、世界的視野を持つ何かに変えられるとき、それは高められる」のである。

アメリカの構成主義者の多くは、合理主義の語彙の中を泳ぐ。しかし西田は、無の哲学の中で暮らす。この分野の日本の理論はきわめて深遠である。西田の本質的構成主義は、ラルフ・ペットマン（Ralph Pettman）、クリストファー・ゴトウ（後藤）＝ジョーンズ（Christopher Goto-Jones）らの明快な解説の登場により、あらゆる種類の読者にとってはっきり理解できるものとなる。

国家主権は、国際関係研究の重要な概念の一つである。国際法、国家主権、民主主義の長い伝統に精通していた田畑茂二郎は、民主的で、反西洋的、反覇権主義的な国際法の出現を強く予感させる国際法理論を提唱した。

個人の自然的自由を前提とする国際法理論家・田畑茂二郎

国家主権をどう扱うべきかは、国際法における重要な問題である。田畑は、一九四五年より前に執筆したものの、刊行はその後となった著作において国家の平等性について論じる中で、国家の平等性という概念は、個人の自然的自由の認定と自然法から生起する義務の双方を前提とすると力説している。田畑は、フーゴ・グロティウス（Hugo Grotius）によって構築された国家主権論ではなく、エメリヒ・ド・ヴァッテル（Emmerich de Vattel）とサムエル・フォン・プーフェンドルフ（Samuel von Pufendorf）によって構築された国民主権論の立場をとる。両大戦間の時代には、グロティウス的国家主権論のほうが普遍的立場として、より広く、積極的に受け入れられていた。しかし、グロティウス的国家主権論は、彼が活躍した近代初期に存在し、国際社会における相互の絶え間ない闘争の中での自己保存というホッブズ的概念を前提とするものを受け入れがちである。対照的にプーフェンドルフは、「他者を傷つけるべからず」といった規範的義務が広く行き渡る国家の平等性を心に描くことができるのは、それが個人の平等性に基づく場合に限られるとの主張を展開した。

田畑の理論が一九四四年と一九五〇年の二度にわたって応用されたことは印象的である。一九四四年に彼は、大東亜共栄圏構想の下で国家の平等性が否定されることに反対するとともに、同構想の下で国家の平等を実現し、アジアにある西洋諸国の植民地の独立を即座に認めることに賛成する意見を述べた。日本が連合国の占領下にあった一九五〇年には、彼は、連合国のうち非共産主義諸国とのみ講和条約を締結することに反対した。彼は、連合国の一部と講和条約を結ぶことは、国家の平等性という概念を否定するも同然だと主張した。主権の担い手は国民であり、政府が締結を申し入れた講和条約を結ぶに当たっては、民主主義の原則が守られるべきである。世論がわずかどころではない差でそれに反対していることはおそらく間違いなかったので、田畑は世論に乗っていたのである。彼は、国家の平等性に基づく国家主権の超越に賛成するとともに、国民主権が平和をもたらすだろうと考えていた。田畑が世界について論じる時に、国家の平等性とその大衆民主主義的基盤にこだわった一貫性と誠実さには感銘を受ける。彼は、そうすることによって、両大戦間の時代に一般的だった報復に反対するとともに、終戦直後の覇権主義的単独行動主義にも反対した。二〇〇五年までに、日本は、多くの政策領域でグローバル・ガバナンスにおけるルールテイカー（ルールを受け入れる側）の役割を放棄して、主要なルールメイカー（ルールを作る側）の一つとなった。この領域でも、日本の国際関係は、近い将来に成長する可能性がより高いニッチ分野の基盤を築いた。例えば、二〇〇〇年代の初めに、日本の国際法学者は、とりわけ人権の様々な概念、国際商取引のルール・規範作り、新多国間協調主義を通じて平和的に生成される核エネルギーの「特別引出権」の枠組み策定に関する「文際的法律」を理論化するのに忙しかった。

国家主権より地域統合を高く評価する経済学者・平野義太郎

地域経済統合は、国際関係研究の重要な概念の一つだった。一八五六年から一九一一年までの長きにわたって日本は関税自主権がなかったにもかかわらず、世界経済においてさらに周縁化される運命を免れた。そして日本の経済学者の多くは、日本が財政的自立ならびに隣国との協力を通じてより強固な経済力を構築することを切望した。

一九二四年に、平野義太郎は、共同体主義的な社会原則（社会主義）を構築することにより、近代性とその契約的な社会原則（資本主義）を置き換えることができると主張した。社会主義、共産主義、無政府主義は危険思想であるとの認識が広まると、平野は、社会主義と資本主義を意味するものとして共同体主義的概念と契約的概念の二つを用いた。平野は、日本資本主義論争で同じマルクス主義者の一派である労農派と対抗した講座派のリーダーで、明治維新は日本式の絶対君主制を象徴するものであり、革命家の仕事は、日本の資本主義的発展をさらに加速させることであり、それゆえ社会主義革命を促進することであると主張した。一九四四年に彼は、帝国主義的な主権国家間の闘争が止み、彼が温めていた共同体主義の原則を守るという目標がようやく実現される可能性があると述べて、大東亜共栄圏構想に賛意を表明した。大東亜共栄圏構想を支持する立場へと劇的な変わり身を見せたわけだが、それが正真正銘の転向だったのか、偽装転向だったのかは、議論の余地がある問題である。その翌年、日本は戦争に負け、共産党は米軍を主体とする連合軍を解放軍として歓迎した。

　日本の思想を一九四五年の前後でもう少し連続的に見てみると、考え方の異なる非凡な思想家たちが大東亜共栄圏構想に自らの考えを注ぎ込むという目覚しい共同作業が行われたことが見えてくる。工学の学位を持つ若手官僚だった大来佐武郎《おおきたさぶろう》と若手ジャーナリストだった尾崎秀実《ほつみ》は、一九三九〜四一年というきわめて重大な時期に首相の座にあった近衛文麿《ふみまろ》のためにともに力を尽くした。尾崎秀実は、ソビエトのスパイ、リヒャルト・ゾルゲ（Richard Sorge）の協力者として国家に対する反逆的行為を働いたことを理由に、絞首刑に処せられた。大来佐武郎は、官僚として出世の階段を上り、オーストラリア国立大学のジョン・クロフォード（John Crawford）とともに、地域統合構想とその実現のための政策を明示した。日本発の地域統合論である雁行型開発論は、もともと一九三〇年代と四〇年代の彼らの発想から生まれたものだ。この理論は一九七〇年代に再び脚光を浴びることになり、その根強さが証明されたのである。

8　日本の国際関係論がないのはなぜか

　日本の国際関係論はなぜないのか。この問いに答えるために、われわれは、日本の国際関係論の四つの主な潮流について考察し、次のようなことが分かった。(1)国家論者は、理論よりもむしろ政策に関心を持っていた。(2)歴史主義者が検証可能な資料に基づいて出来事や人物についての詳細かつ精確な説明をすることを望んだのは、一つには自分自身のためであり、一つには、一九四五年以前には自由が制限されていたせいで、自らの政治的立場を偽るためであり、一つには、プロト構成主義に従って、アクターの規範と論理を構築するためであった。(3)マルクス主義は、一九七〇年代まではきわめて理論的な分析を意味したが、その頃には、日本では学究も、それ以外の人たちも、おおむね非マルクス化された。(4)アメリカ式実証主義は、日本の国際関係論コミュニティでは覇権を握らなかった。国際関係論を、アメリカ式の狭義の実証主義的国際関係論と定義するのであれば、日本の国際関係論を、国際関係論を生み出さない存在とみなしうる。覇権安定論も、民主的平和論も生まれない。実証主義は、日本の国際関係学における主要な潮流ではない。言うまでもないことだが、大げさな主張を伴わない、理論重視の実証的研究には事欠かない。

しかし、一つにはこの問いに対する条件付きの答えを出すために、われわれは、西田幾多郎、田畑茂二郎、平野義太郎によって示された三つのプロト理論的な主張を説明した。そこからはっきり分かるのは、彼らがかなり力強い理論的主張を展開したことであり、彼らの主張がそれぞれ、本質的構成主義者、国際法を専門とする国民主権論者、地域統合を掲げるマルクス主義理論家のそれと見なされることである。実際、彼らの著作で展開された理論は、英訳され、しかるべき公開討論の場で発表されたなら、全世界で読まれたと思われる。

これら三名の理論家のすぐれているところは、その理論的主張が二〇〇〇年代に日本の国際関係が直面している類の問題と共鳴することである。

第一に、靖国神社参拝問題、東アジアサミットのあり方、在日米軍基地問題といった難題が示しているように、西と東の狭間にある日本のアイデンティティがうまく整理されていない。第二に、雁行型の統合は、多国間地域統合協定戦略とは若干相容れない、市場適合的だが開発ヒエラルキー重視でもある二国間自由化戦略の存在を示唆している。第三に、国境を超越した、人民に基づく平和主義は衰えていない。もっと正確に言うと、憲法第九条の改正プロセスにおいて自民党が示した改正案では、自衛隊と呼ばれる軍隊の存在が明示的に認められているのに、平和主義的な基本姿勢は変わっていない。

まとめると、国際関係論がアメリカ式の狭義の実証主義的理論と理解されるのではなく、構成主義的理論、規範的理論、実証的理論、法理論や、さらに厳密には決して正式なものではない理論化の影響を表す研究業績も国際関係論に含まれるのである。

条件付きの答え

しかし、より間接的には、ことによるとより根本的には、理論の継続性という観点から日本の国際関係論の本質を理解しようとする際に、次の六つの要因を強調することが重要と考えたほうがよいかもしれない。

(1)日本の国際関係研究は、様々な方法論的伝統が相互に害を及ぼすことなく共存する寄木細工のように発展してきた。政治学がきわめて重要な専門分野的枠組みを提供するアメリカの国際関係論とは違って、日本の国際関係論は、外交史、国際法、国際経済、地域研究、様々な政治理論といった多様な専門分野の伝統を受け入れる。日本の国際関係論コミュニティにはこうした融合体的性質があるため、国際関係論を生み出すのがより難しい。

(2)日本は西洋によって植民地化された経験がないため、東アジア、東南アジア、南アジアにおいて、日本の国際関係研究はきわめて土着的なものとなっている。植民地主義は、現地の人々に外国語習得の手段を提供したため、植民地化された経験を持つ国々では、国際関係研究が円滑に進む傾向がある。日本は、一九四五年から一九五二年まで米軍を主体とする連合国軍の占領下にあったわけだが、この時代に行われたのは間接統治である。つまり、アメリカ人がトップにいたとはいえ、戦争犯罪に加担したとみなされたごく少数の官僚を除き、日本の官僚機構はそのまま残された。伝統的支配層が温存される間接統治では、統治者の影響は表面的なレベルにとどまり、多くを変えることはできない。インド、パキスタン、バングラデシュ、シンガポール、マレーシア、フィリピンの国際関係研究は言うまでもなく、韓国、台湾、中国の国際関係研究と日本の国際関係研究を比べても、この点がきわめてはっきりと浮かび上がる。

(3)日本の国際関係研究は、キング（Gary King）・コヘイン（Robert O.Keohane）・ヴァーバ（Sidney Verba）が著した実証主義的方法論のバイブル『社会科学のリサーチデザイン』（*Designing Social Inquiry*）とは、いささか異なる枠組みの中で行われる。それは、歴史的・文化的遺産を反映しており、そうした遺産の一部は、ラルフ・ペットマン（Ralph Pettman）の研究のポストモダン的観点を通じて最も有効に垣間見られるかもしれない。

(4)より実質的には、日本の国際関係は、三つの段階を経て進展してきた。(a)秦と漢の時代、およびそれ以前の時代の大半を通じて、日本は文明国の周辺に位置する小国にすぎず、その統治者は、中国によって構築されたばかりの冊封体制の中で、中国皇帝から日本国王の官位を授けられることでその「正統性」が証明された。(b)隋、唐、宋、元、明と続いた千年間には、朝貢使節派遣と朝貢貿易が中断され、散発的に行われる疑似朝貢貿易を交えた民間貿易の流れが中心となった。(c)日本が近代初期を迎えた数世紀間は、日本中心の独自の世界秩序を構築していった成熟期で、約三〇〇あった藩が事実上の自治権を保有していたとはいえ、徳川幕府が国家を統治し、日本の国防、商業、国内の交通網と安全をほぼ一手に担っていた。

(5)近代初期の時代に芽生えた日本中心の地域秩序の観点から、最もはっきりと垣間見ることのできる日本の国際関係の三つの顕著な特徴は、以下のとおりである。(a)透過性のある絶縁。これにより日本は、表意文字、宗教、武器、制度など、より高度な文明を、選択的に、ゆっくり時間をかけて吸収する一方で、それらが十分に浸透して国中にあふれかえることを許さなかった。その点は、古代における中国と朝鮮だけでなく、中世におけるポルトガルとスペイン、近代における英米に関しても同様だった。(b)中国および西洋との友好と隔たり。日本と中国および朝鮮との関係は、イギリスと大陸ヨーロッパの関係と似ている。日本は、イギリスと同様に、大陸に対して矛盾する感情を持つ。言い換えると、日本はアジアの一部でありながら、アジアからは少し離れている。(c)外部アクターの扱いが隣接する藩におおむね任される日本中心の世界秩序。例えば、琉球王国の扱いは薩摩藩に、朝鮮王国の扱いは対馬藩に、アイヌとロシアの扱いは松前藩に任されたが、その一方で、徳川幕府が対外貿易を独占し、オランダおよび中国との貿易の大部分を長崎の出島だけで行った。一八一八年に、清の嘉慶帝は、「嘉慶会典」という法典において外国を朝貢国と相互貿易国という二つのグループに分けた。例えば、朝鮮、ヴェトナム、イギリスは朝貢国とされたが、オランダ、フランス、日本は相互貿易国とされた。中国にとって日本は、朝貢使節を派遣することによって中国に対する敬意を示すことのないエコノミック・アニマルであり、日本にとって中国は、正式な国交関係のない非国家的貿易アクターであった。

(6)日本式の統合には、国内レベル、地域レベル、世界レベルで少しずつ明らかになった三つの顕著な特徴がある。(a)輸送手段と市場に焦点を合わせる。近代初期には、三〇〇余藩の全域で国内通商が奨励された。徳川幕府は、道路、橋、港、倉庫などの社会インフラを整備した。近代においては、港、船、石炭、石油、関税自主権が鍵となった。第二次世界大戦後の時代には、人口、政府開発援助、対外貿易、技術協力、海外直接投資が鍵となった。(b)日本国内、アジア、世界中での発展の漸進的成熟を利用する。時々それは、雁行型貿易発展パターンと呼ばれることがある――先頭を飛ぶ一羽のガンの後ろに、副官に相当するガンたちが続き、さらにそのあとに遅いガンたちが続く。大阪と江戸（東京）およびその他全国の港湾都市を結ぶ通商路の整備が、近代初期の日本において国内市場を構築するうえできわめて重要だったのと同じように、ある段階（一つ前の段階）の日本の発展とともに、政府開発援助、貿易、直接投資を通じてアジアの工業化（織物、衣料、靴、食品などの軽工業、鉄鋼、石油化学、機械などの重工業から、エレクトロニクス産業や情報産業まで）が推進された。グローバル化の時代にあっては、日本式の機能的統合がどこでうまくいくかを判断するために、複雑なパターンが個別的に構成される。近年議論されている東アジア共同体構想では、機能的統合がキーワードである。すなわち、安全保障、思想、価値観、制度などにはあまり多くの注意を払うことなく、何はともあれ、経済、金融、技術、組織の面でのつながりが追求される。

(c)大東亜共栄圏構想は、国内および近隣の海外で必要な武器とエネルギー資源が尽きた時に、そして日本帝国海軍が西太平洋全体の支配権を失った時に、日本帝国陸軍が思いついたものである。そこには、人種的平等、西洋による独占への反対、東アジアの平等と連帯という理念が含まれていた。しかし、一九四四年あるいは一九四五年当時の政治状況がこの構想を支えるものではなかったことは言うまでもないし、そもそも構想の実現に必要な軍事力や経済的資源が日本にはなかった。ところが、西田、田畑、平野らは、考え方はそれぞれ違ったが、たとえ構想の実施がいかに困難であろうとも、そして構想がどのような自己矛盾をはらんでいようとも、西洋の植民地主義、西洋思想、西洋の軍事力を日本が粉砕すれば、やがては、植民地化された東洋を日本の力で解放するための道が開けるものと期待した。西田はそれを、日本人が独自のアイデンティティを確立するのに役立つ手法とみなした。田畑はそれを、国家主権を基盤とする度合いが低い国際法を確立するための手法とみなした。平野はそれを、平等性に基づく地域統合の手法とみなした。日本が米軍による軍事攻撃を受けて、まったくなすすべがなくなった時点で、この構想は単なる抑圧の強制に終わったので、三人とも、信じがたい、ありえない夢を見たことになる。帝国陸軍および海軍の軍事力と米軍の軍事力とがそっくり入れ替わっていたなら、大東亜共栄圏構想実現のきっかけが与えられたかもしれない。

アメリカの覇権

そろそろまとめに入らなければならないので、国際関係の理論と研究におけるアメリカの覇権について少し補足しておいたほうがよさそうだ。アメリカの国際関係論は、すでに指摘した点以外にも、もっとはるかに強大な存在感を示しているわけだが、その細かな理由をいくつか挙げてみたい。

私の見るところ、アメリカの学界がダイナミックで、競争的で、信頼できる特質を育むことができたのは、次の四つの理由があるからである。

(1)複数の専門家が論文の査読を匿名で行うシステムがある。
(2)とにかく学界の規模が大きい。
(3)英語という国際語が使用されている。
(4)研究者の採用・昇進と論文等の発表実績とが連動している。

活気と力強さの点でアメリカの学界に匹敵する国際関係論コミュニティはない。たぶん西欧諸国は、多くのニッチ分野でアメリカと同等の力を生み出したと思われるコミュニティを築いた。世界市場においてそれぞれのニッチと地位を占めている *Review of International Studies*、*European Journal of International Relations*、*Journal of Peace Research* といった、ヨーロッパに基盤を置く国際関係の学術誌は、こうした評価に対する明白な証拠である。だが、アメリカの執筆者がこれらの学術誌やその他の「すぐれた」学術誌に進出する「流出」に注目する必要があるかもしれない。逆方向から言うと、非アメリカ系のすぐれた学術誌が存在するのは、一つにはアメリカ在住の論文執筆者が「流出」するからである。

東アジア諸国は、できる限り自立的に力をつけようとしてきた。*International Relations of the Asia-Pacific* は、討論の場を設けることを目指し、この地域における学術誌の刊行で先駆けとなるものであった。そこでは、内外から寄せられる議論が論文の学問的水準を引き上げるばかりでなく、理念の融合と見識の充実がもたらされ、この地域における国際関係に対するよりよい、そしてより深い理解に影響を及ぼすきっかけともなる。例えば、同じく地域に焦点を合わせた学術誌である *Pacific Review* と比べると、*International Relations of the Asia-Pacific* は、西欧の地域主義とアジア太平洋の地域主義（高度に制度化された地域主義とオープンハウス的な地域主義）との、どちらかと言うと紋切り型な比較に終始することはあまりなく、むしろ地域主義についてのより歴史的・文化的に文脈化された分析に関心を寄せる。しかし、世界的に有名な学問的焦点の一つという地位を要求できるようになるには、その実力を大幅に向上させる必要がある。

さらに補足として、日本の政治学者が世界の檜舞台に向かって少し前進したことを付け加えておいたほうがよさそうだ。*American Political Science Review* の二〇〇五年六月号に掲載された二つの論文が日本人名を持つ政治学者によって共同執筆されたものであり、（政治学者の学術誌の中で）最も広く読まれている学術誌である *Journal of Conflict Resolution* に掲載された論文の一つも、同様に日本の政治学者によって共同執筆されたものである。言い換えると、日本人の実力を過小評価すべきではない。これら三つの論文はどれも、内容が充実しており、実証主義的な精神に基づいて書かれている。グローバル化が深化する時代にあっては、理念が急速かつ一斉に広がり、浸透していく。反米主義をテーマとする後者の論文が最も頻繁に読まれてきたという事実は、日本の国際関係研究が、その土着的性質を放棄することなしに、世界中でますます受け入れられるようになったことを示唆している。同様に、道教的戦略、仏教経済学、イスラム市民論、儒教マルクス主義、ヒンドゥー構成主義、異教的フェミニズム、アニミズム的環境保護主義といった多くの形而上学を解読し、説明するラルフ・ペットマンのような西洋の論文執筆者のおかげもあって、非西洋の国際関係論のいくつかが以前よりもはるかに分かりやすくなった。

参考文献

欧文文献

Acemoglu, Daron and James A. Robinson (2005) *Economic Origins of Dictatorship and Democracy*, Cambridge : Cambridge University Press.

Ackerman, Peter and Christopher Kruegler (1994) *Strategic Non Violent Conflict : The Dynamics of People Power in the Twentieth Century*, Westport : Praeger.

Alker, Hayward R. (1996) *Rediscoveries and Reformulations : Humanistic Methodologies for International Studies (Cambridge Studies in International Relations, No. 41)*, New York : Cambridge University Press.

Alker, Hayward and Thomas Biersteker (1984) "The Dialectics of World Order : Notes for a Future Archaeologist of International Savoir Faire," *International Studies Quarterly*, Vol. 28, No. 2 : 121-142.

Almond, Gabriel and Sidney Verba (1963) *The Civic Culture : Political Attitudes and Democracy in Five Nations*, Princeton : Princeton University Press.

Amin, Samir (1974) *Accumulation on a World Scale*, New York : Monthly Review Press.

Anderson, Benedict (1991) *Imagined Communities : Reflections on the Origin and Spread of Nationalism*, 2nd edition, London : Verso.

Anderson, Perry (1975) *Lineages of Absolutism*, London : Verso.

Arthur, Brian (1994) *Increasing Returns and Path Dependence in the Economy*, Ann Arbor : University of Michigan Press.

Axelrod, Robert (1972) *The Structure of Decision*, Princeton : Princeton University Press.

Banks, M. (1984) "The evolution of international relations theory," in M. Banks (ed.), *Conflict in World Society : A New Perspective on International Relations*, Brighton : Harvester Wheatsheaf.

Banno, Junji (1995) *The Establishment of The Japanese Constitutional System*, London : Routledge.

Barber, Benjamin (1993) *Jihad vs. McWorld*, New York : Times Books.

Baylis, John and Steve Smith (eds.) (2001) *The Globalization of World Politics : An Introduction to International Relations*, 2nd edition, New York : Oxford University Press.

Benedict, Ruth (1946) *The Chrysanthemum and the Sword : Patterns of Japanese Culture*, Boston : Houghton Mifflin.（ルース・ベネディクト著、長谷川松治訳『菊と刀——日本文化の型』上・下、社会思想研究会出版部、一九四八年）

Benedict, Ruth (2006) *The Chrysanthemum and the Sword*, New York : Mariner Books.

Berger, Peter L. and Samuel P. Huntington (eds.) (2002) *Many Globalizations : Cultural Diversity in the Contemporary World*, New York : Oxford University Press.

Bergsten, Fred (1975) *The Dilemma of the Dollar*, New York : New York University Press.

Bienefeld, Manfred (1996) "Is a Strong National Economy a Utopian Goal at the End of the Twentieth Century?" in Robert Boyer and Daniel Drache (eds.), *States against Markets : The Limits of Globalization*, London : Routledge : 415-440.

Biersteker, Thomas and Cynthia Weber (eds.) (1996) *State Sovereignty as Social Contract*, Cambridge : Cambridge University Press.

Blondel, Jean and Takashi Inoguchi (2006) *Political Cultures in Asia and Europe : Citizens, States and Societal Values*, London : Routledge.（ジャン・ブロンデル、猪口孝著、猪口孝訳『アジアとヨーロッパの政治文化——市民・国家・社会価値についての比較分析』岩波書店、二〇〇八年）

Bobrow, Davis and Mark Boyer (2005) *Defensive Internationalism : Providing Public Goods in an Uncertain World*, Ann Arbor : University of Michigan Press.

Boyer, Robert (1990) *The Regulation School : A Critical Introduction*, New York : Columbia University Press.

Brodie, Bernard (1946) *Atomic Power and World Order*, New York : Ayer Company Publications.

Brown, C. (1997) *Understanding International Relations*, Basingstoke : Macmillan.

Bull, H. (1969) "International theory : the case for a classical approach," in K. Knorr and J. Rosenau (eds.) *Contending Approaches to International Politics*, Princeton, NJ : Princeton University Press.

Bull, Hedley (1977) *Anarchical society : A Study of Order in World Politics*, London : Macmillan.

Bull, Hedley (1990) *Hugo Grotius and International Relations*, Oxford : Clarendon Press.

Buruma, Ian (2003) *Inventing Japan, 1853–1964 (Modern Library Chronicles)*, New York : Modern Library.

Buzan, Barry (2004) *International Systems in World History : Remaking the study of International Relations*, New York : Oxford University Press.

Carr, E. H. (1939) *Twenty Years' Crisis*, London : Macmillan.（E・H・カー著、原彬久訳『危機の二十年――理想と現実』岩波書店、二〇一一年）

Carr, Edward H. and Michael Cox (eds.) (2001) *20 Years Crisis 1919–1939 : An Introduction to the Study of International Relations*, New York : Palgrave.

Carroll, Lewis (2003) *Alice's Adventures in Wonderland and Through the Looking Glass*, London : Penguin Classics.

Chamberlain, Muriel E. (1988) *'Pax Britannica'? British Foreign Policy, 1789–1914*, London : Longman.

Chandler, David (2006) *From Kosovo to Kabul and Beyond : Human Rights and International Intervention*, London : Pluto Press.

Cipolla, Carlo (ed.) (1972–1976) *The Fontana Economic History of Europe*, London : Collins.

Cipolla, Carlo (ed.) (2001) "The Conservation of Catastrophe," *The New York Review of Books*, Vol. 48, No. 20.

Clausewitz, C. von. (1976) *On War* in M. Howard and P. Paret (eds. & trans.), Princeton, NJ : Princeton University Press.（クラウゼヴィッツ著、篠田英雄訳『戦争論』上・下、岩波文庫、一九六八年）

Cooper, Robert (2003) *The Breaking of Nations : Order and Chaos in the Twenty-First Century*, London : Atlantic Books.

Cooper, Robert (2004) *The Breaking of Nations : Order and Chaos in the Twenty-First Century*, New York : Grove Press.

Cox, Michael, G. John Ikenberry and Takashi Inoguchi (2000) *American Democracy Promotion*, Oxford : Oxford University Press.（猪口孝、マイケル・コックス、G・ジョン・アイケンベリー編、猪口孝訳『アメリカによる民主主義の推進』ミネルヴァ書房、二〇〇六年）

Creveld, Martin van (1991) *The Transformation of War*, New York : Free Press.

Dallmayr, Fred (1990) *Alternative Visions : Paths in the Global Village*, Lanham, Maryland : Rowman and Littlefield.

Dehaeme, Stanislas, Jean-Rene Duhamel, Marc D. Hauser and Giacomo Rozzolatti (eds.) (2005) *From Monkey Brain to Human Brain*, Cambridge : The MIT Press.

Der Derian, James, and Michael J. Shapiro (1989) *International/Intertextual Relations : Postmodern Readings of World Politics*

(Issues in World Politics), Lanham : Rowman & Littlefield Pub. Inc.

Deudney, Daniel（1996）“Binding Sovereigns : Authrities, Structures and Geopolitics in Philadelphian Systems,” in Thomas J. Biersteker and Cynthia Weber（eds.）, *State Sovereignty as Social Contract* : 190–239.

Deudney, Daniel（2006）*Bounding Power : Republican Security Theory from the Polis to the Global Village*, Princeton : Princeton University Press.

Deutsch, Karl W.（1963）*The Nerves of Government : Models of Political Communication and Control*, New York : Free Press.（K・W・ドイッチュ著、伊藤重行他訳『サイバネティクスの政治理論』新装版、早稲田大学出版部、二〇〇二年）

Diamond, Jared（1999）*Guns, Germs and Steel : The Fates of Human Societies*, New York : W. W. Norton & Company.

Doi, Takeo（1978）*The Anatomy of Dependence*, London : Kodansha Europe.

Downs, Anthony（1957）*An Economic Theory of Democracy*, New York : Harper and Row.（アンソニー・ダウンズ著、古田精司訳『民主主義の経済理論』成文堂、一九八〇年）

Doyle, Michael, W.（1986）“Liberalism and World Politics,” *American Politics Science Review*, 80 : 1151–1169.

Doyle, Michael, W.（1997）*Ways of War and Peace : Realism, Liberalism, and Socialism*, New York : W. W. Norton & Company.

Dunne, T.（1998）*Inventing International Society : A History of the English School*, Basingstoke : Macmillan.

Easton, David（1965）*A Framework for Political Analysis*, Englewood Cliffs, NJ : Prentice Hall.（デイヴィッド・イーストン著、岡村忠夫訳『政治分析の基礎』みすず書房、一九六八年）

Easton, David（1979）*A Systems Analysis of Political Life*, Chicago : University of Chicago Press.（デイヴィッド・イーストン著、片岡寛光監訳『政治生活の体系分析』早稲田大学出版部、一九八〇年）

Easton, David et al.（1995）*Regime and Discipline : Democracy and the Development of Political Science*, Ann Arbor, MI : University of Michigan Press.

Eisenstadt, Shmuel（2000）“Multiple Modernities,” *Daedalus*, 129(1), Cambridge, Massachusetts : MIT Press : 1–29.

Enloe, Cynthia（1993）*The Morning After : Sexual Politics at the End of the Cold War*, Berkeley : University of California Press.

Esping-Anderson, Gösta（1985）*Politics against Markets : The Social Democratic Road to Power*, Princeton : Princeton University Press.

Fall, Bernard (1985) *Hell in a Very Small Place : The Siege of Dien Bien Phu*, New York : Da Capo Press.

Ferejohn, John and Frances McCall Rosenbluth (2008) "Warlike Democracies," *Journal of Conflict Resolution*, Vol. 52, No. 1 : 3-38.

Ferguson, Niall (2010) "Complexity and Collapse : Empires on the Edge of Chaos," *Foreign Affairs*, March/April. [Online] http://www.foreignaffairs.com/print/66118

Finnemore, Martha (1996) *NationalInterests in International Society*, Ithaca : Cornell University Press.

Frank, Andre Gunder (1998) *Global Economy in the Asian Age*, Berkeley : University of California Press.

Freedman, Lawrence (2002) *Superterrorism : Policy Responses*, Oxford : Blackwell.

Fromkin, David (2002) *Kosovo Crossing*, New York : Free Press.

Fukuda, Arihiro (1998) *Sovereignty at the Sword : Harrington, Hobbes, and Mixed Government in the English Civil Wars*, New York : Oxford University Press.

Fukuyama, Francis (1992) *The End of History and the Last Man*, New York : Free Press.（フランシス・フクヤマ著、渡部昇一訳『歴史の終わり』上・下、新装版、三笠書房、二〇〇五年）

Gaddis, John Lewis Gaddis (2002) *The Long Peace*, Princeton : Princeton University Press.

Gallagher, John and Ronald Robinson (1953) "The Imperialism of Free Trade," *The Economic History Review*, Vol. VI, No. 1 : 1-15.

Galtung, Johan (1996) *Peace by Peaceful Means : Peace and Conflict, Develpoment and Civilization*, Thousand Oaks, Clif. : Sage.

Gerschenkron, Alexander (1965) *Economic Backwardness in Historical Perspective*, Cambridge, Mass. : Harvard University Press.

Gerschenkron, Alexander (1989) *Bread and Democracy in Germany*, Ithaca : Cornell University Press.

Giddens, Anthony (1990) *The Consequences of Modernity*, Palo Alto : Stanford University Press.（アンソニー・ギデンズ著、松尾精文・小幡正敏訳『近代とはいかなる時代か？——モダニティの帰結』而立書房、一九九三年）（吉登斯著、黄平他訳『现代性的后果』南京：译林出版社、二〇〇〇年）

Gilpin, Robert (1982) *War and Change in World Politics*, Princeton : Princeton University Press.

Goemans, H. E. (2008) "Which Way Out? The Manner and Consequences of Losing Office," *Journal of Conflict Resolution*, 52 (6): 771–794.

Goldsmith, Benjamin, Yusaku Horiuchi and Takashi Inoguchi (2005) "American Foreign Policy and Global Opinion: Who Supported the War in Afghanistan?," *Journal of Conflict Resolution*, 49, no. 3: 408–429.

Goldstein, Joshua (1988) *Long Cycles: Prosperity and War in the Modern Age*, New Haven: Yale University Press.

Goldstein, Joshua (2005) *International Relations*, New York: Harper Collins.

Goldstein, Judith, Miles Kahler, Robert Keohane and Anne-Marie Slaughter (2001) *Legalization and World Politics*, Cambridge: The MIT Press.

Goodin, Robert E. (2009) "The State of the Discipline, the Discipline of the State," in Robert E. Goodin (ed.) *The Oxford Handbook of Political Science*, Oxford: Oxford University Press: 3–57.

Goodin, Robert E. (ed.)(2007–) *The Oxford Handbooks of Political Science*, 10 Vols., Oxford: Oxford University Press.

Goodin, Robert and Hans-Dieter Klingemann (eds.)(1996) *The Oxford Handbook of Political Behavior* (*The Oxford Handbooks of Political Science*), Oxford: Oxford University Press.

Graham, Gerald S. (1965) *The Politics of Naval Supremacy*, Cambridge: Cambridge University Press.

Greenstein, Fred I. and Nelson W. Polsby (1975) *Handbook of Political Science*, Addison-Wesley Educational Publishers Inc.

Gunnell, John (2004) *Imaging the American Polity: Political Science and the Discourse of Democracy*, Pennsylvania State University Press.

Haas, Mark (2007) "A Geriatric Peace? The Future of U. S. Power in a World of Ageing Populations," *International Security*, Vol. 32, No. 1: 112–147.

Hachigian, Nina (2010) "The False Promise of Primacy: Debunking Robert Kagan's Nostalgia for Bush-Era ForeignPolicy," Center for American Progress. [Online] https//www.americanprogress.org/issues/security/news/2010/01/21/7144/the-false-promise-of-primacy/

Halliday, Fred (2006) "Terrorism and Delusion," *Open Democracy*, April 12.

Hamilton, Alexander, James Madison, John Jay and Clinton Rossiter (2003) *The Federalist Papers*, New York: Signet Classics.

Hardin, Russell (2009) "Normative methodology," in Robert E. Goodin (ed.), *The Oxford Handbook of Political Science*, Oxford:

Oxford University Press : 89-101.

Held, David et al. (1999) *Global Transformations*, Cambridge : Polity Press. (デイヴィッド・ヘルド著、佐々木寛他訳『デモクラシーと世界秩序――地球市民の政治学』NTT出版、二〇〇二年)

Herring, George (1974) *America's Longest War : The United States and Vietnam, 1950-1975*, Philadelphia : Temple University Press.

Hibbs, Douglas (1989) *The American Political Economy : Macroeconomics and Electoral Politics*, Cambridge, Massachusetts : Harvard University Press.

Hirschman, Albert (1970) *Exit, Voice and Loyalty : Responses to Decline in Firms, Organizations and the States*, Cambridge, Massachusetts : Harvard University Press.

Hitchcock, William I. (2003) *The Struggle for Europe : The Turbulent History of a Divided Continent 1945-2002*, New York : Doubleday.

Hoffmann, Stanley (1987[1977]) "An American Social Science : International Relations," reprinted in Stanley Hoffman (ed.) *Janus and Minerva : Essays in the Theory and Practice of International Politics*, Boulder, CO : Westview Press : 3-24.

Hofstede, Geert (1991) *Cultures and Organizations : Software of Mind*, McGraw-Hill. (ヘルート・ホフステッド著、岩井紀子・岩井八郎訳『多文化世界――違いを学び共存への道を探る』有斐閣、一九九五年)

Hollis, M. and S. Smith (1991) *Explaining and Understanding International Relations*, Oxford : Clarendon Press.

Holohan, Ann (2005) *Networks of Democracy : Lessons from Kosovo for Afghanistan, Iraq and Beyond*, Stanford : Stanford University Press.

Holsti, K. J. (1985) *The Dividing Discipline : Hegemony and Diversity in International Theory*, Winchester, MA : Allen and Unwin.

Horne, Alistair (2006) *A Savage War of Peace : Algeria 1954-1962*, New York : Penguin.

Human Security Center, *Human Security Report*.

Huntington, Samuel (1991) *The Third Wave : Democratization in the Late Twentieth Century*, Norman : University of Oklahoma Press.

Huntington, Samuel (1996) *The Clash of Civilization and the Remaking of World Order*, New York : Simon and Schuster. (サ

ミュエル・P・ハンチントン著、鈴木主税訳『文明の衝突』集英社、一九九八年）

IFCRCS（International Federation of Red Cross and Red Cross Society）（1998）*World Disasters Report 1997*, Oxford: Oxford University Press.

Ikegami, Eiko（1995）*The Taming of the Samurai: Honorific Individualism and the Making of Modern Japan*, Cambridge, Massachusetts: Harvard University Press.

Ikegami, Eiko（2005）*Bonds of Civility: Aesthetic Networks and the Political Origins of Japanese Culture*, Cambridge: Cambridge University Press.

Ikenberry, G. John（2002）*After Victory*, Princeton: Princeton University Press.

Ikenberry, G. John（2012）*Liberal Leviathan: The Origins, Crisis, and Transformation of the American System*, Princeton: Princeton University Press.

Inglehart, Ronald（1977）*The Silent Revolution: Changing Values and Political Styles among Western Publics*, Princeton: Princeton University Press.（ロナルド・イングルハート著、三宅一郎他訳『静かなる革命——政治意識と行動様式の変化』東洋経済新報社、一九七八年）

Inglehart, Ronald（1993）*The Silent Revolution in Europe*, Princeton: Princeton University Press.

Inoguchi, Kuniko,（1982）"Third World Responses to OPEC: The External Dimension," in Harold Jacobson and Dujan Sidjanski（eds.）, *The Emerging International Economic Order*, London: Sage: 171–206.

Inoguchi, Takashi（1972）"Measuring Friendship and Hostility among Communist Powers: Some Unobtrusive Measures of Esoteric Communication," *Social Science Research*, 1(1): 79–105.

Inoguchi, Takashi（1989）"The study of international relations in Japan," in H. Dyer and L. Managasarian（eds.）, *The Study of International Relations: The State of the Art*, London: Macmillan.

Inoguchi, Takashi（1995）"Democracy and the development of political science in Japan," in D. Easton, J. Gunnell and M. Stein（eds.）, *Regime and Discipline: Democracy and the Development of Political Science*, Ann Arbor, MI: University of Michigan Press.

Inoguchi, Takashi（1999a）"Japan's Medieval Legacy," *Asian Affairs*, No. 9: 19–28.

Inoguchi, Takashi（1999b）*Prospects for International Relations*, in Davis Bobrow（ed.）, Malden, Massachusetts: Blackwell:

173-192.

Inoguchi, Takashi (1999c) "Democracy and the Development of Political Science in Japan," in David Easton, John Gunnel and Michael Stein (eds.) *Regime and Discipline : Democracy and Development of Political Science*, Ann Arbor : University of Michigan Press.

Inoguchi, Takashi (1999d) "Peering into the Future by Looking Back : the Westphalian, Philadelphian and Anti-Utopian Paradigms," *International Studies Review*, Vol. 2, Issue 2 : 173-192.

Inoguchi, Takashi (2000) "Three Frameworks of American Foreign Policy Thinking and American Democracy Promotion in Pacific Asia," in Michael Cox, G. John Ikenberry and Takashi Inoguchi (eds.), *American Democracy Promotion : Impulses, Strategies and Impacts*, Oxford : Oxford University Press.（猪口孝、マイケル・コックス、G・ジョン・アイケンベリー編、猪口孝訳『アメリカによる民主主義の推進』ミネルヴァ書房、二〇〇六年）

Inoguchi, Takashi (2001a) "Area and International Studies : International Relation," in Neil Smelser and Paul Baltes (eds.), *International Encyclopedia of the Social and Behavioral Science*, Vol. 2, New York : Elsevier : 707-711.

Inoguchi, Takashi (2001b) "Democracy and the Development of Political Science in Japan," in David Easton, John Gunnell and Michael Stein (eds.) *Regime and Discipline*, Ann Arbor, Michigan : University of Michigan : 269-293.

Inoguchi, Takashi (2001c) "Area Studies in relation to International Relations," in Neil Smelser and Paul Baltes (eds.), *International Encyclopedia of Behavioral and Social Sciences*, Vol. 2, New York : Elsevier : 707-711.

Inoguchi, Takashi (2002a) "Infrastructure : Japan and Korea," in Neil Smelser and Palll Baltes (eds.), *International Encyclopedia of the Social and Behavioral Sciences*, New York : Elsevier : 707-711.

Inoguchi, Takashi (2002b) "Three Japanese Scenarios for the Third Millennium," in Immanuel Wallerstein and Armand Clesse (eds.) *The World We Are Entering 2000-2050*, Luxembourg : Dutch University Press.

Inoguchi, Takashi (2002c) "The Sociology of a Not-so-Integrated Discipline : The Development of International Relations in Japan," *Journal of East-Asian Studies*, Vol. 2, No. 1. (February) : 111-126.

Inoguchi, Takashi (2002d) "Japanese Political Science Looks Toward 2006," *Participation*, Vol. 26, No. 3 (Fall) : 17-20.

Inoguchi, Takashi (2003) "Three Japanese Scenarios for the Third Millennium", in Immanuel Wallerstein and Armand Clesse (eds.), *The World We Are Entering 2000-2050*, Amsterdam : Dutch University Press : 189-202.

Inoguchi, Takashi (2005), *Japanese Politics : An Introduction*, Melbourne : Trans Pacific Press.

Inoguchi, Takashi (2006) "Social Capital in East Asia : Comparative Political Culture in Confucian Societies," presented at the Asia Barometer Workshop and Symposium, Sydney : University of Sydney, December : 14–15.

Inoguchi, Takashi (2007a) "Can Fukuda Handle Stress Left by Abe?" *The Straits Times*, September 27.

Inoguchi, Takashi (2007b) "The AsiaBarometer Survey Questionnaire of 2006," *Japanese Journal of Political Science*, Vol. 8, Pt 3 (December) : 427–453.

Inoguchi, Takashi (2007c) "How to Assess World War II in World History : One Japanese Perspective," in David Koh Wee Hock (ed.), *Legacies of World War II in South and East Asia*, Singapore : ISEAS : 138–151.

Inoguchi, Takashi (2008) "Japanese Contemporary Politics : Towards a New Interpretation," in Rien Segers (ed.), *A New Japan for the Twenty-first Century : An Inside Overview of Current Fundamental Changes and Problems*, London : Routledge.

Inoguchi, Takashi (2009a) "Federal Traditions and Quasi-Federalism in Japan," in Baogang He, Brian Galligan and Takashi Inoguchi (eds.), *Federalism in Asia*, London : Edward Elgar : 266–289.

Inoguchi, Takashi (2009b) "Political Culture," in Yoshio Sugimoto (ed.), *The Cambridge Companion to Modern Japanese Culture*, Cambridge : Cambridge University Press : 166–181.

Inoguchi, Takashi (2009c) "Demographic Change and Asian Dynamics : Social and Political Implications," *Asian Economic Policy Review*, vol. 4, Issue 1 : 142–157.

Inoguchi, Takashi (2011a) "Japanese Ideas of Asian Regionalism," *Japanese Journal of Political Science*, vol. 12, Part 2 : 233–249.

Inoguchi, Takashi (2011b) "Political Theory," in Bertrand Badie, Dirk Berg-Schlosser and Leonardo Morino (eds.), *International Encyclopedia of Political Science*, Vol. 6, SAGE Publications : 2050–2063.

Inoguchi, Takashi (2012) "Political Science in Three Democracies : Disaffected (Japan), Third Wave (Korea), and Fledging (China), John Trent and Michael Stein, *The World of Political Science : A Critical Overview of the Development of Political Studies around the Globe : 1990–2012*, Barbara Budrich Publishers.

Inoguchi, Takashi (ed.) (1993–94) *The East Asian States and Societies Library*, 6 volumes, Tokyo : University of Tokyo Press.

Inoguchi, Takashi et al. (2005, 2006, 2008, 2009) *Human Beliefs and Lifestyles in Asia*, Mexico City : Siglo and Tokyo : Akashi Shoten.

Inoguchi, Takashi and Doh Chull Shin (eds.) (2009) *The Quality of Life in Coufucian Asia–From Physical Welfare to Subjective Well–being*, Dordrecht : Springer. (猪口孝、ド・チュル・シン編『東アジアのクオリティ・オブ・ライフ』東洋書林、二〇一一年)

Inoguchi, Takashi and Ian Marsh (eds.) (2008) *Globlisation, Public Opinion and the State : Western Europe and East and Southeast Asia*, London : Routledge.

Inoguchi, Takashi and Jean Blondel (2007) *Citizens and the State : Attitudes in Western Europe and East and Southeast Asia*, London : Routledge. (猪口孝、ジャン・ブロンデル編著『現代市民の国家観』東京大学出版会、二〇一〇年)

Inoguchi, Takashi and Matthew Carlson (eds.) (2006) *Governance and Democracy in Asia,* Melbourne : Trans Pacific Press. (猪口孝、マシュー・カールソン編『アジアの政治と民主主義』西村書店、二〇〇八年)

Inoguchi, Takashi and Nobuharu Miyatake (1978) "The Politics of Decrementalism : The Case of Soviet–Japanese Salmon Catch Negotiations, 1957–1977," *Behavioral Science*, vol. 23 no. 6 : 427–769.

Inoguchi, Takashi and Nobuharu Miyatake (1979) "Negotiation As Quasi–Budgeting : The Salmon Catch Negotiations Between Two World Fishery Powers," *International Organization,* vol. 33 no. 2 : 229–256.

Inoguchi, Takashi and Seiji Fujii (2008) "The AsiaBarometer : Its Aim, Its Scope and Its Development," in Vallerie Møller and Denis Huschka (eds.), *Quality of Life around the World*, Social Indicators Research Book Series, Netherlands : Springer.

Inoguchi, Takashi and Seiji Fujii (2012) *The Quality of Life in Asia, A Comparison of Quality of life in Asia*, Dordrecht : Springer.

Iriye, Akira (2002) *Global Community : The Role of International Organizations in the Making of the Contemporary World*, Berkeley : University of California Press.

Jacobson, Harold (1984) *Networks of Interdependence ; International Organizations and the Global Political System*, New York : Alfred A. Knopf.

Jennings, Francis (1975) *The Invasion of America : Indians, Colonialism, and the Cant of Conquest*, New York : Norton.

Johnson, Chalmers (1962) *Peasant Nationalism and Communist Power*, Stanford : Stanford University Press.

Kabashima, Ikuo (2007) "Changing Media, Changing Politics," special issue of *the Japanese Journal of Political Science*, Vol. 8, Issue 01, April Cambridge University Press : 1–6.

Kabashima, Ikuo and Gill Steel (2010) *Changing Politics in Japan*, Ithaca, NY : Cornell University Press.

Kagan, Robert (2003) *Of Paradise and Power*, New York : Alfred Knopf.

Kaldor, Mary (2007) *New and Old Wars : Organised Violence in a Global Era*, Cambridge : Polity Press.

Kaplan, Morton (1957) *System and Process of lnternational Politics*, New York : Free Press.

Kaplan, Robert(1998) *The Ends of the Earth*, New York : Random House.

Karatani, Rieko (2002) *Defining British Citizenship : Empire, Commonwealth, and Modern Britain*, Portland, OR : Frank Cass.

Kasuya, Yuko (2003) "Weak Institutions and Strong Movements : the Case of Estrada's Impeachment in the Philippines," in Jody Baumgartner and Naoko Kada (eds.) *Checking Executive Power : Presidential Impeachment in Comparative Perspective*, New York : Praeager.

Kato, Junko (1993) *The Problem of Bureaucratic Rationality : Tax Politics in japan, Princeton*, NJ : Princeton University Press.

Kato, Junko (2003) *Regressive Taxation and the Welfare State : Path Dependence and Policy Diffusion*, New York : Cambridge University Press.

Katzenstein, Peter (2006) "Personal conversation at the Association of Asian Studies annual meeting," *San Diego*, 22–25 March 2006.

Katzenstein, Peter (ed.) (1996) *The Culture of National Security : Norms and Identity in World Politics*, New York : Columbia University Press.

Katzenstein, P., R. Keohane and S. Krasner (1998) "*International Organization* and the study of World Politics," *International Organization*, 52 (4) : 645–685.

Kawato, Akio (ed.) *Japan and the World* [Online] http://www.akiokawato.com/ja/cat40/post_139.php

Keane, John (1998) "The Philadelphian Model," in Takashi Inoguchi, Edward Newman and John Keane(eds.), *The Changing Nature of Democracy*, Tokyo and New York : United Nations University Press : 231–243.

Keck, Margaret K. and Kathryn Sikkink (1998) *Activists Beyond Borders : Advocacy Networks in International Politics*, Ithaca : Cornell University Press.

Keir, Lieber and Daryl Press (2006) "The Rise of U. S. Nuclear Primacy," *Foreign Affairs*, Vol. 85, No. 2 : 42–54.

Kelly, David and Anthony Reid (1998) *Asian Freedoms : The Idea of Freedom in East and Southeast Asia* Cambridge : Cambridge University Press.

Kennedy, Paul (1980) *The Rise of the Anglo-German Antagonism, 1860-1914*, London : George Allen and Unwin.

Keohane, Robert (1978) *After Hegemony*, Princeton : Princeton University Press.

Keohane, R. (1988) "International institutions : two approaches," *International Studies Quarterly*, 32 (4) : 379-396.

Keohane, Robert and Joseph Nye (1977) *Power and Interdependence : World Politics in Transition*, Boston : Little, Brown.（ロバート・O・コヘイン、ジョセフ・S・ナイ著、滝田賢治監訳『パワーと相互依存』ミネルヴァ書房、二〇一二年）

Kim, Byung-Kook (2005) "To Have a Cake and Eat it too : The Crisis of Pax Americana in Korea," in Jorge Dominguez and Byung-kook Kim (eds.) *Between Compliance and Conflict : East Asia, Latin America and the "New" Pax Americana*, London : Routledge : 219-250.

King, Gary, Robert O. Keohane and Sidney Verba (1994) *Designing Soial Inquiry : Scientific Inference in Qualitative Research*, New Jersey : Princeton University Press.（G・キング、R・O・コヘイン、S・ヴァーバ著、真渕勝訳『社会科学のリサーチ・デザイン――定性的研究における科学的推論』勁草書房、二〇〇四年）

Kishima, Takako (1991) *Political Life in Japan : Democracy in a Reversible World*, Princeton, NJ : Princeton University Press.

Kissinger, Henry (1995) *Diplomacy*, New York : Touchstone Books.（ヘンリー・A・キッシンジャー著、岡崎久彦監訳『外交』上・下、日本経済新聞社、一九九六年）

Kissinger, Henry (2000) *A World Restored*, London : Weidenfeld and Nicholson.

Kissinger, Henry (2002) *Does America Need a Foreign Policy : Toward a Diplomacy for the 21st Century*, New York : Simon & Schuster.

Knorr, K. and J. Rosenau (eds.) (1969) *Contending Approaches to International Politics*, Princeton, NJ : Princeton University Press.

Kobayashi, Yoshiaki (2000) "Enhancing local fiscal autonomy : The Japanese case with comparative reference to South Korea and the United States," *Research in Urban Policy*, Vol. 8-Citizen Responsive Government, United Kingdom : Emerald : 243-265.

Kohno, Masaru (1997) *Japan's Postwar Party Politics*, Princeton, NJ : Princeton University Press.

Krasner, Stephen (1983) *International Regimes*, Ithaca : Cornell University Press.

Krasner, Stephen (1993) "Westphalia and All That," in Judith Goldstein and Robert Keohane (eds.), *Ideas and Foreign Policy : Beliefs, Institutions and Political Change*, Ithaca : Cornell University Press : 235-264.

Krugman, Paul (1993) "The Myth of Asia's Miracle," *Foreign Affairs*, 73 (November/December) : 62-78.

Kuhn, T. (1962) *The Structure of Scientific Revolutions*, Chicago, IL : Chicago University Press.（トーマス・クーン著、中山茂訳『科学革命の構造』みすず書房、一九七一年）

Laidi, Zaki (2008) *Norms over Force. The Enigma of European Power*, New York : Palgrave Macmillan.

Landes, David (1998) *The Wealth and Poverty of Nations*, New York : W.W. Norton.（デービッド・ランデス著、竹中平蔵訳『「強国」論――富と覇権の世界史』三笠書房、一九九九年）

Lasswell, Harold Dwight (1935) *World Politics and Personal Insecurity*, Columbus : McGraw-Hill.

Lasswell, Harold (1990) *Politics : Who Gets What, When, How*, New York : Peter Smith Publishing.

Lasswell, Harold D., Daniel Lerner and Ithiel de Sola Pool (1952) *The Comparative Study of Symbols : An Introduction*, Stanford : Stanford University Press.

Lewis, Bernard (1987) *Assassins*, London : Weidenfeld & Nicholson.

Lieber, Robert (2007) *The American Era : Power and Strategy for the 21st Century*, Cambridge : Cambridge University Press.

Linklater, Andrew (1999) *The Transformation of Political Community : Ethical Foundations of the Post-Westphalian Era*, Columbia : University of South Carolina Press.

Lipset, Martin (1998) *American Exceptionalism*, New York : Norton.

Lochner, K. A., I. Kawachi, R. T. Brennan and S. L. Buka (2003) "Social Capital and Neighborhood Mortality Rates in Chicago," *Social Science and Medicine*, Vol. 56, No. 8 : 797-805.

Mandelbaum, Michael (2006) *The Case for Goliath : How the United States Has Become the World's Government*, New York : Public Affairs.

Mann, Michael (1986, 2012) *The Source of Social Power*, Vol. 1 & 2, Cambridge : Cambridge University Press.（マイケル・マン著、森本醇・君塚直隆訳『ソーシャルパワー――社会的な〝力〟の世界歴史』ＮＴＴ出版、二〇〇五年）

Mann, Michael (2004) *Incoherent Empire*, London : Pluto Press.

Marr, David (1997) *Vietnam 1945*, Berkeley : University of California Press.

Martin, Bradley (2005) *Under the Loving Care of the Fatherly Leader : North Korea and the Kim Dynasty*, Toronto : Griffin Press.

Mazower, Mark (1999) *Dark Continent : Europe's Twentieth Century*, New York : Knopf.

McAllister, Ian (2007) "The Personalization of Politics," *The Oxford Handbook of Political Behavior*, Oxford : Oxford University Press : 571–588.

McNeil, William H. (1989) "Control and Catastrophe in Human Affairs," *Daedalus*, Winter : 1–15.

McNeil, William (1992) *The Global Condition*, Princeton : Princeton University Press.

Mead, Walter Russell (2001) *Special Providence : American Foreign Policy and How it Changed the World*, New York : Knopf.

Mearsheimer, John (2002) *The Tragedy of Great Power Politics*, New York : W. W. Norton & Co Inc.

Mikami, Satoru and Takashi Inoguchi (2008) "Legitimacy and Effectiveness in Thailand, 2003–2007 : perceived quality of governance and its consequences on political beliefs," *International Relations of the Asia-Pacific*, Vol. 8 No. 3 : 279–302.

Mingst, Karen and Jack Snyder (eds.) (2001) *Essential Readings in world Politics, The Norton Series in World Politics*, New York : Norton.

Mitani, Taichiro (2005) "Chua School of Political Thought in the Pre-War Period," *Political Science Lecture, Faculty of Law*, Chuo University, March 12.

Miyaoka, Isao (2004) "Japan's Conciliation of the United States in the Climate Change Negotiations," *International Relations of the Asia-Pacific*, Vol. 4, No. 1 : 73–96.

Møller, Valerie, Denis Huscka and Alex Michalos (eds.) (2008) *Barometers of Quality of Life Around the Globe : How Are We Doing?*, Amsterdam : Springer.

Moore, Barrington (1966) *Social Origins of Dictatorship and Democracy : Lord and Peasant in the Making of the Modern World*, Boston : Beacon Press.（バリトン・ムーア著、宮崎隆次・森山茂徳・高橋直樹訳『独裁と民主政治の社会的起源――近代世界形成過程における領主と農民（一・二）』岩波書店、一九八六年）

Morales, Laura, Michael Wolf and Kenichi Ikeda (eds.) (2010) *Political Discussion in Modern Democracies in a Comparative Perspective*, Routledge/ECPR Studies in European Political Science, London : Routledge.

Morgenthau, Hans (1959) *Politics among Nations*, 2nd enlarged ed., New York : Knopf.

Morgenthau, Hans, Kenneth Thompson and David Clinton (2005) *Politics Among Nations*, New York : McGraw-Hill.

Morone, James (2003) *Hellfire Nation : The Politics of Sin in American History,* New Haven, Connecticut : Yale University Press.

Mueller, John E. (1989) *Retreat from Doomsday : The Obsolescence of Major War*, New York : Basic Books.

Mueller, John E. (2004) *Remnants of War*, Ithaca : Cornell University Press.

Murakami, Yasusuke (1982) "The Age of the New Middle Mass Politics : The Case of Japan," *The Journal of Japanese Studies*, Vol. 8 (Winter) : 29-72.

Nakane, Chie (1970) *Japanese Society*, Berkeley : University of California Press.

Nye, Joseph (2002) *Soft Power : the Means to Success in World Politics*, New York : Public Affairs.

Obama, Barack (2010) "The President in State of the Union Address," January 27, 2010.

O'Brien, Richard (1992) *Global Financial Integration : The End of Geography*, London : Pinter.

Olson, W. and A. J. R. Groom (1991) *International Relations : Then and Now*, London : Croom Helm.

Oneal, John and Bruce Russett (2000) *Triangulating Peace : Democracy, Interdependence, and International Organizations(The Norton Series in World Politics),* New York : W. W. Norton & Company.

Onuf, Nicholas Greenwood (1998) *The Republican Legacy in International Thought*, Cambridge : Cambridge University Press.

Oren, Ido (2003) *Our Enemies and US : America's Rivalries and the Making of Political Science*, Ithaca : Cornell University Press.

Powers, Richard (2006) "The Global Distributed Self Mirroring Subterranean Neurological Soul-Sharing Picture Show," *Shincho*, May : 230-243.

Prestowitz, Clyde (2006) *Three Billion Non Capitalists : The Great Shift of Wealth and Power to the East*, New York : Basic Books.

Putnam, Robert D. (1988) "Diplomacy and Domestic Politics : The Logic of Two-Level Games," *International Organization*, Vol. 42, No. 3 : 427-460.

Putnam, Robert (1993) *Making Democracy Work : Civic Traditions in Modern Italy*, Princeton : Princeton University Press.

（ロバート・D・パットナム著、河田潤一訳『哲学する民主主義』NTT出版、二〇〇一年）

Pye, Lucian W. (1988) *Asian Power and Politics : The Cultural Dimensions of Authority*, Cambridge, Massachusetts : Belknap Press of Harvard University Press.（ルシアン・パイ著、園田茂人訳『エイジアン・パワー』上・下、大修館書店、一九九五年）

Ra'anan, Uri (1968) "Peking's Foreign Policy 'Debate', 1965–1966," in T. Tsou (ed.), *China in Crisis, 2, China's Policies in Asia and America's Alternatives*, Chicago : University of Chicago Press : 23–71.

Ravina, Mark (1999) *Land Lordship in Early Modern Japan*, Stanford, CA : Stanford University Press.

Rawls, John (1971) *A Theory of Justice*, Cambridge : Harvard University Press.

Reed, Steven(2001) "The Causes of Political Reform in Japan" and "The Consequences of Electoral Reform in Japan" both with Michael F. Thies, in Matthew Soberg Shugart and Martin P. Wattenberg (eds.) *Mixed-Member Electoral Systems : The Best of Both Worlds?*, Oxford : Oxford University Press, 2001 : 152–172 and 380–403.

Reich, Robert(1991) *The Work of Nations*, New York : Knopf.（ロバート・ライシュ著、中谷巌訳『ザ・ワーク・オブ・ネーションズ――二一世紀資本主義のイメージ』ダイヤモンド社、一九九一年）

Reynolds, Andrew, Ben Reilly and Andrew Ellis (eds.) (2005) *Electoral System Design : The New International IDEA Handbook*, Stockholm : International IDEA.

Rich, Roland (2007) *Pacific Asia in Quest of Democracy*, Boulder : Lynne Rienner.

Richardson, Bradley (1974) *The Political Culture of Japan*, Berkeley : University of California Press.

Richardson, Lewis F. (1960) *Statistics of Deadly Quarrels*, Pacific Groove, Ca. : Boxwood Press.

Riker, William H. (1964) *Federalism : Origin, Operation, Significance*, Boston : Little, Brown.

Rizzolatti, Giacomo and M. A. Arbib (1988) "Language within Our Grasp," *Trends in Neuroscience*, Vol. 21, No. 5 : 188–194.

Rizzolatti, Giacomo and Corrado Sinigaglia (2008) *Mirrors in the Brain : How Our Minds Share Actions and Emotions*, Cambridge, Massachusetts : M. I. T. Press.

Romer, Paul (1990) "Endogenous Technical Change," *Journal of Political Economy*, 102 : 71–102.

Rothstein, R. (1973) "On the costs of realism," *Political Science Quarterly*, 137 (3) : 347–362.

Russett, Bruce (1993) *Grasping the Democratic Peace*, Princeton : Princeton University Press.

Russett, Bruce, Barry O'Neil and James Sutterlin (1996) "Breaking the Security Council Logjam," *Global Governance* 2, no. 1 (Jan.-Apr.): 65-79.

Russett, Bruce and John Oneal (2001) *Triangulating Peace: Democracy, Interdependence and International Organizations*, New York: Norton.

Russett, Bruce and Harvey Starr (2002) *World Politics: The Menu for Choice*, Belmont: Wadswort Publishing Company.

Sagan, Scott D. and Kenneth N. Waltz (2003) *The Spread of Nuclear Weapons: A Debate Renewed*, 2nd edition, New York: W. W. Norton & Co.

Saul, David (2003) *The Indian Mutiny: 1857*, London: Penguin Books.

Schmitt, Carl (1922/1985) *Political Theology: Four Chapters on the Concept of Sovereignty* (George D. Schwab, trans.), Cambridge: MIT Press.（カール・シュミット著、田中浩訳『政治神学』未來社、一九七一年）

Scholtz, Leopold (2004) *Why the Boers Lost the War*, New York: Palgrave Macmillan.

Schweller, Randall (1998) "New Realist Research on Alliance: Refining, Not Refuting, Waltz's Balancing Proposition," *American Political Science Review*, 91 (December 1997): 927-935.

Screech, Timon (2000) *The Shogun's Painted Culture: Fear and Creativity in the Japanese States, 1760-1829*, London: Reaktion Books.

Sen, Amartya (1982) *Poverty and Famines*, Oxford: Clarendon Press.

Sharp, Gene (1979) *Gandhi as a Political Strategist*, Boston: Porter Sargent.

Shin, Doh Chull and Takashi Inoguchi, (eds.) (2010) *The Quality of Life in Confucian Asia*, Dordrecht: Springer.

Shiraishi, Takashi (1990) *An Age in Motion: Popular Radicalism in Java 1912-1926*, Ithaca: Cornell University Press.

Short, Philip (1999) *Mao: A Life*, New York: Owl Books.

Singer, David and Melvin Small (1972) *The Ages of War, 1816-1965: A Statistical Handbook*, New York: Wiley.

Singer, Joel David and Melvin Small (1982) *The Ages of War, 1816-1980: A Statistical Handbook*, California: Sage Publications, Inc.

Slaughter, Anne-Marie (2005) *A New World Order*, Princeton: Princeton University Press.

Slaughter, Anne-Marie (2008) *The Idea That Is America: Keeping Faith With Our Values in a Dangerous World*, New York:

Basic Books.

Small, Melvin and J. David Singer (1982) *Resort to Arms : International and Civil Wars, 1816–1980*, N.Y. : SAGE Publications.

Smelser, N. J. and Paul B. Baltes (2001) *International Encyclopedia of the Social and Behavioral Sciences* (26 volumes), Oxford : Elsevier Science.

Smith, Steve and Ken Booth (eds.) (1995) *International Relations Theory Today*, University Park : Pennsylvania State University Press.

Smith, Tony (1994) *America's Mission : The United States and the World–Wide Struggle for Democracy in the Twentieth Century*, Princeton : Princeton University Press.

Smouts, M.–C. (1987) "The study of international relations in France," *Millennium : Journal of International Studies*, vol. 16, no. 12 : 281–286.

Soros, George (1998) *The Crisis of Global Capitalism*, New York : Perseus Books.

Spier, Albert (1969) *Erinnerungen*, Berlin : Proplyaen Verlag.

Spruyt, Hendrik (1993) *The Sovereign State and Its Competitors*, Priceton : Princeton University Press.

Strange, Susan (1976) *International Monetary Relations*, Oxford : Oxford University Press.

Strange, Susan (1996) *Retreat of the State : the Diffusion of Power in the World Economy*, New York : Oxford University Press.

Strange, Susan (1998) *Mad Money : When Markets Outgrow Governments*, Ann Arbor : University of Michigan Press.

Subramanian, S. V., D. J. Kim and I. Kawachi (2002) "Social Trust and Self Rated Health in US Communities : A Multivariate Analysis," *Journal of Urban Health*, Vol. 79, No. 4 Supplement I : S21–34.

Subramanian, S.V. and I. Kawachi (2006) "Bonding versus Bridging Social Capital and their Associations with Sel Rated Health : A Multilevel Analysis of 40 US Communities," *Journal of Epidemiol Community Health*, Vol. 60, No. 2 : 116–122.

Sugimoto, Yoshio and Ross Mauer (1986) *Images of Japanese Society*, London : Kegan Paul.

Taylor, A. J. P. (1948) *The Habsburg Monarchy 1809–1918*, London : Hamish Hamilton.

Taylor, A. J. P. (1965) *English History 1914–1945*, Oxford : Oxford University Press.

Tenner, Edward (2009) "Results Tagged "Conservation of Catastrophe,"" *The Atlantic Wire*, April 27, [Online] http://www.theatlantic.com/technology/archive/2009/04/next-time/16746/

"The Failed States Index" (2005) *Foreign Policy* (July/August), Issue 149 : 56-65.

Thakur, Ramesh and Takashi Inoguchi (2003) "Is Japan to mainland Asia what Britain is to Europe?" *Japan Times*, November 9.

Thornton, Archibald (1959) *The Imperial Idea and Its Enemies : Study in British Power*, London : Macmillan & Co Ltd.

Thornton, Russell, (1987) *American Indian Holocaust and Survival : A Population History Since 1492*, Oklahoma City : University of Oklahoma Press.

Tickner, J. Ann (2001) *Gendering World Politics : Issues and Approaches in the Post-Cold War Era*, New York : Columbia University Press.

Toby, Ronald (1984) *State and Diplomacy in Early Modern Japan*, Princeton, NJ : Princeton University Press.

Toffler, Alvin and Heidi Toffler (2006) *Revolutionary Wealth*, New York : Knopf.

Tokuda, Yasuharu et al. (2008) "Interpersonal Mistrust and Unhappiness Among Japanese People," *Social Indicators Research*, vol. 89 no. 2, Dordrecht : Springer : 349-360.

Tokuda, Yasuharu and Takashi Inoguchi (2009) "Influence of Income on Health Status and Healthcare Utilization in Working Adults : and Illustration of Health among the Working Poor in Japan," *Japnese Journal of Political Science*, Vol. 10, Pt. 1 (June) : 79-92.

UNHCR (United Nations High Commissoner for Refugees) (1998) *The State of the World's Refugees*, Oxford : Oxford University Press.

United Nations, "Growth in United Nations Membership, 1945-present," [Online] http://www.un.org/en/members/growth.shtml.

USA. World Statesmen.org, "Index of Possessions and Colonies," [Online] http://www.worldstatesmen.org/COLONIES.html.

Vanhanen, Tatu (2003) *Democratization : A Comparative Analysis of 170 Countries*, London : Routledge.

Verba, Sidney and Gabriel Almond (1963) *The Civic Culture*, Princeton : Princeton University Press.

Vogel, Ezra (2001) *Japan as Number One*, New York : Replica Books. (エズラ・F・ヴォーゲル著，広中和歌子・木本彰子訳

『ジャパン・アズ・ナンバーワン』新版、阪急コミュニケーションズ、一九七九年）

Wade, Robert（1991）*Governing the Market : Economic Theory and the Roke of Government in East Asian Industriakization*, Princeton : Princeton University Press.

Waever, O.（1997）"Figures of international thought : introducing persons instead of paradigms," in I. Nermann and O. Waever（eds.）, *The Future of International Relations : Master in the Making?*, London : Routledge : 1-38.

Waever, O.（1998）"The sociology of a not so international discipline : American and European developments in international relations," *International Organization*, 52（4）: 687-727.

Wallerstein, Immanuel（1970 and 1980）*The Modern World System*, Vols. 1 and 2, New York : Academic Press.

Wallerstein, Immanuel（1991）*Geopolitics and Goeculture : Essays on the Changing World-System*, Cambridge : Cambridge University Press.

Wallerstein, Immanuel（1995）*After Liberalism*, New York : New Press.

Walt, Stephen(1987）*The Origins of Alliances*, Ithaca : Cornell University Press.

Walt, Stephen（1998）*International Relations : One World, Many Theries, Foreign Policy*, 110（Spring）: 29-46.

Waltz, Kenneth（1959）*Man, the State, and War : A Theoretical Analysis*, New York : Columbia University Press.

Waltz, Kenneth（1979）*Theory of International Politics*, Reading, Mass. : Addison-Wesley.（ケネス・ウォルツ著、河野勝・岡垣知子訳『国際政治の理論』勁草書房、二〇一〇年）

Waltz, K.（1986）"Reflections on Theory of International Politics : a response to my critics," in R. Keohane（ed.）, *Neo-Realism and its Critics*, New York : Columbia University Press.

Watanuki, Joji（1979）"Materialist versus Postmaterialist Orientations in Japan," *Research Papers*, No. 11, Institute of International Relations, Sophia University.

Weber, Steven（1997）"The End of Business Cycle?" *Foreign Affairs*, 76（July/August）: 65-82.

Wendt, Alexander（1999）*Social Theory of International Politics*, Cambridge : Cambridge University Press.

White, Merry（1988）*The Japanese Educational Challenge : A Commitment to Children*, London : Kodansha Europe.

White, Merry（1993）*The Material Child : Coming of Age in Japan and America*, New York : Free Press.

Wight, Martin.（1995）*Power politics*, London : Royal Institute of International affairs.

Woodside, Alexander (2006) *Lost Modernities: China, Vietnam, Korea, and the Hazards of World History* (Edwin O. Reischauer Lectures). Cambridge, Massachusetts: Harvard University Press.（アレクサンダー・ウッドサイド著、古田元夫・秦玲子監修『ロスト・モダニティーズ――中国・ベトナム・朝鮮の科挙官僚制と現代世界』NTT出版、二〇一三年）
Wright, Quincy. (1983) *A Study of War*, Chicago: The University of Chicago Press.
Yomiuri Shimbun (2002) *Nihon no Yoron* (Public Opinion in Japan), Tokyo: Yomiuri Shimbunsha.
Zunz, Olivier (1998) *Why the American Century?*, Chicago: University of Chicago Press.

日本語文献

ベネディクト・アンダーソン（二〇〇九）『ヤシガラ椀の外へ』ＮＴＴ出版。

伊藤光利（二〇〇八）『政治的エグゼクティヴの比較研究』早稲田大学出版部。

猪口孝（一九七〇）『国際関係の数量分析、北京、平壌、モスクワ、一九六一―一九六六年』巌南堂。

猪口孝（一九七五）「計量政治学の問題と展望」『統計学会誌』日本政治学会。

猪口孝（一九八五）「引用文献についてのライフスタイル仮説」『図書館の窓』二四（九）、東京大学図書館。

猪口孝（一九八九）「国際政治の主体」有賀貞他編『講座国際政治１　国際政治の理論』東京大学出版会。

猪口孝（一九九〇）『交渉・同盟・戦争――東アジアの国際政治』東京大学出版会。

猪口孝（二〇〇四）『「国民」意識とグローバリズム――政治文化の国際分析』ＮＴＴ出版。

猪口孝（二〇一〇）『「日本政治の謎」――徳川モデルを捨てきれない日本人』西村書店。

猪口孝主編（一九九九）『政治学事典』弘文堂。

猪口孝主編（二〇〇五）『国際政治事典』弘文堂。

猪口孝編（一九九三～九四）『東アジアの国家と社会』全六巻、東京大学出版会。

猪口孝他編（二〇〇五、二〇〇七、二〇〇九、二〇一一）『アジア・バロメーター・ソースブック年鑑』明石書店。

猪口孝・原田至郎（二〇〇〇）「国際政治研究者の専攻戦略――ロジスティック回帰分析と数量化理論による日本国際政治学会会員の属性分析」柳井晴夫他編『多変量解析実例ハンドブック』朝倉書店。

内田満（二〇〇七）『早稲田政治学史研究――もう一つの日本政治学史』東信堂。

小野塚喜平次（一九〇三）『政治学大綱』博文館。

蒲島郁男・竹中佳彦（一九九六）『現代日本人のイデオロギー』東京大学出版会。

苅部直（二〇〇六）『丸山眞男』岩波書店。

川田侃（一九九六）『川田侃・国際学1　国際関係研究』東京書籍。

イマニュエル・カント著、宇都宮芳明訳（一九八五）『永遠平和のために』改訂版、岩波書店。

小林良彰（一九九七）『現代日本の政治過程――日本型民主主義の計量分析』東京大学出版会。

斉藤精一郎（一九九八）『一〇年デフレ』日本経済新聞社。

斎藤真（一九九二）『アメリカ革命史研究――自由と統合』東京大学出版会。

堺屋太一（二〇〇七）『世界を創った男　チンギス・ハン　1～4』日本経済新聞社。

篠田英朗（二〇〇七）『国際社会の秩序』東京大学出版会。

須藤季夫（二〇〇七）『国家の対外行動』東京大学出版会。

曽我謙吾・伊藤光利編（二〇〇八）「首相・自民党議員・官僚間のネットワーク構造」『政治的エグゼクティヴの比較研究』早稲田大学出版部。

橘木俊詔（二〇〇六）『格差社会――何が問題なのか』岩波書店。

田中愛治他（二〇〇九）『二〇〇九年、なぜ政権交代だったのか――読売・早稲田の共同調査で読みとく日本政治の転換』勁草書房。

田中明彦（二〇〇七）『アジアの中の日本』ＮＴＴ出版。

田中修（二〇〇七）『検証　現代中国の経済政策決定』日本経済新聞出版社。

辻中豊編著（二〇〇二）『現代日本の市民社会・利益団体』木鐸社。

デュラン・れい子（二〇〇七）『一度も植民地になったことがない日本』講談社。

統計数理研究所国民性調査委員会（一九六一）『日本人の国民性』至誠堂。

統計数理研究所国民性調査委員会（一九七〇）『第二　日本人の国民性』至誠堂。

統計数理研究所国民性調査委員会（一九七五）『第三　日本人の国民性』至誠堂。

統計数理研究所国民性調査委員会（一九八二）『第四　日本人の国民性』出光書店。

統計数理研究所国民性調査委員会（一九九二）『第五　日本人の国民性』出光書店。

仁井田陞（一九八九）『中国の社会とギルド』岩波書店。

日本政治学会（二〇〇二）『三つのデモクラシー』岩波書店。

野中尚人（一九九五）『自民党政権下の政治エリート――新制度論による日仏比較』東京大学出版会。

ラミー・パスカル（二〇〇五）「米国大統領選後」『毎日新聞』二〇〇五年一一月二〇日。

旗田巍（一九七三）『中国村落と共同体理論』岩波書店。

林信吾（二〇〇五）『しのびよるネオ格差社会』平凡社。

林知己夫（二〇〇一）『日本人の国民性研究』南窓社。

坂野潤治（一九九六）『近代日本の国家構想　一八七一～一九三六』岩波書店。

平石直昭（二〇〇一）『日本政治思想史――近世を中心に』改訂版、放送大学教育振興会。

平野浩（二〇〇七）『変容する日本の社会と投票行動』木鐸社。

升味準之輔（一九九〇～九三）『比較政治』全三巻、東京大学出版会。

丸山眞男（一九八三）『日本政治思想史研究』改訂版、東京大学出版会。

丸山眞男（二〇〇六）『現代政治の思想と行動』新装版、未來社。

村松岐夫・久米郁夫（二〇〇六）『日本政治　変動の三〇年――政治家・官僚・団体調査に見る構造変容』東洋経済新報社。

山岸俊男（一九九八）『信頼の構造』東京大学出版会。

吉野諒三（二〇〇七）『東アジア国民性比較』勉誠出版。

蝋山政道（一九四九）『日本に於ける近代政治学の発達』実業之日本社。

渡辺浩（一九八五）『近世日本社会と宋学』東京大学出版会。

初出一覧（ただし、大幅に加筆・修正を行った）

序　章　"Political Theory," in Leonardo Morlino, Dirk-Berg Schlosser, and Bertrand Badie (eds.) *International Encyclopedia of Political Science*, 8 vols., Sage Publications, 2011, Vol. 6 : 2050–2063.

第1章　「欧亜比較政治文化論」中村雅治、イーヴ・シュメイユ編『EUと東アジアの地域共同体』上智大学出版、二〇一二年、三五五～三七〇頁。

第2章　「国際比較政治研究と計量政治学」柳井晴夫編『行動計量学への招待』朝倉書店、二〇一一年、一三四～一四四頁。

第3章　「国際関係論の理論と展開」『国際関係論リーディングズ』東洋書林、二〇〇四年、一～二二頁。

第4章　"Peering Into the Future by Looking Back : The Westphalian, Philadelphian, and Anti-Utopian Paradigms," *International Studies Review*, vol. 1 no. 2 (Summer 1999) : 173–191.／「地球政治の秩序形成理論」『国際関係論リーディングズ』東洋書林、二〇〇四年、四三五～四六〇頁。

第5章　"World Order Debates in the Twentieth Century : Through the Eyes of the Two-level Game and the Second Image (Reversed)," *Chinese Journal of International Politics*, 2010, 3(2) : 155–188.

第6章　"Poitcal Science in Japan: Looking Back and Forward," *Japanese Journal of Political Science*, Cambridge University Press, 2010, 11(3) : 291–305.

第7章　"Political Culture," Yoshio Sugimoto (eds.) *The Cambridge Companion to Modern Japanese Culture*, Cambridge University Press, 2009 : 166–181.

第8章　"Glovalization and Cultural Nationalism," Yoshio Sugimoto (eds.) *The Cambridge Companion to Modern Japanese Culture*, Cambridge University Press, 2009 : 336–351.

第9章　"The Study of International Relations in Japan : towards a More International Discipline," *International Relations Asian Pacific*, 2001, 1(1) : 1–20.

"Why Are There No Non-Western Theories of International Relations? The Case of Japan," Amitav Acharya and

Barry Buzan (eds.) *Non-Western International Relations Theory Perspectives On and Beyond Asia*, Routledge, 2009 : 51-68.

おわりに

『政治理論』を執筆することは私の長い間の念願であった。そのきっかけは、世界政治学会（ＩＰＳＡ）が『政治学国際百科事典』全八巻（セージ出版社、二〇一一年）の編集を決定したことだった。ベルトランド・バディ、ダーク・バーグ・シュロッサー、レオナルド・モリーノの三編集長によるものである。私は「政治理論」の編集長であるベルトランド・バディの下の副編集長となった。私は柄になく少し興奮した。それまで私は実証政治学に傾いた研究執筆の比重が高かった。バディは規範政治理論に詳しく、私は実証政治理論に詳しいという責任分担の側面があった。さらにバディは欧州・中近東・アフリカ、私はアジア・アメリカの分担の趣もあった。彼とは波長も合い、時々会って仕事の調整もした。私がフランス政治学大学院（シアンス・ポー）客員教授になった短期間にも継続した。政治学事典はすでに数多く出ているが、この百科事典は世界的で、文明、地域などに比較的偏らない数少ない事典である。三編集長がすべて欧州人であるから、この特徴は限定的であるが、取り上げられた項目を読むと、世界的な執筆人に支えられていることが分かる。そして私が担当したのが「政治理論」であり、規範政治理論と実証政治理論を「対話」する方向に議論を進めた。本書の序章はその内容をもとにしている。そして序章で述べた議論を展開させて、比較政治学、国際政治学、日本政治学の三部構成とした。それまで実証政治学の方だけからみていたものを、規範政治学の側からもみる大きなきっかけとなった。規範政治学の領域だと思っていたことも、実証政治学からみると、意外と新鮮な知見を生み出していることが分かった。

第Ⅰ部は「比較政治の理論」である。これはアジアとヨーロッパの一六カ国を、民主主義の機能不全に焦点を当てた研究プロジェクトから生まれた。アリストテレスのように、国家の性格がモナドによって規定されるとする国家論が古今東西巷に溢れている。国王が強ければ独裁制、貴族が強ければ貴族制、その他大勢が強ければ民主制という。二〇世紀のロバート・ダールのような民主主義論者も、市民が主要、社会が基本と言っているようでいて、民主化を進める国家の方向が決まれば、社会もそれに従うというような比較政治学ではないか。社会なしの政治体制論が民主主義論でも意外によいのではないかと思わせる。この研究では市民社会の選好がどのように民主主義の性格を決めていくかの基盤となっていることを実証的に示したもので、その意味では市民社会あっての民主主義論になっている。この研究プロジェクトでは四巻の学術書（英文）を刊行しているが、その議論の要約を大幅に加筆して第1章とした。ジャン・ブロンデル、イアン・マーシュ、リチャード・シノット、蒲島郁夫と私をメンバーとする研究プロジェクトである。

第2章では比較政治学に主題を当てた計量政治学の視点を展望した。計量的に比較することは現代の比較政治学では日常茶飯事である。世界の政治学の学術論文をみて、計量的な側面をもたない論文は次第に稀になってきている。半世紀前には最も古典的な政治学雑誌と思われていた雑誌でも、今や三分の二以上の論文は計量的な比較、計量的な一般化が普通である。その意味で、ここに計量的な比較政治論文を概観しているが、政治指導者がどのような最後を経験しているか、世界大で計量的に分析している。亡命、暗殺、死刑、刑務所、病院などと、綿密に、しかしきっちりと政治体制ごとに分析している論文も紹介している。故柳井晴夫の編になる学術書の一章をもとに大幅に加筆した。

第Ⅱ部は「国際関係の理論」である。まず第3章は『国際政治理論リーディングズ』のための論考をもとに大幅に加筆した。かなり標準的ではあるが、小倉和夫や閻学通《イエン・シュエトン》などの著作には敬意を払いつつも自家薬籠中の物とはしていない。また第4章は地球政治という新しい視点から二〇世紀と二一世紀の秩序形成の三つの論理を比較対照したものである。とりわけ二〇世紀と二一世紀は激動の時期であるという観点から、はるかに過去の時代の地球政治を回顧することで、かえって未来の地球政治をつぶさに予見することができるのではないかという発想から考えたものである。ウェストファリア的、フィラデルフィア的、そして反ユートピア的という三個の国際政治体制の違いを主要な著者、すなわち安全保障の分野では、キッシンジャー、フクヤマ、ハンチントン、また経済の分野では、ガーシェンクロン、ライシュ、ランデス、そして文化の分野では、アンダーソン、バーバー、カプランを引用しながら展開したものである。領域主権国家体制からグローバル化の促進する地球市場的国際体制、さらに国家と市場の対立から矛盾や綻びの中から無秩序スポットをあちこちに作っていく国際政治体制への展開である。*International Studies Review*（2005）のデイビス・ボブロウの編になる特集号に初出の内容を大幅に加筆した。

第5章は執筆に最も長い歴史をもつ私の理論的努力の成果である。この仕事は故ヘイワード・アルカーを中心に始まった。彼の死後、二〇世紀から二一世紀への世界秩序の理解を巡ってなかなかチームの折り合いがつかず、私は単独で発表した。*Chinese Journal of International Politics* という清華大学の刊行する英文学術誌である。オックスフォード大学出版社からの雑誌である。世界秩序の弁証法とは、世界秩序を形成する論理がどのような諸力の連立方程式をぐってどのように変身し、展開していくかを、勢力均衡や人民戦争などを主要概念として構成したものである。二一世紀のこれからの世界秩序展開の中で、核戦力がどのような諸力の連立方程式をぐって展開するのかという問題について、脳科学者、ジャコモ・リッヅォラッティらの一九九〇年代初頭に発表した論文を引用して「鏡に写される人の行動に触発される猿の行動」のように、核戦力のもたらす破壊について鏡に写される予想に触発される猿の行動のように、核戦力は技術の急速な進歩の中で、静かに忘れ去られるのではないかと議論している。村上春樹も出てくる章である。

第Ⅲ部は「日本の政治学」である。第6章は狭い意味で日本の政治学の発展にみられる際立つ特徴を明らかにした。国家学の遺制、マルクス主義の隆盛と衰退、歴史記述主義の根強さなどを指摘したものである。第二次世界大戦後、日本がなぜ敗戦に至ったのかという問いに答えようとする中で、一九四五年までの日本の政治外交の欠陥と失敗が執拗に研究された。同時に、一九四五年以降に欧米の民主政治、とりわけその基礎となっている規範と制度についての思想体系を吸収したいという意欲から、古典的政治思想がこれに劣らず執拗に研究された。その基盤のうえに、二〇世紀の第3四半世紀にアメリカを中心に展開した政治学の発展に一定の影響を受け、一方で実証政治学、他方で規範政治学が次第に発展してきたという論旨である。

第7章と第8章はそれぞれ「日本の政治文化」と「グローバリゼーションと文化的ナショナリズム」を扱っている。第Ⅰ部の「比較政治の理論」にも関わりの深い内容である。どちらも「日本人論」の日本例外主義や領域主権国家至上主義を穏やかに実証比較分析で批判する章である。アメリカの政治学者、シーモア・マーティン・リプセットが言うには、一つの国のことしか知らない人は、どんなに多くその国について知っていても、他の国について知らず、自分がよく知っているはずの自分の国についてもまったく無知である。日本の文化や社会について、リプセットの言う無知な人に対しての穏やかな警告として意識しながら書いたものである。第7章と第8章はもともとは杉本良夫の編集するケンブリッジ大学出版会の刊行になる『近代日本文化事典』に書かれた内容に大幅に加筆した。

第9章は日本国際関係論について刊行したものを合体したものである。前半は *International Relations Asian Pacific* に発表した日本国際関係論の回顧と展望を、そして後半は『非欧米に国際関係理論はあるか』という挑戦的なタイトルの学術書（編者はバリー・ブザンとアミタフ・アチャリア）の一章をもとに大幅に加筆した。一九二〇年代、一九三〇年代の西田幾多郎、田畑茂二郎、平野義太郎のそれぞれ本質的構成主義、国民主権論の国際法、共同体主義契約による地域経済統合論を比較したもので、国際関係論思想として、哲学、国際経済、国際法の違いはあれ、一定の条件付きで、非欧米にも国際関係理論はありと結論づけている。いうまでもなく、理論の定義によるが、社会学者ロバート・マートンの言う中範囲の理論で行くかぎり、回答はイエスである。

このような構成で政治理論を考えている本書は、一つの大きな議論を提起してこの「おわりに」を終わりたい。政治理論は、規範的理論と実証的理論の両輪が創造的に機能して初めて画期的な進歩があるのではなかろうか。二〇世紀における医学の発展がそれを証明しているようにみえる。私はアジア全域で「生活の質」という主題で無作為抽出全国規模の世論調査を三二の社会で実施することができたが、その過程で医学雑誌に学術論文を共著者として執筆することがあり、実証的な部分で医学と政治学は共通点が多いことに気がついた。どちらも有機体のように複雑でいてしかもその部分部分が密接に不可分な関係や結合をもって機能していることである。それを解剖していくのは大変なことである。

ところが医学は急速な進歩を二〇世紀以降なしとげたが、政治学はそれほどでもない。その理由の一つは両輪の片方である実証的理論が、規範的理論に比べて活発でなかったことにあるのではないかと思うようになった。言うは易いが行うは難し、である。最近遭遇した問題のうちで好奇心をもって解剖したこと、あるいは分析したいと思ってまだその方法などについて逡巡していることを記して、「おわりに」としたい。

人間は生活のいろいろな側面を気に入ったり、気に入らなくとも我慢したりして生きている。それを世論調査で、「満足」とか「ウェル・ビーイング」とか「幸福」とか「健康」とか呼んでいるものを質問する。生活の側面とは、心身ともに健康、毎日のご飯に困らない、職場があって雇用がある、信仰を毎日大事にしている、家族と一緒である……等々である。満足度を質問するのであるが、一六項目の生活側面を因子分析すると、ライフスタイルが析出され、社会にいくつかのパターンが現れる。物質主義的ライフスタイル、脱物質主義的ライフスタイル、そして公的セクターの重要性である。物質主義とは生存重視、脱物質主義とは人間社会関係重視、公的セクターの重要性とは国家の浸透である。どの因子がどの順序で重要かで、社会の類型が出てくる（Inoguchi and Fujii 2012）。

例えば、日本、インドネシア、アフガニスタンなどは、物質主義、脱物質主義、公的セクターの重要性の順序で社会が組織されている。中国、インド、韓国、カザフスタンなどは物質主義、公的セクターの重要性、脱物質主義の順序で社会が組織されている。タイ、ヴェトナムなどは脱物質主義、物質主義、そして公的セクターの重要性の順序で社会が組織されている。シンガポールやモルディブなどは脱物質主義、公的セクターの重要性、そして物質主義の順序で社会が組織されている。このような実証理論は従来は社会人類学や社会学の分野の出番であったが、しっかりとした証拠を基礎に科学的な手続きで構築するものではまずなかった。こんなふうにみてくると、征服や革命などが時々起こった社会の組織の仕方は、そうでない社会の組織の仕方と大きく違うこと、そして新しい移民が大量に参入した社会は、そうでない社会の組織の仕方と大きく違うことがこのような社会類型論でもはっきりしてくる。社会類型論はレジーム類型論と同様に、実証的理論として構築できるのである。レジーム類型論では大抵、その類型が決められると市民は従属変数として扱われてきた。レジームや国家や支配集団の性格が市民に従順に反映されるというようなレジーム論が圧倒的であったのも、規範的理論が片輪だけで、実証的理論のもう片輪が十分に機能しなかったためであろう。

二〇一一年の東日本大震災の後に世界五〇余りの国でギャラップ・インターナショナル世論調査会社が実施した世論調査で、分析したいと思って十分にできていないものがある。原子力発電について、二〇一一年春から夏に向けてなされた世論調査で私が関心をもって見ているのは次の事実である。フランス、ドイツ、日本で、個人所得が高い人トップ二〇％の原発賛否、個人の教育水準が高いトップ二〇％の原発賛否をそれぞれの社会で比べると大きな対比となる。フランスでは高所得層と高教育層が原発推進でエリートたちが団結している。ドイツでは高所得層は原発推進であるが、高教育層は原発廃止である。日本ではどうか。高所得層と高教育層は他の社会層とひどく異なるわけでなく、もうすこし複雑な様相を示す。

フランスのサルコジ大統領は原発推進を高所得層と高教育層の高い一致した支持を得ているから、決定に何の躊躇もなかったろう。ドイツのメルケル首相は二〇一〇年を目標年として原発廃止を決定したが、高所得層の反対は政府与党内でも強かっただろうに、どのようにしてそれを決定できたのか。日本の菅直人首相はあれだけの原発廃止の声が強い中で、なぜ原発廃止を決定できなかったのか。

メルケル首相は余計なことは発言せず、静かに深く考えるタイプのようである。私が国連大学上級副学長だった時に、メルケル女史は環境大臣で、地球環境問題を国連大学が主題に取り上げた時に（一九九六年）、講演をしてもらったことがある。たしかに理路整然と無駄口なしの講演であった。二〇一二年春の『ニューズウィーク』の記事によると、メルケル女史は東ドイツ時代にすでに結婚していたが、離婚を決意した時、当時の夫に一言もなく、ある日忽然といなくなったのだそうである（もう一つ忽然と消え失せたのは冷蔵庫だったそうである）。それに対して菅直人首相は雄弁、多弁しかも前代未聞の危機の直中だからやむを得なかったのかもしれないが、危機の最中も怒声で部下を叱りつけていたらしい。菅直人夫人の著書によると、夫婦の間でもとても会話は活発なようである。

それは別として、市民の声がどのように国家の最高指導者の決定として定着するのかは好奇心をそそる。別の視点からみると、フランス社会では大きな事故が起こることを危惧する層は無力なのか。ドイツ社会では電力価格のありうる高騰を危惧する層は無力なのか。最高指導者のリーダーシップの違いと言えるのかもしれないが、そのような決定は支え続けることができるものか。日本社会では首相がこうと言っただけでは誰も従順に従うわけでもなく、討論会が延々と続き、どこかの時点でなんらかの均衡点が出てくるような気がする。ここで強調したいのは、政治理論が規範的理論だけでなく、実証的理論にも裏打ちされていれば、もう少ししっかりとした説明と理解が可能になるのではないかということである。

本書の校正にあたっては、坂井豊貴教授（慶應義塾大学・経済理論）と高橋泰城准教授（北海道大学・生物物理学・神経科学）からも貴重な手助けを頂いた。心から感謝いたします。また、本書を完成するためには新潟県立大学東京サテライトのスタッフの援助が不可欠であった。岡野友美さん、森田千鶴さんにはなにからなにまでお世話になった。心から感謝いたします。

好奇心のおもむく方向にこの半世紀間政治学を追いかけまわしていた。本書はその成果の一つである。グーグル・スカラーは学術論文の被引用数を前面に出している。私のグーグル・スカラー・サイテーションは二五三〇（二〇一五年三月二一日現在）、私の h-index（その研究者が公刊した論文のうち、被引用数がh以上であるものが、h以上あることを満たすような数値）は二七、私の i10-index（被引用数が一〇以上ある公刊論文数）は七六である。学者にはハリネズミ型とキツネ型の二種類あるというが、h-index をみる限り、ハリネズミ型とキツネ型は共存することもあると思う。こんなことを「おわりに」に書いて、半世紀間そこら中、好奇心のおもむくままに生きてきたことを甘受してくれた最愛の妻、猪口邦子に満腔の謝意を表す。

二〇一五年二月二三日

猪口　孝

人名索引

あ 行

アーモンド，G.　60
アイケンベリー，J.　136
アイゼンシュタット，S.　34
アキノ，C.　113
アセモグル，D.　20
安倍晋三　163, 169, 174, 197
アリストテレス　2, 14, 23, 26, 27, 31-33
アレクサンドル二世　103
アンダーソン，B.　77, 83, 89, 90, 145
イーストン，D.　1, 18, 19, 21
池上英子　166
池田謙一　47
一休宗純　165
伊藤光利　49
犬養毅　153
イングルハート，R.　35
ヴァーバ，S.　239
ヴァッテル，E. de　234
ヴァンハネン，T.　50
ウィーバー，O.　202, 203, 207, 213, 215, 216, 228
ウィルソン，W.　105, 127
ヴィルヘルム二世　104
ウェーバー，M.　7, 27, 220
ウォーラーステイン，I.　61, 82
ウォルスタッター，A.　60
ウォルツ，K.　68, 82, 85, 211-214
ウッドサイド，A.　36
エルズバーグ，D.　61
大来佐武郎　236
大嶽秀夫　148
大平正芳　172
緒形貞子　86
オコナー，E.　91
尾崎秀実　236
小沢一郎　169
オッカムのウィリアム　3
オナフ，N.　82
オニール，J.　50
オニール，T.　21
小野塚喜平次　152, 205
オバマ，B.　136
オブライエン，R.　181
オルソン，M.　20

か 行

カー，E. H.　207
ガーシェンクロン，A.　77, 83, 87-89
カウティリヤ　2, 57
粕谷祐子　47
カッツェンスタイン，P. J.　146, 209
加藤淳子　149, 151, 155
蒲島郁夫　47, 148, 155
カプラン，R.　77, 83, 88, 89
神島二郎　170
柄谷利恵子　151
ガルトゥング，J.　82
カルドー，M.　100
カルドソ，H.　73
川島武宜　170
ガンディー，M.　113, 114, 126, 129, 190
カント，I.　6, 23-25, 59, 63, 65, 66
喜志麻孝子　149, 151
キッシンジャー，H.　59, 77, 80, 81, 83, 103
ギデンズ，A.　35
キャロル，L.　101
京極純一　46, 170
キング，G.　239
クーパー，R.　104
クーン，T.　210
草野厚　226
グッディン，R.　16, 150
久米郁男　49
クラウゼヴィッツ，C. von　14

クラズナー，S.　78, 209
クリントン，B.　7
クレイマー，G.　20
グロティウス，H.　59, 65, 66, 234
クロフォード，J.　236
ケーガン，R.　26, 60, 73
ゲエノ，J.-M.　182
厳家其　92
ゲンツ，F. von　106
小泉純一郎　165, 172, 197
孔子　2
河野勝　149, 151
黄平　35
コールマン，J.　17
ゴトウ＝ジョーンズ，C.　233
近衛文麿　236
小林良彰　47, 155
コヘイン，R. O.　82, 207, 209, 214, 239
ゴルバチョフ，M.　127
コンドラチェフ，N.　93

さ　行

サイード，E.　61
シーザー　57
ジェファソン，T.　66, 67
シェリング，T.　60
篠田英朗　151
ジャクソン，A.　66, 67
シャポシニコフ，M.　15
シュミット，C.　14
シュンペーター，J. A.　93
白石隆　151
シンガー，D.　50
杉本良夫　160
スコット，J.　61
スタウファー，S.　13, 60
須藤季夫　151
ストレンジ，S.　22
ストロース，L.　60
スハルト　90
スプリート，H.　78
スミス，A.　16
スメドレー，A.　112
スメルサー，N.　57
スモール，M.　50
スルコフ，V. Y.　8, 24
スローター，A.-M.　134, 136
ゼーリック，R.　132
セン，A.　118, 129
曽我謙吾　49
園田茂人　48
ソラ・プール，I. de　13
ゾルゲ，R.　236

た　行

ダール，R.　31
ダウンズ，A.　10, 11, 16, 20
タクシン，S.　165
田所昌幸　226
田中明彦　48, 51
田中修　53
田中愛治　47
田畑茂二郎　206, 234, 235, 241
チェ・ゲバラ　112
近松門左衛門　166
チャーチル，W.　107, 109
チョムスキー，N.　61
チンギス・ハーン　130
辻中豊　49, 149, 151, 155
デカルト，R.　12
デニス，J.　18
デュードニー，D.　82, 100, 134, 136
デュルケーム，É.　220
土居健郎　159
ドイッチェ，K.　21
ドイル，M. W.　6, 82, 102
トゥキディデス　57
鄧小平　52, 196
遠山茂樹　205
トクヴィル，A. de　25, 26
徳田安春　48
徳富蘇峰　205
トルストイ　43
ドルマイア，F.　82

な 行

ナイ，J.　133, 209
中根千枝　159, 170
夏目漱石　166
ナブルシ，K.　111
ナポレオン・ボナパルト　26, 111
南原繁　225
西田幾多郎　206, 232, 233, 241
野中尚人　49

は 行

バーグ-シュロッサー，D.　150
ハーシュマン，A.　12
バーティーニ，C.　86
ハーディン，R.　14, 17
バーバー，B.　77, 83, 89, 90
ハーバーマス，J.　14
パイ，L.　33, 60
パットナム，R.　17, 98, 162
バディ，B.　150
ハミルトン，A.　66, 67
バルテス，P.　57
ハルドゥーン，I.　57
パワーズ，R.　135
ハンチントン，S.　60, 77, 80, 81, 83, 88, 89, 204
ビエネフェルド，M.　87, 88
ビスマルク，O.　104
ヒッブス，D.　8
ヒトラー，A.　105
平野義太郎　206, 235, 241
広中和歌子　91
フーコー，M.　14
プーチン，V. V.　7
ブート，M.　26
プーフェンドルフ，S.von　234
プール，I.　60
フェアジョン，J.　20, 24, 25
福澤諭吉　47, 63, 205
福田有広　151
福田康夫　169
フクヤマ，F.　77, 80, 83, 89
藤井誠二　48
ブッシュ，G. W.　7, 106, 107, 145
ブラウン，C.　213
フランク，A. G.　61
フランクス，T.　145
フリードマン，T.　181
ブル，H.　208, 209
ブレア，T.　165
ブレジンスキー，Z.　59
プレス，D. G.　136
プレストヴィッツ，C.　134
ブローディ，B.　60
ブロンデル，J.　33, 36, 37, 41, 154
ペイジ，G.　61
ベットマン，R.　233, 239
ベネディクト，R.　14, 40, 159, 170, 176
ベヘラ，N.　218
ベラミー，C.　86
ヘルド，D.　22
ベルルスコーニ，S.　165
ベンヤミン，W.　123
ボース，S. C.　114
細川護煕　172
ホッブズ，T.　7, 8, 17, 59, 65, 66
ポプキン，S.　61, 145
ボルトン，J.　109
ホワイト，M.　177

ま 行

マオア，R.　160
マキャヴェリ，N.　5, 14, 23, 25, 31, 57
マクナマラ，R.　13
マクニール，W.　101, 123
マケイン，J.　9
升味準之輔　33, 154
松本礼二　26
マルクス，K.　7, 14, 31
マルコス，F.　113
マルサス，T. R.　94
丸山眞男　147, 152, 153, 170, 223
マン，M.　130, 133, 169

マンスフィールド，M.　61
マンデルバウム，M.　133, 136
ミード，W. R.　40
三宅一郎　46
宮澤喜一　172
宮武信春　51
ミリバンド，R.　31
ミル，J.　115, 118
ムーア，B.　15, 33
村上春樹　135, 166
村松岐夫　49, 148, 149, 151
メッテルニヒ，K. W. von　103
メドヴェージェフ，D. A.　7
毛沢東　112
モーゲンソー，H.　59, 82
モーリノ，L.　150
モロン，J.　40
モンテスキュー　23, 26, 31

や・ら行

柳田國男　170
ライカー，W.　6
ライシャワー，E.　194
ライシュ，R.　77, 83, 87-89
ライト，Q.　60
ライリー，B.　49
ラスウェル，H.　1, 13, 60
ラセット，B.　6, 19, 50, 61, 82
ラパポート，A.　61
ラミー，P.　108
ランキン，J.　61
ランデス，D.　77, 83, 87-89
リード，S. R.　50
リーバー，K. A.　136
リーバーマン，R.　136
翟瑞卿　52
リスカ，G.　59
リチャードソン，L. F.　52
リッヅォラッティ，G.　22, 135
リプセット，S. M.　178
林彪　52
ルソー，J.-J.　14
レーガン，R.　127
レーニン，V. I.　26, 105, 127
蝋山政道　152, 153
ローズノウ，J. N.　204
ローゼンブルース，F.　24
ローマー，P.　88
ロールズ，J.　15
ロストウ，W. W.　194
ロッカン，S.　27
ロック，J.　14, 31
ロビンソン，J. A.　20

わ　行

綿貫譲治　46, 163
ワルラス，M. E. L.　220

事項索引

あ　行

アイデンティティ　171-173, 232, 233, 237, 241
アジア・バロメーター調査　48, 51, 155, 199
アジア金融危機　187, 195
アフガン戦争　24, 121, 197
甘え　159
アメリカ一極主義　75
アメリカ帝国　129-131
アメリカ同時多発テロ（9・11事件）　24, 121, 128
アルジェリア反仏闘争　118
『アンナ・カレーニナ』（トルストイ）　43
イラク戦争　24
インテリジェンス　60
ウィーン体制　103, 106
ウィルソン主義　58
ウェストファリア条約　78
ウェストファリアン　77, 79, 81-83, 85-87, 89, 93, 96
ヴェルサイユ体制　106, 126
宇宙防衛構想（SDI）　127
『永遠平和のために』（カント）　6
欧州連合　75

か　行

『外交』（キッシンジャー）　80
『学問のすゝめ』（福澤諭吉）　205
家族の価値　176, 177
『ガリア戦記』（シーザー）　57
還元主義　212
カンボジア虐殺　118
危機の二十年　126
『危機の二十年』（カー）　207
『菊と刀』（ベネディクト）　40, 176
北大西洋条約機構（NATO）　108, 121
規範的政治理論　4, 14-18, 23, 24
9・11事件　→アメリカ同時多発テロ
『「強国」論』（ランデス）　87
『共産党宣言』（マルクス）　31
共和制民主主義論　25
『近世日本国民史』（徳富蘇峰）　205
近代化論　34, 60
『近代とはいかなる時代か？』（ギデンズ）　35
グローバリズム　22
グローバリゼーション（グローバル化）　68, 69, 92, 93, 98, 122, 180-189, 198-201
グローバル・ガバナンス　73, 81, 94, 96, 99, 128, 130, 132-136, 235
グローバル・テロリズム　115-117, 121, 136
グローバルな核共和主義　134
軍事的覇権　130
『君主論』（マキャヴェリ）　5, 31, 57
軍備拡張・軍備縮小　52
経験的政治理論　4, 6-10, 13, 18-23
経済的覇権　131
計量政治学　45-53
ゲリラ戦　111
権威主義　176
現実主義（リアリズム）　59, 207, 209, 210, 212, 213, 225, 227
言説分析　53
『現代資本主義国家論』（ミリバンド）　31
『現代市民の国家観』（猪口・ブロンデル）　33, 36, 37, 41
「現代政治学叢書」　92, 148
『現代政治の思想と行動』（丸山眞男）　223
交渉過程　51
行動主義（革命）　18-20
合理主義　207, 214
合理的選択論（理論）　19, 217
高齢者による平和　52
国際関係論　57-76, 202-243
『国際政治』　150, 216, 217, 231

『国際政治事典』（猪口孝他編）　150
『国際政治の理論』（ウォルツ）　211
国際通貨基金（IMF）　187, 195
国際法　59, 63, 65, 234
『国際法外交雑誌』　230
国際法学会　230
国際連合（国連）　70, 71, 107, 119
国際連盟　106
『国富論』（スミス）　16
個人主義　165-168
コソボ危機　121
国家学　205, 218
国家主権　234, 235, 241
国家論　31
古典的政治理論　5-8, 26

さ　行

『ザ・フェデラリスト』　6
『ザ・ワーク・オブ・ネーションズ』（ライシュ）　87
『サイバネティクスの政治理論』（ドイッチュ）　21
ジェンダー論　67
システム論　18
実証主義　60, 205, 220
『実理論』（カウティリヤ）　57
ジニ係数　164
市民主義　192
『社会科学のリサーチ・デザイン』（キング・コヘイン・ヴァーバ）　239
社会関係資本　17, 161, 162
社会ダーウィニズム　119
『ジャパン・アズ・ナンバーワン』（ヴォーゲル）　149
従属論　71-73, 209
集団主義　167, 168
集団的安全保障　100, 101, 105-108, 125-127, 129, 131
主権民主主義　8, 24
状態空間モデル分析　51
植民地的無関心　117-119, 126, 129
神経科学　21
新国際経済秩序　72
新中間大衆　164
人道支援　120, 121
人道的介入　121, 122
人本主義　192
人民戦争　111-113, 126
信頼・信用　173, 174
政策路線変更　52
省察主義（リフレクティヴィズム）　207, 214
『政治学事典』（猪口孝他編）　150
『政治神学』（シュミット）　14
『政治生活の体系分析』（イーストン）　21
政治体制　49
政治文化（論）　27, 32, 39-42, 46, 159-179
『政治分析の基礎』（イーストン）　21
政治理論の定義　1, 45
制度主義　20
勢力均衡（システム）　100-105, 124-126
世界食糧計画（WFP）　120
世俗主義　3
絶対主義　167, 169
セポイの乱　125, 126
世論調査　32-34, 60
『選挙研究』　150
選挙制度　9, 10
『戦史』（トゥキディデス）　57
先制攻撃論　60
『戦争の変容』（ナブルシ）　111
『戦争論』（クラウゼヴィッツ）　14
全面講和論　225
戦略核戦力抑止理論　60
相互確証破壊　127, 131
想像の共同体　185
『ソーシャル・パワー』（マン）　169
ソフト・パワー　133, 134
『孫子』　57

た　行

第一次世界大戦　59, 125, 126
第三の波　134, 148
対テロ戦争（テロとの戦い）　60, 169, 197
大東亜共栄圏構想　234, 236, 241

第二次世界大戦　127, 131
太平天国の乱　125
「太平洋戦争への道」(日本国際政治学会太平洋戦争原因研究部編)　224
多元近代論　34-36
多元主義　209, 210, 213
脱近代論　34-36
脱行動主義革命　18
脱物質主義　163, 175, 177
タテ社会　159
タリバン　188
団塊の世代　163
地域経済統合　235, 241
地域研究　63, 64
地域統合　43, 75
地球政治　77-96
地球政府　71
地球民主主義　69, 70
中国共産党　112
直接民主主義　137, 138
罪　159
帝国主義　104, 105
『哲学する民主主義』(パットナム)　162
『デモクラシーと世界秩序』(ヘルド)　22
テロとの戦い　→対テロ戦争
ドイツ帝国　124
『統治二論』(ロック)　31
『道徳感情論』(スミス)　16
投票行動　8
同盟ネットワーク　50
『独裁と民主政治の社会的起源』(ムーア)　15
友・敵関係　14

な　行

内容分析　53
『ニコマコス倫理学』(アリストテレス)　26, 27, 31, 32
日本国際政治学会　150, 224, 230
日本資本主義論争　235
日本政治学会　144, 149
日本選挙学会　150
『日本における近代政治学の発達』(蝋山政道)　152
二レベル・ゲーム　98
認識論　12
ネオリアリズム　213
ネオリベラリズム　213
『年報政治学』　149

は　行

恥　159
パックス＝アメリカーナ　132, 133
パラダイム間論争　209-211
『パワーと相互依存』(コヘイン・ナイ)　209
反ゲリラ戦争　60
反日ナショナリズム　195
反ユートピアン　77, 79, 81, 83, 89, 90, 92, 93, 96
ピープル・パワー　113-115
『比較政治』(升味準之輔)　33, 154
「東アジアの国家と社会」　47
非政府組織(NGO)　120
批判理論　68, 69
フィラデルフィアン　77, 79, 81, 83, 85, 86, 89, 90, 92-95
フォーマル政治理論　10-12
部分講和論　225
プラザ合意　132, 133
ブレトンウッズ体制　131
文化的ナショナリズム　189-198, 201
『文明の衝突』(ハンチントン)　80
平和主義　171, 238
『法の精神』(モンテスキュー)　26, 31
『方法序説』(デカルト)　12
方法論　13
ボーア戦争　111, 125
『ポリアーキー』(ダール)　31

ま　行

マックワールド　90, 91
マルクス主義　15, 205, 210, 219
満足　174-176
ミラー・ニューロン　135

民主主義的介入論　24
民主主義による平和（民主的平和論）　19, 61
『民主主義の経済理論』（ダウンズ）　16
明治維新　191, 194
明白なる使命　25
モンゴル帝国　129-131

や　行

靖国神社参拝　197
優位性　100, 101, 108-111, 136
ユーロ　44, 132

ら・わ行

理想主義　59, 65, 207, 225, 227
離脱・発言・忠誠モデル　12
リベラル・デモクラシー　15
ルワンダ虐殺　118
『レヴァイアサン』　148, 149
レヴァイアサン・グループ　148
歴史主義　205, 220
『歴史序説』（ハルドゥーン）　57
『歴史の終焉』（フクヤマ）　80
『ロスト・モダニティーズ』（ウッドサイド）　36
『我が闘争』（ヒトラー）　105

欧　文

A Study of War（ライト）　60
CNN　91
Economic Backwardness in Histrical Perspective（ガーシェンクロン）　87
Economic Origins of Dictatorship and Democracy（アセモグル・ロビンソン）　20
Hellfire Nation（モロン）　40
International Encyclopedia of Political Science（バディ他編）　150
International Encyclopedia of the Social and Behavioral Science（スメルサー・バルテス編）　57
International Organization　216, 217, 229
International Relations of the Asia Pacific　150, 221, 242
International Studies Quarterly　216, 217, 229
Japanese Journal of Political Science　149
Mirrors in the Brain（リッゾォラッティ）　22
Resort to Arms（シンガー）　50
The History of British India（ミル）　114, 118
The Oxford Handbooks of Political Science（グッディン編）　150
Triangulating Peace（ラセット・オニール）　50
Ways of Way and Peace（ドイル）　102

《著者紹介》

猪口　孝（いのぐち・たかし）

1944年　新潟県生まれ。

1974年　マサチューセッツ工科大学大学院政治学博士号取得。

上智大学外国語学部助教授，東京大学東洋文化研究所教授，国際連合大学上級副学長，中央大学法学部教授などを経て，

現　在　新潟県立大学学長，東京大学名誉教授。

著　書　『現代日本政治経済の構図』東洋経済新報社，1983年。

『国家と社会（現代政治学叢書１）』東京大学出版会，1988年。

『日本――経済大国の政治運営』東京大学出版会，1993年。

『政治学事典』共編，弘文堂，2000年。

『国際政治事典』共編，弘文堂，2005年。

『アメリカによる民主主義の推進』共編，ミネルヴァ書房，2006年。

『国際関係論の系譜（シリーズ国際関係論５）』東京大学出版会，2007年。

『実証政治学構築への道』ミネルヴァ書房，2011年。

『データから読むアジアの幸福度』岩波書店，2014年，ほか100冊以上。

MINERVA 政治学叢書①

政治理論

2015年４月30日　初版第１刷発行　〈検印省略〉

定価はカバーに表示しています

著　者　猪　口　　孝

発行者　杉　田　啓　三

印刷者　坂　本　喜　杏

発行所　株式会社　ミネルヴァ書房

607-8494　京都市山科区日ノ岡堤谷町１

電話代表　(075)581-5191

振替口座　01020-0-8076

冨山房インターナショナル・清水製本

ISBN 978-4-623-07294-1

Printed in Japan